U0911325

鬼谷子 列子

精装典藏本

张贵超 译注

江西教育出版社
JIANGXI EDUCATION PUBLISHING HOUSE

图书在版编目（CIP）数据

鬼谷子　列子 / 张贵超译注. -- 南昌 : 江西教育出版社, 2015.12
ISBN 978-7-5392-8444-6

Ⅰ. ①鬼… Ⅱ. ①张… Ⅲ. ①纵横家②《鬼谷子》－译文③道家④《列子》－译文 Ⅳ. ①B228.04 ②B223.204

中国版本图书馆CIP数据核字(2015)第306380号

鬼谷子　列子
GUIGUZI LIEZI
张贵超/译注

江西教育出版社出版
（南昌市抚河北路291号　邮编：330008）
各地新华书店经销
北京鹏润伟业印刷有限公司印刷
720毫米×1000毫米　16开本　印张18　字数250千字
2016年6月第1版　2016年6月第1次印刷
ISBN 978-7-5392-8444-6
定价：35.00元

赣教版图书如有印制质量问题，请向我社调换　电话：0791-86710427
投稿邮箱：JXJYCBS@163.com　来稿电话：0791-86705643
网址：http://www.jxeph.com

赣版权登字 -02-2016-157
·版权所有　侵权必究·

前 言

《鬼谷子》和《列子》是两部具有独特价值而又富有神奇色彩的经典著作。

鬼谷子，战国时期著名的思想家、谋略家、兵家，是纵横家的鼻祖，姓王名诩。常入云梦山采药修道，因隐居清溪之鬼谷，故自称鬼谷先生。他长于修身养性，精于心理揣摩，深明刚柔之势，通晓捭阖之术，独具通天之智，是先秦最神秘的历史人物。由于他的出现，历史上才有了纵横家的深谋、兵家的锐利、法家的霸道、儒家的刚柔并济、道家的待机而动。他的弟子有兵家孙膑、庞涓，纵横家苏秦、张仪等。魏晋时代，道教把《鬼谷子》列为经典。东晋初年葛洪《抱朴子·遐览》列道教经典137种，其中就有《鬼谷经》。后来，道教进一步把鬼谷子列为道教的洞府真仙，号称“玄微真人”。这就给鬼谷子笼罩上了神秘的光环。

《鬼谷子》是战国纵横家唯一流传至今的著作，收录了鬼谷子的主要思想，它开创了中国游说修辞的先河，它提出了不同于儒、道、法等学派的哲学政治思想，它曾经被人们从不同角度去理解和运用，对宗教家、军事家、术数家都有重要影响。《鬼谷子》着重于实践的方法，具有极完整的领导统御、智谋策略体系，堪称“中国第一奇书”。它以谋略为主，兼通军事，也是我国历史上第一部在充分探索人的心理特征和心理活动规律的基础上，论述劝谏、建议、协商、谈判和一般交际技巧的书。《鬼谷子》相传为鬼谷子所著，但现代学术界一般认为乃是后人所著，托伪鬼谷子。

列子，名列御寇，是战国前期的思想家，其学本于黄老，主张清静无为。他终生致力于道德学问，曾师从关尹子、壶丘子、老商氏、支伯高子等。隐居郑国四十年，不求名利，清静修道。主张循名责实，无为而治。

《列子》是中国古代思想文化史上著名的典籍，属于道家学派著作，是列子思想的集中反映，是一部智慧之书，其中寓言故事百余篇，如《愚公移山》《夸父追日》《杞人忧天》等，篇篇珠玉，读来妙趣横生，隽永味长，发人深省。道家一直奉《列子》为圭臬，认为它默察造化消息之运，发扬黄老之幽隐，简劲宠妙，辞旨纵横，成为道家义理不可或缺的部分。列子被道教尊奉为“冲虚真人”。《列子》部分作品为列子所著，但也有相当篇幅为其弟子及后学所著。

目　录

鬼谷子

列 子

鬼谷子

卷　上

捭阖第一

【原文】

粤若稽古[①]，圣人之在天地间也，为众生[②]之先。观阴阳之开阖[③]以命物，知存亡之门户，筹策[④]万类之终始，达人心之理，见[⑤]变化之朕焉，而守司其门户[⑥]。故圣人之在天下也，自古至今，其道一也。变化无穷，各有所归。或阴或阳，或柔或刚，或开或闭，或弛或张[⑦]。

【注释】

①粤若稽古：根据特定的规律来对历史进行稽查。粤：为语气助词。若：按照，遵循。稽：考察，稽查。

②众生：这里的“生”是使动用法，意思是让有生命的能够生存下去。众，就是广大群众。

③阖：意思为关闭。

④筹策：古代是用来计算的工具，在这里指谋略规划。

⑤见：发现。

⑥门户：跟前文说到的“存亡之门户”相对应。

⑦阴、阳、柔、刚、开、闭、弛、张：都是用来描述事物不同的存在状况和表现，所以应该在采取行动时，相应为之。

【译文】

参照以往的历史，在天地之间生活的圣明贤人是天下大众的先导。观察事物的阴阳变化，从而对事情作出评判，甚至更深一层地掌握事物生存和灭亡的道路，规划着一切事物从出现到消亡的状态，揭露人们的思想转变及其规律，能够对事情的变化进行预知，因而也能够掌握事情变化的重要环节。因此，圣人存在于世间的意义，古往今来，他们的行为标准都是有一定规则的。虽然事情会无休止地变化，但是他们最后都会有自己应该有的结局。不管是阴气，也不管是阳气；无论是柔弱，还是强硬；不管打开，还是关闭；也无论松弛，还是紧张。

【原文】

是故圣人一守司其门户，审察其所先后，度权量能[①]，校其伎巧短长。夫贤、不肖、智、愚、勇、怯、仁义，有差[②]。乃可捭，乃可阖；乃可进，乃可退；乃可贱，乃可贵，无为以牧之。审定有无与其实虚[③]，随其嗜欲以见其志意，微排其所言，而捭反之，以求其实，贵得其指，阖而捭之，以求其利。或开而示之，或阖而闭之[④]。开而示之者，同其情也；阖而闭之者，异其诚也。可与不可，审明其计谋，以原其同异。离合有守，先从其志[⑤]。

【注释】

①度权量能：度，思量、推测的意思。量，与“度”意义相近。思考着权力变化和能力大小的好处和坏处。

②差：差异。

③实虚：实际情况和表面现象。

④阖而闭之：关闭并且表达不一样的意见，用以考察他的诚意。

⑤先从其志：首先听从别人的意见。

【译文】

所以，圣人要从一开始就抓住事物变化的关键，观察事物变化的先后顺序，思量别人的能力，推想别人的技能。再说人与人之间的善良、不肖、智谋、愚蠢、勇气、怯懦、仁爱，都有不一样的地方。所以就能够打开运用，也可以关闭不用；可以推荐，也可以抛弃；可以看轻，也可以重视，还需要无为的能力来掌控这些。观察并且确定对方的有无、虚实，通过观察对方的喜好和需求来估量他的志气，对他说的话要表现出一定的不喜欢，等到他完全说明之后再开始反驳，这样就能够更好地了解事实情况。重要的一点在于知道了对方的真实想法，接着不说话而让对方说话，因此能够抓住对方的软肋。亦或是打开心门将心事展现，或者是关闭心门用沉默代替。打开心门的原因是对方与我志趣相投，而关闭心门的原因是对方与我心意不通。要通过了解对方的计划来辨别一件事情是否可行，这样才能够探索到当中相同和不同的地方。谋略有一样的，也有差别大的，这些都需要明确自己的意志并且加以维护，假如可行，就要先听从别人的意见。

【原文】

即欲捭之贵周，即欲阖之贵密①。周密之贵，微而与道相追②。捭之者，料其情也；阖之者，结其诚也。皆见其权衡轻重，乃为之度数，圣人因而为之虑③。其不中权衡度数，圣人因而自为之虑。故捭者，或捭而出之，或捭而纳之；阖者，或阖而取之，或阖而去之④。捭阖者，天地之道。捭阖者，以变动阴阳，四时开闭以化万物纵横。反出、反复、反忤必由此矣。

【注释】

①密：秘密。

②与道相追：同“道”相类似的道理。

③圣人因而为之虑：圣人因为这样而进行利弊权衡。

④或阖而取之，或阖而去之：合适的关闭之后取下，不合适的关闭之后就丢弃。

【译文】

假如要使用开启之术，最重要的是详细的准备，假如要使用关闭之术，最重要的是秘密和隐藏。因此，详细和秘密的重要性，几乎跟“道”一模一样。因此，要先让对方打开，目的是要打探对方的虚实，先让对方关闭，是为了要了解对方的诚意。这样做是想让对方能够以真实来面对，用权衡利弊的方式来比较谋划的得失，这也是圣人思考的方法。如果无法检测出对方的诚意和数量，圣人也会因此而焦虑不安。所以，开启就是打开以使用，也或者是打开来收藏；而关闭，是关闭之后取得，也或是关闭之后丢弃。关闭和打开，是天地之间运作的规律。打开和闭合也是阴气和阳气之间运动变化的形式。四季的时令也是像这打开和关闭一样，都是为了事物的发展和改变。不管是纵横还是反复，都需要打开和闭合的帮助才能够得以完成。

【原文】

捭阖者，道之大化、说之变也，必豫审①其变化。口者，心之门户也，心者，神②之主也。志意、喜欲、思虑、智谋，此皆由门户出入③，故关之以捭阖，制之以出入。

捭之者，开也、言也、阳也；阖之者，闭也、默也、阴也。阴阳其和，终始其义④。故言长生、安乐、富贵、尊荣、显名、爱好、财利、得意、喜欲为阳，曰“始”。故言死亡、忧患、贫贱、苦辱、弃损、亡利、失意、有害、刑戮、诛罚为阴，曰“终⑤”。诸言法阳之类者，皆曰“始”，言善以始其事；诸言法阴之类者，皆曰“终”，言恶以终其谋。

【注释】

①豫审：事先审查。

②神：神气，精神。

③志意、喜欲、思虑、智谋，此皆由门户出入：意志、喜恶、思考、谋略这些都是通过口这个门户表达。

④终始其义：指的是打开关闭有规律，阴阳处理合适。

⑤终：生命的尽头、生活的最下层。

【译文】

打开和关闭都是世界运转的变化规律，也是游说变化的参考规范，一定要事先仔细地观察它们的转化。嘴巴是内心世界的门户，内心控制着灵魂。意志、喜恶、思考、谋略这些都是通过这个门户来表达，因此，要运用打开和关闭的规律来掌握。打开的技能就是公开的，能够用语言说明的，是阳的一部分；关闭的技能就是关闭的，是无言的，是阴的一部分。阳气和阴气混合，打开和关闭就能够控制，从而阳气和阴气也能够控制得当。所以说长生、安逸、富足、荣誉、名声、喜好、财产、得意、喜爱等，都是阳的表现，也叫做“开始”。而死亡、忧患、贫贱、痛苦、毁损、失利、失意、灾害、杀戮、诛罚等，都是阴的表现，也就是“终结”。但凡那些奉行遵循“阳”行事的，都被称作是“始”，他们都是行善积德，做善事；而那些遵循“阴”的，都被叫做“终”，他们都大多谈论“恶”。

【原文】

捭阖之道，以阴阳试之，故与阳言者依崇高①，与阴言者依卑小。以下求小，以高求大②。由此言之，无所不出，无所不入，无所不言可。可以说人，可以说家，可以说国，可以说天下③。为小无内，为大无外。益损、去就、倍反④，皆以阴阳御其事。阳动而行，阴止而藏；阳动而出，阴隐而入。阳还终阴，阴极反阳。以阳动者，德相生也；以阴静者，形相成也。以阳求阴，苞以德也；以阴结阳，施以力也。阴阳相求，由捭阖也。此天地阴阳之道，而说人之法也，为万事之先，是谓“圆方之门户”。

【注释】

①与阳言者依崇高：跟崇尚“阳”的人交流时，就会谈论高尚并且付诸行动。

②以下求小，以高求大：说话的时候要注意跟崇尚“阳”的人谈论高尚，跟喜好“阴”的人说卑下，也就是要遵循下和小对应，高与大呼应的规律。

③可以说人，可以说家，可以说国，可以说天下：能够在人与人之间游

说，在家庭之间游说，在国家之间游说，把天下所有的一切都掌握在心中。

④倍反："倍"通"背"，背叛，"反"通"返"，回归。

【译文】

遵循打开和关闭的规律，要从阴和阳两个方面来验证。所以，在谈论阳的问题的时候，就要给人以高尚的对待，在谈论阴的问题的时候，要从卑下的方面处事。是要遵循下和小对应，高与大呼应的规律。遵从这样的方法，就没有什么事情是不能知道，没有什么事情是不能深究，没有什么事情是不能达成的了。能够用这样的道理去劝说一个人、一个家族、一个诸侯国，甚至是天下。做小事的时候，不受内的约束，做大事的时候，不受外的限制。一切的亏损收益、离去和接近、背叛和回归，都是可以用阴阳来掌握的。出现阳的，就运动、向前，出现阴的，就停止、关闭；对待阳气，就运动出去，对待阴气，就隐藏进来。阳气最终和阴气交汇，阴气最终会返归于阳。凭借着阳气活动的人，品德就会有所提升，用阴气安静的人，形势就会有所体现。用阳气换阴气，就要用道德来宽容；用阴气求阳气，就要用力量来行动。阴和阳相互追随，是因为打开和关闭规律的控制。这就是天地间阴阳运转的总体趋势，也是游说的主要办法，是一切事物的先导，也就是所谓的"天地之门户"。

反应第二

【原文】

古之大化者，乃与无形①俱生。反以观往，复以验来；反以知古，复以知今；反以知彼，复以知己。动静②虚实之理，不合于今，反古而求之。事有反而得复者，圣人之意③也，不可不察。

人言者，动也；己默者，静也。因其言，听其辞。言有不合者，反而求之，其应必出。言有象，事有比④；其有象比，以观其次。象者象其事，比者比其辞也。以无形求有声，其钓语合事，得人实也，其犹张罝网而取兽也，多张其会[⑤]而司之。道合其事，彼自出之，此钓人之网也。常持其网驱之，其不言无比，乃为之变。以象动之，以报其心，见其情，随而牧之。己反往，彼复来，言有象比，因而定基。重之袭[⑥]之，反之复之，万事不失其辞。圣人所诱愚智，事皆不疑。

【注释】

①无形：没有踪迹。

②动静：两个词，是指动和静。

③圣人之意：圣人的观点。

④比：比较，和原则比较确定正否。

⑤会：汇聚。

⑥袭：重叠。

【译文】

古代用大道来教育天下的圣贤，是和无形的道一起存在的。返回过去观看曾经，回到以后检验未来；返到以后知道古代，回到以后知道现在；折返以后了解他人，回来之后了解自己。动静虚实的关系，如果同未来以及现在都不相符，那么就要从历史中去探索。事情折返之后还能够回来，这是圣贤的人主张的道理，没有办法不认真思量。

别人说话，就是一种动的表现，自己安静，就是一种静的情况。因此，要通过别人说话来确定他内心的想法。如果别人说的话处在情理之外，那么就可以反过来探索，他也一定有应对的言辞。语言是能够模仿的，事情的道理也是可以相比较的；既然有“象”和“比”，那就能够拿来作为下一步行动的观察者。形象是事情表现出来的外在形象，比较就是对比别人说话的意思。用无形的道理得到别人有声的语言，用导语引出事情的道理，这样就能够得到真实情况，就像是张开网追捕野兽，要多准备几张网，等着野兽进入。办法合情合理，别人就会按照设定行动，这就是钓人的网。经常准备用网逼迫别人，别人就会陷入沉默，从而就无从比较，这个时候就要改变策略。用“象”来驱使别人，让他把自己心中的想法表露出来，说出真实情况，进而控制他。他就能够做出改变。用法象感动敌方，进一步观察敌方的心理活动，之后再进行调查。如此多次探究，说出来的话进行对比，就能够打下基础。多次观察，所有的事情都逃不了那几种情况。圣贤的人用这些来引导聪明的和不聪明的，都能够得到真实的情况从而解除自己的疑惑。

【原文】

故善反听者，乃变鬼神以得其情。其变当[1]也，而牧之审也。牧之不审，得情不明。得情不明，定基不审。变象比，必有反辞，以还听之。欲闻其声反默，欲张反敛，欲高反下，欲取反与。欲开情[2]者，象而比之，以牧其辞，同声相呼，实理同归。或因此，或因彼，或以事上，或以牧下。此听真伪，知同异，得其情诈[3]也。动作言默，与此出入，喜怒由此以见其式，皆以先定为之法则。以反求复，观其所托，故用此者，己欲平静[4]，以听其辞，察其事，论万物，别雄雌。虽非其事，见微知类。若探人[5]而居其内，量其能射其意也。符应不失，如螣蛇[6]之所指，若羿之引矢。

【注释】

①当：合适，恰当。

②开情：开启实情。

③情诈：实际情况和欺骗。

④己欲平静：这句话的意思是听言之道，首先要使自己内心平静。

⑤探人：探测人的实际情况。

⑥螣蛇：亦作“蛇”。传说中一种能飞的蛇。

【译文】

古代擅长多次思量的人，能够通过一些东西得到实情，对手的变化是适当的，所以要详细地了解对手的状态，不仔细调查，就得不到详细的情况，没有详细清晰的情况，基础就无法严谨。如果改变“象”和“比”，就必定会产生反面的言辞，这个时候还是要自己打听。想让别人说话，自己却沉默，想让别人打开，自己却内敛，想要提升却下降，想要得到却给予。想要了解实情，就要模仿比较，以掌握对方的讲话。这时相同的声音就会彼此呼应，就能得到真实情况。

要么因为这种道理，要么因为那些道理，要么拿来讨好上司，要么拿来管理下级。这就是听真假，明异同，从而得到对方的真实情况或者了解是否有欺骗。行为活动、说话或保持沉默，跟这些都有关系，情绪的喜恶都能够在这里找到蛛丝马迹，都是先定于情然后再总结规律。反复观摩对手的内心，因此，这个办法十分有用。自己想要宁静，从而听到对手的言语，用来了解事情，谈论事物，辨别是非。虽然说的事情并不是十分紧迫，一些细小的环节就能够把握总体的变化。了解对方的言论，猜测对方的实情，就像是刺探军情而深入敌军后方一样，第一步就要了解对手的能力，然后再了解对方的想法，像契约那样响应，像会飞的蛇那样奇异，更像后羿射箭那样精准。

【原文】

故知之始己，自知而后知人也。其相知也，若比目之鱼①；其见形也，若光之与影也。其察言也不失，若磁石之取针，如舌之取燔骨②。其与人也微，其见情也疾。如阴与阳，如圆与方③。未见形圆以道之，既见形方以事之。进退左右④，以是司之。己不先定，牧人不正。事用不巧⑤，是谓“忘情失道”。己审先定以牧人，策而无形容，莫见其门，是谓“天神”。

【注释】

①比目之鱼：比目鱼，只有一只眼睛，而且经常是两尾同时并游。这里用比目之鱼比喻两个相知的人，就好比是比目鱼须两两相随一样。

②燔骨：火烧过的骨头。

③如阴与阳，如圆与方：此句是强调对立面相成相形、不可分割的关系。

④进退左右：指人的升降，左为贬，右为升。

⑤事用不巧：办事不灵巧。

【译文】

了解对方必须要先了解自己，了解自己之后再去探究别人。人和人相知，就像是比目鱼两两相随相亲相爱。看见对方的时候，就像是阳光和影子那样。观察对方得到实情，不能够马虎大意，就像是用磁铁吸细针，用舌头汲取烧过的骨头汤汁一般。让对方了解自己十分少的东西，在发现对方的行为时却十分快速。就像是阴、阳、方、圆一样相辅相成，不可分离。外形没有显露出来的时候要用圆的方式来引导他，形貌出现之后就用方的办法来对付他。不管是升迁还是降职，所有的事物都要遵循上面的办法。要是自己不事先定下规则，那么就会出现用人不当。如果对事情的运行规律不太熟悉，这就叫做“忘怀感情，丧失正道”。自己要对处世法则熟记于心，然后才能去管理人才，在使用计谋的时候没有表露，这就叫作“天神”。

内揵第三

【原文】

君臣上下之事①，有远而亲，近而疏，就②之不用，去③之反求。日进前而不御④，遥闻声而相思。事皆有内揵⑤，素结本始⑥。或结以道德，或结以党友，或结以财货，或结以采色。用其意⑦，欲入则入，欲出则出，欲亲则亲，欲疏则疏，欲就则就，欲去则去，欲求则求，欲思则思。若蚨母⑧之从其子也，出无间，入无朕，独往独来，莫之能止。

【注释】

①君臣上下之事：君主和臣下之间的上下级关系。

②就：接近、靠近。

③去：离开。在句中意思是符合心意，离开了反而寻求。

④御：运用。

⑤内揵：阐述自己的看法。

⑥素结本始：在君臣和对方与自己之间，一开始就相联系、交结。

⑦用其意：指君主采用大臣的主张。

⑧蚨母：土蜘蛛，这种蜘蛛的母爱极强，因此每当出入巢穴时，都要一一把穴口加盖以防外敌入侵。

【译文】

君臣上下间的关系，有的相距很远却十分亲近，有的距离很近却十分疏远。靠近的却得不到重视，离开的却被寻求。虽然每天都拜见君主，却不被君主喜爱，虽然距离远只能彼此听到声音，但是却深受君王珍惜。这都是由于内心相知的程度不同所致，本源于平素的交结。有的相交的基础是道德，有的相交的基础为朋党，有的为货物钱财，有的为娱乐享受。君王听取臣下的建议，就是想要进来就进来，想要出去就出去，想要远离就远离，想要亲近就亲近，想要索取就索取，想要想念就想念。就像是土蜘蛛养育子孙那样，出入没有什么隔阂，独来独往，什么也无法阻止它。

【原文】

内者进说辞，揵者揵所谋也[①]。故远而亲者，有阴德也；近而疏者，志不合也；就而不用者，策不得也[②]；去而反求者，事中来也；日进前而不御者，施不合也[③]；遥闻声而相思者，合于谋待决事也。故曰："不见其类[④]而为之者见逆，不得其情[⑤]而说之者见非。得其情，乃制其术[⑥]。此用可出可入，可揵可开。

【注释】

①揵者揵所谋也：这里指鬼谷子内揵术"揵"的方法之一。

②策不得也：计策得不到施行。

③施不合也：措施不合适。

④类：类似，共同点。

⑤情：这里是指对手的情况。

⑥得其情，乃制其术：掌握对方的情况，从而使用内揵之术。意思是施展自己驾驭形势的计谋。

【译文】

"内"也就是游说时候说的话，"揵"就是固守的计策。因此距离远却亲近的人，是因为两者之间有相同却没有表现出来的美德；距离近却又疏远的人，是因为不是志同道合的人。虽然在职却不受重视，是由于谋略没有得到认可；在被撤职以后受到重用，是因为谋略在之后被验证；虽然和君王日日见面但是却不被重用，那是因为他的表现不识大体；只听到声音就让君王有相思之情的，是因为他的计谋跟君王的计划不谋而合，所以君王让他决定事情。所以：还不知道对方的情况，就贸然行动的人，大家会觉得他背道而驰；还没有掌握对方的真实情况就对其进行游说的人，别人会觉得他在儿戏。因此，了解把握实际情况，才是掌握了内揵之术。这样一来，才能把内揵之术运用得活灵活现，不仅能够游说，还能够守住以前的谋略。

【原文】

故圣人立事，以此先知而揵万物①。由夫道德、仁义、礼乐②、忠信、计谋，先取《诗》、《书》，混说损益，议去论就。欲合者，用内；欲去者，用外。外内者必明道数，揣策来事③，见疑决之。策无失计，立功建德。治民入产业，曰揵而内合；上暗不治④不乱不寤，揵而反之。内自得，而外不留说，而飞⑤之。若命自来已，迎而御之。若欲去之，因危与之。环转因化，莫知所为，退为大仪⑥。

【注释】

①以此先知而揵万物：以自己的先见之明来把握万事万物。

②礼乐：礼，指规定社会行为的法则、规范、仪式；乐，指音乐。

③揣策来事：揣测将来的事情。

④上暗不治：意思是君王昏庸不能够很好地治理国家。

⑤飞：慷慨的言辞。

⑥大仪：大法、大原则、秘诀。

【译文】

圣贤的人建立功业，是凭借着他们得到了真实情况并且熟练运用内揵之术，从而掌控万物。从道德、仁爱、礼乐、忠诚、谋略开始，首先按照引用《诗经》《尚书》来佐证自己的说法，之后再综合研究到底是好处多还是坏处多，最后才能断定应该离开还是上任。想要一致的，就用内情合适的办法，想要分开的，就要用外情合适的办法。办理国内外的大事，要首先学会明白道理和法术，而且还能够推测到将来发生的事情。能够在疑惑面前下定决心，在使用计谋的时候不被暗算，建功立业，辅助政治。治理国家，让百姓安居乐业，这是君王和臣子的默契。君王昏庸不推行仁政，百姓离散不明白事理，这就是上下之间没有默契。对国家内部洋洋得意，对外面的国家不讲究新的思想，这样就相当于是不让外来捭阖进入。假如接到命令让自己来，就需要接受使用。假如是不契合被调离，是由于说话太过直接。就像圆环旋转反复，让旁观者不知道是在干什么。用退却赢来进步是最大的秘诀。

抵巇第四

【原文】

物有自然①，事有合离。有近而不可见②，有远而可知。近而不可见者，不察其辞也；远而可知者，反往以验来也。

巇③者，罅也。罅者，涧④也，涧者成大隙也。巇始有朕，可抵而塞，可抵而却，可抵而息⑤，可抵而匿，可抵而得⑥，此谓抵巇之理也。

【注释】

①自然：规律、章法。

②见：发现、觉察。

③巇（xī）：同“隙”，裂缝。

④涧：山涧。

⑤息：休止。

⑥得：得到。

【译文】

世上的万事万物都有自己的章法，一切事物都被聚合离散的法则束缚。虽然离得很近却彼此不熟悉，虽然距离很远却彼此了解。距离近的无法被看到，那是由于没有观察对方的一言一行；距离远的反而知道，那是由于经常交流，相互体谅。巇，也就是罅，罅开始的时候是十分微小的裂缝，就像山涧最终变成大裂谷一样。在裂痕刚刚出现的时候就要用“抵”的办法让它关闭，用“抵”的方法让裂缝变小，用“抵”的办法让裂缝不复存在，用“抵”的办法让裂缝消失，用“抵”的办法得到成功，这就是用“抵巇”之术来使裂缝阻塞的道理。

【原文】

事之危也，圣人知[①]之，独保其用。因化[②]说事，通达计谋，以识细微，经[③]起秋毫之末，挥[④]之于太山之本。其施外[⑤]，兆萌芽蘖之谋，皆由抵巇。抵巇隙，为道术。

【注释】

①知：知道。

②因化：顺着变化。

③经：开始。

④挥：挥动。

⑤施外：施教于人。

【译文】

当事情开始出现危险的信号时，只有圣贤的人才能够有所发现，而且能够单独地发挥作用。顺着变化观察事物，擅长运用谋略，发现微小的事物并且提前做好防御措施。事情刚开始的时候就像是秋天鸟身上的羽毛那样细微，长期发展就能够达到使泰山震动的效果。当圣人的仁政在外方推行以后，那些奸诈小人的所有阴谋，都能够用抵巇之术来防御。抵巇最终使裂缝不复存在，这就是一种道术。

【原文】

天下分错，上无明主，公侯无道德[①]，则小人谗贼，贤人不用，圣人窜匿，贪利[②]诈伪者作，君臣相惑，土崩瓦解，而相伐射，父子离散[③]，乖乱反目；是谓“萌芽巇罅”。圣人见萌芽巇罅，则抵之以法。世可以治则抵而塞之，不可治则抵而得之；或抵如此，或抵如彼[④]，或抵反之，或抵覆之。五帝之政，抵而塞之，三王之事，抵而得之。诸侯相抵[⑤]，不可胜数。当此之时，能抵为右。

【注释】

①道德：指通物得理。

②贪利：贪图利益。

③父子离散：这里用来形容父子关系，指父子关系没有礼仪的约束。

④抵如彼：跟上文中的“抵而得之”相对应。

⑤相抵：互相抵制。

【译文】

天下四分五裂，上没有贤明的君王，诸侯也没有道德，那些谄媚的小人就会应运而生，贤明的人就会被轻视，圣人都逃命做了隐士，贪图利益和作假的人开始洋洋得意。君王和臣子之间相互不信任，导致国家纲常破坏，百姓之间相互杀伐，父子关系出现危机，甚至彼此视为仇人，这就是国家即将大乱的征兆。圣贤的人看到国家出现裂痕之后就会采用抵巇之术来阻塞，当天下没有办法治理的时候，就能够用抵巇的办法来得到它。要么阻塞裂缝，要么取得天下，要么使天下恢复，要么取而代之。传说上古五帝，就是用抵巇的办法来阻塞天下，三王也是用抵巇的办法来取得天下。诸侯之间也是用抵巇的办法来相互抢夺的。这个时候，擅长使用抵巇之术的人就能够成功。

【原文】

自天地之合离终始，必有巇隙[①]，不可不察也[②]。察之以捭阖，能用此道，圣人也。圣人者，天地之使[③]也。世无可抵，则深隐而待时；时有可抵，则为之谋。可以上合[④]，可以检下[⑤]。能因[⑥]能循[⑦]，为天地守神[⑧]。

【注释】

①巇隙：对于国家而言，这就是叛逆的事情。

②自天地之合离终始，必有巇隙，不可不察也：就像天地会分离聚合一样，

裂缝和叛逆也是时刻伴随的，不能不明察秋毫。

③天地之使：天地的使者。

④上合：打击之后再阻塞。

⑤检下：打击之后得到它。

⑥因：凭借。

⑦循：按照。

⑧天地守神：天地之间守护之神。即指国家的统治者。

【译文】

就像天地有聚合离散那样，裂缝总是时刻跟随的，不能不明察秋毫。想要考虑这个问题，就要用“捭阖之术”，能够用这个道理的人就是圣贤的人。圣贤，是天地的使者，如果人世间没有裂痕和缝隙需要阻塞，那么就深深地躲藏起来，等到出现裂隙的时候就出来计划阻塞。这样，对上可以协同作战，对下能够检查督促。既可以有所凭借，也能够有章可循，这就是天地间的守护神。

《卷　中》

飞箝第五

【原文】

凡度权量[①]能，所以征远来近。立势而制事[②]，必先察同异，别是非之语；见内外之辞，知有无之数[③]；决安危之计，定亲疏之事。然后乃权量之。其有隐括，乃可征，乃可求[④]，乃可用。引钩箝之辞，飞而箝之。

钩箝之语，其说辞也，乍同乍异。其不可善者，或先征[⑤]之，而后重累；或先重以累，而后毁之；或以重累为毁，或以毁为重累。其用，或称财货[⑥]、琦玮、珠玉、璧帛、采色以事之，或量能立势以钩之，或伺候[⑦]见涧而箝之，其事用抵巇。

【注释】

①量：测量。

②制事：管制事情。

③有无之数：指是不是具备某种能力。

④求：征求。

⑤征：征召。

⑥财货：财物和货币。

⑦伺候：等待时机。

【译文】

但凡是考察权变的能力，大多是为了招揽人才，让他们投靠。建立规章制度，管制事情，必须要首先了解他们之间的不同之处，这样才能够辨别他们之间的是非。了解到语言是表面的，实际事物有真有假，这样才能够知道他们的能力和虚实。要首先定下国家的大计，并且定下君王和臣下的亲疏关系，之后再考虑长短轻重。上面的事情都完成以后，就可以估量他们的才能和谋略了，等到需要他们的时候就可以征召，可以提拔重用。使用语言之中的钩箝之术，诱惑他们主动地服从听命自己，或者用慷慨的言语刺激他们从而得到实际情况。

诱导别人说服从自己的话，这是游说时候用到的言辞，它的特点是时而相同时而有异。那些用钩箝之术也不能够控制的对手，可以先对他们施加威胁，用利益诱惑他们，之后再多次试探他们。也可以先对他们进行试探，之后再对他们发起进攻，毁灭他们。有人觉得，多次的试探就是在毁灭别人，有人觉得毁灭对方就是对他进行试探。想要重用一些人的时候，就用财产和货物进行试探，或者是估量他的才华，他想要施展才华的方向以及他的实际情况，要么就找到他的短处来克制他，上面的办法就是用抵巇之术来达到自己的目的。

【原文】

将欲用之天下[①]，必度权量能，见[②]天时之盛衰，制地形之广狭[③]，岨险之难易，人民货财之多少，诸侯之交孰亲孰疏[④]、孰爱孰憎，心意之虑怀[⑤]，审其意，知其所好恶，乃就说其所重，以飞箝之辞钩其所好，乃以箝求之[⑥]。

用之于人，则量智能、权材力、料气势，为之枢机以迎之随之，以箝和之，以意宜之。此飞箝之缀[⑦]也。

【注释】

①用之天下：使……用于天下，文中意思是要把飞箝之术推广运用到全天下。

②见：鉴定。

③地形之广狭：地理形势的广阔与狭窄。

④孰亲孰疏：谁跟自己亲密，谁跟自己疏远。

⑤虑怀：忧虑和希冀。

⑥以箝求之：意为用诱惑的手段来谋求对方的心中所好。

⑦飞箝之缀：这是飞箝术的使用。

【译文】

想要把“飞箝之术”推向全天下，就一定要了解智谋和权变的规律，知道天道运行的起落，知道地形的开阔和狭窄，山地的艰险和平坦，还有百姓财产的丰富和少寡。诸侯国之间的联系谁跟自己亲近，谁跟自己疏远，心中忧虑的和希冀的，想要清楚细致地了解对方的意图和希冀，就一定要知道对方喜欢什么讨厌什么，然后根据他最看重的问题进行游说，用飞箝的语言诱使对方说出喜欢的，然后再用引诱的办法来控制对方，以便向他索取。

把飞箝之术用到其他人身上，就要看他的才能和智慧，办事能力，掌握关键的地方，用来迎合对方或者顺应对方，使用飞箝之术，从而达到跟对方协同的目的，用意念来跟对方融洽，这就是运用飞箝之术的好处。

【原文】

用之于人，则空往①而实来，缀而不失②，以究其辞。可箝而从③，可箝而横，可引④而东，可引而西，可引而南，可引而北，可引而反，可引而覆⑤。虽覆，能复⑥，不失其度。

【注释】

①空往：单用话语来夸赞。

②缀而不失：连结而不失去。意即把握好“实来”的好时机不要失去。

③从：通“纵”，与“横”相对。南北为纵。

④引：引领。

⑤覆：回归。

⑥复：复原。

【译文】

在处理人和人之间的关系问题上，就用不实际的语言来夸赞对方从而得到实际情况。抓住好的时机不要失去，探求对方会说什么话。而且要跟他们维持着一种亲密的关系，用来研究他们的话语，从而达到控制对方的目的。可以从纵的方面使用飞箝之术，也能够从横的方向使用飞箝之术，能够朝东，也能够向西，能够往南，也能够往北，能够反方向引导，也能够回到原来的方向。即使是这样，还是要谨慎，不能够丢掉气节和度量。

忤合第六

【原文】

凡趋合倍反①，计有适合。化转环属②，各有形势。反覆相求，因事为制。是以圣人居③天地之间，立身御世，施教扬声④明名也，必因事物之会，观天时之宜，因之所多所少⑤，以此先知之，与之转化。

【注释】

①倍反：背逆。倍，通“背”。“趋合倍反”指事物的“合”与“忤”。

②环属：像链环一样连接无缝隙。属，连接。

③居：处在。

④扬声：扬名。

⑤因之所多所少：国家教化宜多或宜少的地方。

【译文】

但凡是想要统一或者是分离的，都要用相适应的理来计划。变化就像环状的东西那样没有裂缝，而且还存在着不一样的样式。彼此多次要求，依照着事实来处理。因此圣贤的人存活在世界上，他们安身立命，都是为了要教化世人，扬名立万。他们会参考事物发生的变化，寻找合适的机会，根据国家教化宜多或宜少的地方，首先预测，能够随时随地地改变谋略。

【原文】

世无常贵[①]，事无常师。圣人常为无不为[②]，所听无不听。成于事而合于计谋，以之为主。合于彼而离[③]于此，计谋不两忠，必有反忤。反于是，忤于彼；忤于此，反于彼；其术也。用[④]之天下，必量天下而与之；用之国，必量国而与之；用之家，必量家而与之；用之身，必量身材能气势而与之。大小进退，其用一也[⑤]。必先谋虑，计定而后行之以飞箝之术。

【注释】

①贵：尊贵。

②无不为：无所不为。

③离：与常理相悖。

④用：使用。

⑤其用一也：它的作用是一样的。

【译文】

世界上没有永远尊贵的，事情没有固定存在的。圣贤的人经常有所为有所不为，经常听取天下的声音，有的则不听。如果事情一定能够办成，而且又是合乎规范的，那么就应该把它作为主体。即使是跟别国的君王有默契，但是却不能够让自己的君王满意，这就是“计谋不两忠”。这当中一定存在着顺逆，不仅是对自己的君王不忠实，而且又对别国的君主不尊重，不仅逆了自己君王的意，而且还背叛了别国的君主，这就叫做“反忤之术”。在天下使用反忤之术，一定要了解天下的实际情况，在国家之中使用它，就一定要了解国家的实际情况，在一个家族内使用它，就一定要依据家族内的实际情况，在个人身上使用它，就一定要充分了解这个人的气度。一言以蔽之，不管是大小还是进退，它的作用是一样的。所以，必须要深入地思考，把计划定好了之后再使用“飞箝之术”。

【原文】

古之善背向者，乃协四海、包[①]诸侯，忤合之地而化转之，然后以之求合。故伊尹五就汤[2]、五就桀，然后合于汤。吕尚三就文王、三入殷[3]，而不能有所明，然后合于文王。此知天命之箝，故归之不疑也。

非至圣人达奥，不能御世；非劳心[4]苦思，不能原事；不悉心见情，不能成名；材质[5]不惠，不能用兵；忠实无真，不能知人[6]。故忤合之道，己必自度材能知睿，量长短远近孰不如，乃可以进、乃可以退，乃可以纵，乃可以横。

【注释】

①包：宽容。

②汤：商汤王。商朝第一个君主，消灭夏王朝，重用伊尹，推行善政。

③殷：指商王朝。

④劳心：伤神费心。《四部丛刊》本“劳心苦思”前脱一“非”字。

⑤材质：才华素质。

⑥知人：知道人。

【译文】

古代善于反对和支持道理的人，能够在天下之间协作，能够宽容诸侯，可以将自己处在忤合的地步，之后再想方设法转变，改变形势，最后再利用这样的形势创建新的朝代。因此贤相伊尹曾经对商汤臣服五次，对夏桀臣服了五次，到最后才决定一心为商汤效力。姜太公曾经三次臣服于周文王，也曾三次臣服于殷纣王，但是殷纣王的所作所为让他不满，所以最终他决定专心辅佐周文王。这是有关天命的事情，因此伊尹和姜尚才会效力于商汤和周文王而不会让人有所疑惑。

没有圣人般的高深境界是无法管理天下的，不经过辛苦的探索是没有办法知道事情的实际情况的。不能够全身心地投入到观察事物上去，就没有办法扬名；能力和气质无法谋划更多，就不能够参与军事，老实忠诚的人不一定能够百分之百地看清别人。因此“忤合之道”，自己一定要对自己的智慧进行估计，考察一下能力大小，是否有远见，在哪里比别人弱。这样一来不仅能够前进还可以后退，不仅能够合纵还能够连横，这样就能够收放自如了。

揣篇第七

【原文】

古之善用天下者，必量天下之权，而揣诸侯之情。量权不审[①]，不知强弱轻重之称；揣情不审，不知隐匿变化之动静[②]。

何谓量权？曰：度于大小，谋于众寡。称财货之有无，料人民多少、饶乏，有余不足几何[③]？辨地形之险易孰利、孰害？谋虑孰长、孰短？君臣之亲疏，孰贤、孰不肖？与宾客之知睿[④]孰少、孰多？观天时之祸福，孰吉、孰凶？诸侯之亲孰用、孰不用？百姓之心去就变化，孰安、孰危？孰好孰憎？反侧孰便？能知如此者，是谓权量。

揣情者，必以其甚喜之时，往而极其欲也，其有欲也，不能隐其情。必以其甚惧之时，往而极其恶也[⑤]，其有恶也，不能隐其情，情欲必失其变。感动而不知其变者，乃且错[⑥]其人勿与语，而更问其所亲，知其所安。夫情变于内者，形见于外。故常必以其见者，而知其隐者。此所谓测深揣情。

【注释】

①审：详细、周密。

②动静：隐藏改变的情况。

③几何：若干，多少。

④知睿：智慧。知，通“智”。

⑤极其恶也：达到对方厌恶的极点，意思就是让对方讨厌到极点。

⑥错：通“措”，安置。

【译文】

古代擅长治理天下的人，肯定能够衡量天下的形势，猜测诸侯国的实际情况。衡量天下的事情但是不严谨，不了解诸侯国的实际情况，如果猜测的情况跟事实不相符，就没有办法知道天下的世事变化。

怎么样才能算是“衡量权势”呢？那就是度量大小，计划多少。衡量财富是否存在，猜测老百姓是富裕还是贫穷，富裕和贫穷的程度有多少；明白地势是险峻还是平坦及哪里重要，哪里危险；谋划思考哪里有好处，哪里有坏处；君王和臣子之间的关系亲密或者是疏远，哪个是贤才，哪个智谋不足；哪些宾客更加聪明？观察天时什么时候会带来灾祸，什么时候会带来福气？跟诸侯之间谁能被任用，谁不能被任用？老百姓内心是否聚合，哪里比较安全，哪里比较动乱？喜欢什么，不喜欢什么？怎么察觉老百姓是否有叛逆之心？能够知道上面的，就是能够观察形势的。

猜测事情就是：一定要在对方开心的时候，去让他们的欲望更加膨胀，他们有欲望，就不能够不袒露实情；又一定要在对手最害怕的时候，去让他们更加害怕，他们感到害怕就不会对实情有所隐瞒；情绪和欲望一定会因为变化而失去。触动了情感却不能够发现喜欢和厌恶的情感变化，就暂时先不跟他深入交涉，与他身边所有亲密的人交谈，掌握他的情感归属。对一些在内心中发生的情绪变化，在行动中表现出来，一定要根据他所表现出来的来深入探索他要掩盖的真相。这就是揣摩灵魂深处真实情况的办法。

【原文】

故计国事者，则当审权量；说人主①，则当审揣情；谋虑情欲必出于此。乃可贵，乃可贱，乃可重，乃可轻，乃可利，乃可害，乃可成，乃可败，其数一也。故虽有先王之道②、圣智之谋，非揣情，隐匿无所索之。此谋之大本③也，而说之法也。常有事于人，人莫先事而至，此最难为。故曰“揣情最难守司”，言必时其④谋虑。故观蜎飞蠕动，无不有利害，可以生事美⑤。生事者，几之势也。此揣情饰言成文章，而后论之也。

【注释】

①说人主：向人主说实情。

②先王之道：古圣君王的法则。

③本：基本原则。

④时其：选择好的时机。

⑤生事美：意为成事之美。

【译文】

谋划国家大事的人，一定要仔细地观察形势，向君王献计的时候，要仔细地猜测实情。谋略计划、考察实情一定要用这样的方法。明白揣术的方法并且会灵活运用，就能够做到“贵”、“贱”、“重”、“轻”、“利”、“害”、“成”、“败”所有的目标，这都是使用揣术的好处。因此，即使有古代君王的原则，带有聪明智慧，不用揣术，那些被隐瞒的实际情况就没有办法被发现。这是计谋中需要遵循的原则，而且也是游说中重要的原则。人们心中经常发生一些事，但是却无法事先知道。事情还没有发生就已经预测到，这是无法做到的。所以猜测实情是很难操作的，时机是很难把握的。因此，当小虫开始蠕动时，也存在其中的利害关系，在发生变化的时候，也会有一些细小的变化随之发生。这些猜测实情的办法要经过整合被整理成华丽的文章，然后进行论述。

摩篇第八

【原文】

摩者，揣之术也。内符者，揣之主也①。用之有道，其道必隐。微摩之以其所欲，测而探之②，内符必应。其应也，必有为之③。故微而去④之，是谓塞窖、匿端⑤、隐貌、逃情，而人不知，故能成其事而无患。摩之在此，符之在彼，从而应之，事无不可⑥。

【注释】

①内符者，揣之主也：内心世界的变化和外在的行为表现，是揣测一个人实情的主要参考对象。

②测而探之：猜测之后探求其中的奥妙。

③必有为之：一定有所作为。

④去：去除。

⑤端：头绪。

⑥摩之在此，符之在彼，从而应之，事无不可：在这里猜测，在那里表露，互相呼应，没有什么事情不能够成功的。

【译文】

“摩”也就是猜测的道术，而“内符”就是猜测之后的内心反应。使用摩术需要遵循特定的规则，而且这个规则需要秘密进行。当刚开始猜测的时候，一定是要有计划有目的地进行，之后再进行侦查，它的内部一定会暗中相呼应。呼应的时候，一定会有什么行为出现。所以对一些事情进行排除，就是所谓的堵塞地窖、隐匿头绪、藏匿形貌，但是其他人却不知道，因此可以在没有任何忧虑的情况下办成事。在这里进行猜测，让对方产生内符，两个相呼应，那么就一定能够办成所有事情。

【原文】

古之善摩者，如操钩而临深渊，饵而投之，必得鱼焉，故曰主事日成①而人不知，主兵日胜②而人不畏也。圣人谋之于阴，故曰神，成之于阳，故曰明③。所谓主事日成者，积德也，而民安之④，不知其所以利；积善⑤也，而民道之，不知其所以然⑥；而天下比之神明也。主兵日胜者，常战于不争不费，而民不知所以服⑦，不知所以畏，而天下比之神明。

【注释】

①主事日成：正在进行的事情逐日成功。

②主兵日胜：带军打仗逐日胜利。

③圣人谋之于阴，故曰神，成之于阳，故曰明：这一句是继续论述圣贤之人善于揣摩而成事，意谓圣人深谋远略于隐秘之中。

④安之：安静。

⑤积善：行善积德。

⑥其所以然：是因为这样。

⑦不知所以服：不明白因为什么服从。

【译文】

古代善于猜测的人，就像是拿着钓钩来到深渊钓鱼一样，一旦他把挂上鱼饵的鱼钩放入深渊，就一定能够收获大鱼。因此，所进行的事情逐日成功但是却没有人知道，带军打仗胜利归来但是却没人感到恐惧。圣贤在私底下谋划忧虑，像神道，因此才被称为“神”，事情办成了，情况十分明了，所以被叫做“明”。所谓主事日成的人就是暗地积德的具体表现，现在的百姓生活安逸，但是却不明白其中的益处，这就是行善积德的具体表现。如果老百姓认为这个是正道，但是却不明白其中的玄机，就会把天下当成神明，带兵打仗逐日胜利，在无形之中取得胜利，没有发生猛烈的杀戮，没有耗费太多的精神气力，那么百姓就不知道要顺从的原因，没有什么好害怕的，还会把天下比作是神明。

【原文】

其摩者①，有以平，有以正，有以喜，有以怒，有以名，有以行，有以廉，有以信，有以利，有以卑。平者，静也；正者，直也；喜者，悦也；怒者，动也；名者，发也；行者，成也；廉者，洁也；信者，明也；利者，求也；卑者，谄也②。故圣人所独用者，众人皆有之③，然无成功者，其用之非也。故谋莫难于周密④，说莫难于悉听，事莫难于必成⑤，此三者然后能之。

【注释】

①其摩者：指“摩”的办法。

②卑者，谄也：谦卑的人是为了谄媚。

③皆有之：都能够使用。

④莫难于周密：没有什么能比周详、缜密还难的。

⑤必成：必定要成功。

【译文】

在使用“揣摩之术”的时候，能够选择很多方法，有平和的，有正义的，有讨好的，有愤怒的，有借助名声威慑的，有用行动强迫的，有用廉明感动的，有用信义游说的，有用利益诱惑的，有用谦卑索取的。平，就是宁静；正，就是正义；喜，就是高兴；怒，就是躁动；名，就是扬名；行，就是行动；廉，就是廉洁；信，就是明白；利，就是追求；卑，就是谄媚。所以圣贤所运用的“揣摩之术”，大家也都明白。但是使用不恰当，就是用的不成功。因此谋划没有什么能比严谨周密还要困难的，游说中想要让人全部听从是最难的，想要让事情一定成功是最难的。谁能够做到上面的三点就能够说这个人有才能。

【原文】

故谋必欲周密，必择其所与通者说[1]也，故曰或结而无隙也。夫事成必合于数，故曰道数与时相偶者也[2]。说者听必合于情，故曰情合者听。故物归类，抱薪趋火，燥者先燃平地注[3]水，湿者先濡，此物类相应，于势譬犹是也。此言内符之应外摩也如是，故曰摩之以其类，焉有不相应者？乃摩之以其欲，焉有不听者？故曰独行之道[4]。夫几者不晚，成而不抱，久而化成。

【注释】

①说：游说。

②道数与时相偶者：指道理、术数、天时相互协调。

③注：注入。

④独行之道：有高尚情操，不随世俗浮沉的人才能掌握的揣摩之术。

【译文】

所以计划一定要严谨，必须要选择志趣相投的人进行游说，因此相交一定要亲密。想要做成一件事情，就一定要符合揣摩之术，因此只有把道理、权术、天时相结合才能够做成事情。事物都有各自的类属，拿着柴火去燃烧，干的地方会最先烧着，在平坦的地上倒水，地势低的地方总是会最先沾湿。这就是事物相互呼应的原因，在这样的情况下那是注定的结果。这里说到的内心的反应和外部的猜测也是这样的，所以猜测的时候把事情的共同点聚集，怎么还能不呼应呢？按照他的欲念来猜测，哪里有不被别人听取或采纳的？因此，只有圣贤的人才能够进行揣摩之术，再说那些对关节十分明白的人，都不能够失掉好机会。他们都是有功名却不居功的圣贤。时间长了他们就能够完成改变世界的目的。

权篇第九

【原文】

说者，说之也；说之者，资之也。饰言者，假之①也；假之者，益损也。应对者，利辞也；利辞者，轻论②也。成义者，明之也；明之者，符验也。难言者，却论③也；却论者，钓几也。佞言者，谄而干忠；谀言④者，博而干智；平言者，决而干勇；戚言⑤者，权而干信；静言者，反而干胜⑥。先意承欲者，谄也；繁称文辞者，博也；策选进谋者，权也；纵舍不疑者，决也；先分不足而窒非者，反也。

【注释】

①假之：借助来游说别人。

②轻论：轻视言辞。

③却论：反对的言辞。

④谀（yú）言：谄媚，以不实之辞奉承人。

⑤戚言：忧虑的言论。

⑥反而干胜：自己有缺陷却指责别人并从中求取胜利。

【译文】

游说，就是说服别人，规劝别人，就是资助别人。有文辞修饰的语言都是虚假的，这些虚假的话有好处也有坏处。进退应对，就需要有伶牙俐齿的外交能力，换句话说就是要有轻浮的言辞。有道理的言辞一定要有论证来证明他的真实性，证明真实性，就是为了要符合检验。指责的语言，就是反对的话，反对的话就是把对方藏起来的细微之处挖掘出来。好听的话，是用谄媚来换得功名，用不真实的话来抬高别人，是用看似渊博的言辞来换得聪明的名号，朴实的语言，果断而没有疑虑，忧愁的话，是用计谋来谋得信任，装饰的话，自己有缺陷却指责别人来换取胜利。为了达到自己的目的而利用别人的欲望就是谄媚，用很多美丽的言辞来说话就是吹牛，挑选谋略来献计的人就是在谋权，就算是舍弃也没有疑虑的就是果断的人，自己错了却批评别人的人就是背叛。

【原文】

故口者，机关也，所以关闭情意也。耳目者，心之佐助也，所以窥间　奸邪[1]。故曰参调而应，利道而动。故繁言而不乱，翱翔[2]而不迷，变易而不危者，睹要得理。故无目者，不可示以五色[3]；无耳者，不可告以五音。故不可以往[4]者，无所开之也；不可以来者，无所受之也。物有不通[5]者，故不事也。古人有言曰：“口可以食，不可以言。”言者有讳忌也；“众口铄金[6]”，言有曲故也。

【注释】

①窥间奸邪：观察发现奸诈邪恶。

②翱翔：鸟在高空飞舞。此处指说话收放自如。

③五色：青黄赤白黑五种颜色，泛指各种色彩。

④往：到往。

⑤不通：没有办法沟通。

⑥众口铄金：众人的言论可以熔化金属。铄：熔化金属。

【译文】

嘴，是发出言语的地方，是用来表达或者是关闭情意的。耳朵和眼睛，是用来帮助思维的，能够观察并发现奸邪。因此，只要心、眼、耳三个器官相互协作，就会对人有利。所以言辞比较烦琐的就一定不能乱，说话收放自如而且还不乱，说话的方式和内容变化了却不会有问题，最重要的是抓住关键，把握准则。因此，对色彩不敏感的人，就不能让他观赏各种色彩，听觉不敏锐的人，就不要跟他说起音乐。因此，不去劝说他，是因为他呆滞，没有劝说的价值，不能去劝说他，是因为他浅薄，不能够接受游说。做事不能通情达理就不能够成大事。古人常说：“嘴巴是用来吃食物的，不能用来说话。”因为说话很容易就会犯错，这就是大家所说的众口铄金，是用来说明言语容易变得偏邪。

【原文】

人之情，出言则欲听，举事[1]则欲成。是故智者不用其所短，而用愚人之所长；不用其所拙，而用愚人之所工[2]；故不困也。言其有利者，从其所长也；言其有害者，避其所短也。故介虫[3]之捍也，必以坚厚[4]。螫虫之动也，必以毒螫。故禽兽知用其长，而谈者亦知用其用[5]也。

【注释】

①举事：做事情。

②工：擅长、善于。

③介虫：有壳的昆虫。

④坚厚：指坚固厚实的甲壳。

⑤知用其用：知道用他该用的办法进行游说。

【译文】

进行游说的人希望自己的言辞被接受这是符合常理的，做事情就一定会希望能够成功。因此，一个有智慧的人，不会用自己的劣势，反而使用别人的优势；不用自己的愚蠢之处，而用愚蠢之人的聪明之处，所以自己永远都不会陷入危难之中。提到对方的优势时，就要夸奖对方的优势，说到对方的劣势时，就要回避对方的劣势。所以带有壳的昆虫保护自己，是充分发挥了甲壳的作用。带有毒刺的昆虫行动的时候一定会使用自己的毒刺。由此可见，飞禽走兽也明白要运用自己的优势，那么那些进言的人就更需要知道使用他应该使用的方法来进行游说。

【原文】

故曰：辞言有五，曰病、曰怨、曰忧、曰怒、曰喜。故曰：病者，感衰气而不神[1]也；怨者，肠绝而无主也；忧者，闭塞而不泄也；怒者，妄动[2]而不治也；喜者，宣散而无要也。此五者，精则用之，利[3]则行之。故与智者言，依于博；与拙者言，依于辩；与辩者言，依于要；与贵者言，依于势；与富者言，依于高；与贫者言，依于利；与贱[4]者言，依于谦；与勇者言，依于敢；与过者言，依于锐。此其术也，而人常反之。是故与智者言，将以此明之；与不智者言，将以此教[5]之，而甚难为也。故言多类，事多变。故终曰言，不失其类，故事不乱。终日不变，而不失其主，故智贵不妄。听贵聪，智贵明，辞贵奇。

【注释】

①不神：没有精神。

②妄动：妄自行动。

③利：有益。

④贱：卑贱。

⑤教：教育。

【译文】

因此，言辞有五类，就是病言、怨言、忧言、怒言、喜言。病言，就是因为衰败而没有精神的言辞；怨言，就是哀怨而且没有见地的言辞；忧言，就是关闭幽塞无法释放的言辞；怒言，就是莽撞地决定但是却没有条理的言辞；喜言，就是没有重点的言辞。上面的这五种言辞，要经过提炼才能使用，便利之后才能够推行。所以跟聪明的人说话，要学识渊博；跟笨的人说话，要会辩驳；跟会辩论的人说话，要简单；跟显贵的人说话，要有气势；跟富贵的人说话，要文雅；跟贫穷的人说话，要陈明利害关系；跟卑贱的人说话，要谦恭；跟勇敢的人说话，要果断勇敢；跟有过失的人说话，要机敏锐利。上面说的这些都是为人处世的道理，但是有的人却总是表现得相反。所以跟聪明的人说话就要用这些来阐释，跟不聪明的人说话就要用这些来教育他们，但是实际上却没有办法实现。因此，说话有很多办法，事情有很多变化，就算是每天说话也不会丢掉方法，事情也不会出差错。每天不说话，不改变宗旨，因此智谋的好处就在于不乱，听觉要好，要聪明，说话要巧妙，这样才能够在处理事情时事事成功。

谋篇第十

【原文】

凡谋有道，必得其所因①，以求其情。审得其情，乃立三仪。三仪者曰上、曰中、曰下。参以立焉，以生奇。奇不知其所壅②，始于古之所从。故郑人之取玉也，载司南之车，为其不惑也。夫度材、量能、揣情[3]者，亦事之司南也。故同情而相亲者，其俱成者也；同欲而相疏者，其偏害者也；同恶而相亲者，其俱害者也；同恶而相疏者，偏害者也。故相益[4]则亲，相损则疏，其数行也；此所以察同异之分，其类一也。故墙坏于其隙，木毁于其节，斯盖其分也。故变生事，事生谋，谋生计，计生议，议生说，说生进，进生退，退生制，因以制于事[5]。故百事一道，而百度一数[6]也。

【注释】

①因：借着。

②奇不知其所壅：奇计是没有什么可以壅蔽的。

③度材、量能、揣情：度量才华、能力，推测实际情况。

④益：有好处。

⑤因以制于事：所以用来牵制事物。

⑥数：数术。

【译文】

不同的谋略都有特定的原则，必须要明白事情的原因，掌握事物的实际情况。弄清实际情况，就能够确立“三仪”的标准，“三仪”就是“上智”“中才”“下愚”这三者相互合作产生的奇迹，但是奇迹是没有什么可以遮掩的，这是很久之前就遵从的规律。因此郑国的人采掘玉石，用有指南针的车子承载，是为了不迷路。度量才华、能力，推测实际情况，就是做事的指南。因此，所有志同道合而又亲近的人，一定是在很多方面都十分有成就的人；所有有相同的志向但是却表现疏远的人，一定是在某一方面比较成功。如果志向不同而又相互亲近的人，一定都会受到损害；志向不同又相互怨恨，那就只有一方受到伤害。因此，如果相互有好处就亲近，如果没有好处就疏远，这都是人之常情，这也是判断相同和不同的一种办法。墙壁是因为有裂痕才会倒塌，树木是因为有蛀虫毁坏枝节才会折断，这都是顺应自然的事情。因此事情总是会发生变化，有变化就会出现谋略，有谋略就会有计划，有计划就会有议论，有议论就会有学说，有学说就会有进退，有进退才能够确立规章，用来制约事物。所以一切事物都按照一样的道理，都遵循一个法度。

【原文】

夫仁人轻货[①]，不可诱以利，可使出费；勇士轻难[②]，不可惧以患，可使据危；智者达于数，明于理[③]，不可欺以不诚，可示以道理，可使立功；是三才也。故愚者易蔽[④]也，不肖者易惧也，贪者易诱也。是因事而裁之[⑤]。故为强者积于弱也，有余者积于不足也，此其道术行也。

【注释】

①货：货品，财物。

②难：灾难。

③达于数，明于理：通晓数术，明白道理。

④易蔽：容易被蒙蔽。

⑤是因事而裁之：按照事情的不同特点来裁定。

【译文】

有仁爱的君子，轻视财物，所以就不会被金钱迷惑，而且还可以让他们捐出财产；果断的勇士，轻视困难，所以不能用困境来使他们害怕，反之要让他们看守险要的地方；聪明智慧的人，知道所有的事理，所以不可用忠诚来要求他们，而是应该与他们相处以道，同时还要让他们建立功业，这就是人们常说的仁德、勇士、智者的“三才”。因此，不聪明的人很轻易地就被欺骗，品行坏的人容易恐惧，贪得无厌的人容易被外物诱惑。这些都要依据事情的不同特点来裁定。所以大是由小聚集而成的，多余是由不足聚集而成的，这就是道术的表现。

【原文】

故外亲而内疏[①]者说内，内亲而外疏[②]者说外。故因其疑以变之，因其见以然之，因其说以要之，因其势以成之[③]，因其恶以权之，因其患以斥之。摩而恐之，高而动之，微而证之[④]，符而应之，拥而塞之，乱而惑之，是谓计谋。计谋之用，公不如私，私不如结[⑤]，结而无隙者也。正不如奇，奇流而不止者也。故说人主者，必与之言奇；说人臣者，必与之言私。

【注释】

①内疏：内心疏远，不亲近。

②外疏：表面关系疏远。

③因其势以成之：凭借他的形势使他有所成就。

④微而证之：稍微引据证实。

⑤私不如结：内心的联结要比私下好。

【译文】

因此，外表亲近而内心疏离的要从内心开始游说，内心靠近但是外表疏离的要从外表开始游说。所以，要凭借对方的疑问做出变化，凭借对方的行动来推理，更是要凭借对方的言语来总结，凭借对方的驱动来组织，思量对方的弱点来打算，考虑对方的难题来避免。猜测之后加以威胁，夸赞之后加以劝说，削弱力量然后再扶持，符验之后加以响应，维护他却又给他留下阻碍，动乱之后再使他困惑，这就是“谋略”。谋略的使用，公开来用比不上私密使用，私密使用比不上关系亲近。遵循道理比不上出其不意，妙计一施就势不可挡。因此，对君主游说的时候，一定要先说奇妙的计策，一样的，对臣子游说的时候，一定要跟他有交情。

【原文】

其身内，其言外者疏；其身外，其言深者危。无以人之近所不欲，而强之于人；无以人之所不知，而教之于人。人之有好也，学而顺之；人之有恶[①]也，避而讳之，故阴道而阳取之也。故去之者纵之，纵之者乘之。貌[②]者不美，又不恶，故至情托焉。可知者，可用也；不可知者，谋者所不用也。故曰事贵制人，而不贵见[③]制于人。制人者握权也，见制于人者制命也。故圣人之道阴，愚人之道阳。智者事易，而不智者事难。以此观之，亡不可以为存，而危不可以为安，然而无为而贵智矣；智用于众人之所不能知，而能用于众人之所不能见。既用见可否，择事而为之，所以自为[④]也；见不可，择事而为之，所以为人也。故先王之道阴，言有之曰："天地之化，在高与深；圣人之制道，在隐与匿。非独忠、信、仁、义[⑤]也，中正而已矣。"道理达于此义者，则可与言。由能得此，则可与谷远近之义。

【注释】

①恶：讨厌。

②貌：外貌。

③见：表示被动，相当于"被"。

④所以自为：这是为自己去做。

⑤忠、信、仁、义：忠实、诚信、仁爱、道义，此为古代的德道标准。

【译文】

关系很好但是说话却十分见外，就会被疏远，关系不近的说话毫无顾忌就会有危险。不要把别人不喜欢的强加给别人，不要拿别人不知道的去教育别人。别人有喜欢的东西，可以尝试着去了解他的爱好，别人讨厌的东西，要避免提及，所以要用秘密的方式进行，从而公开地了解情况。所以要消除一件事情就要纵容它，目的就是要在纵容中找到可以打击的地方。那些不喜欢把内心的想法表露出来的人，是可以担任大事的人。能够交心的人是可以任用的；不是知心的人，是不会被那些有远见的人任用的。因此，政治生活最重要的就是控制人，绝对不能受制于人。控制人的是掌握大权的统治者，而被控制的人则是要听从命令的被统治者。所以君子在世间的为人处世是属于阴的，小人安身立命的本领则属于阳。聪慧的人很容易办成一件事，不聪明的人办成事却很难。因此，国家一旦毁灭就很难复兴，国家动乱之后就很难安宁；但是无为和智谋是最重要的。智谋是用在大家都不知道的地方，才能是用在大家无法看到的地方。能够施展才华，挑选事情去做，这是为自己而做，假如不可以，选择事情去做，那就是为他人做嫁衣。因此，以前的君主做事情珍贵之处就在于隐秘。古语常说："天地之间的规律在于高深，圣贤的人论道在于藏匿。不单单是强调仁义、慈悲、诚实，只是为了保持正道罢了。"如果能够真正地了解这种道理，就能够跟人交流。如果两个人谈的投机，就能够长远地发展关系。

决篇第十一

【原文】

凡决物①，必托于疑者。善其用福，恶其有患；善至于诱也，终无惑偏②。有利焉，去其利则不受也，奇之所托。若有利于善者，隐托于恶，则不受矣，致疏远。故其有使失利，其有使离害者，此事之失③。

圣人所以能成其事者有五：有以阳德之者，有以阴贼之者，有以信诚之者，有以蔽匿之者，有以平素之者。阳励于一言，阴励于二言，平素枢机以用四者，微而施之。于是度以往事④，验之来事，参之平素，可则决之；公王大人之事也，危而美名者，可则决之；不用费力而易成者，可则决之；用力犯勤苦，然不得已而为之者，可则决之；去患者，可则决之；从福⑤者，可则决之。故夫决情定疑万事之机，以正乱治决成败，难为者。故先王乃用蓍龟者，以自决也。

【注释】

①决物：决定及判断事情。

②偏：偏颇。

③失：失误，犯错。

④度以往事：以之前的事情为经验进行判断。

⑤从福：争取幸福。

【译文】

凡是决断事情，必定是由于有了疑虑。谁都希望获得幸福，而不希望有什么祸患；如果善于诱导，最终就会消除疑惑和偏颇。决断理应是受利益驱动，没有利益则难以被接纳，这就要依靠谋划和策略。任何决断本来都应有利于受托者，但若是其中隐含着不利的因素，那么受托者就不会接受，彼此之间的关系也会疏远。所以，在决策方面，如果使对方失掉某种利益，或者使对方遭受祸害，这就是决断事情的失误。

圣人可以成就大事业有五种类型：例如用阳之道进行感化，例如用阴之道进行惩治，或者用信义进行教化的，或者用爱心进行袒护的，还有用廉洁进行净化的。君道是为了守常而奋斗，臣道则是为了进取而奋斗；君道无为而主要以平明为重点，臣道有为而主要以机要为重点，因此要对这四者进行运用，从而小心谨慎进行。所以，通过对以前的事情进行猜想，方便与未来的事情互相印证，再借鉴往常的言行，假如相同就可以作出决断。于是借鉴过去的事进行猜测，通过未来的事进行评判，再借鉴往常的做法，可行就下决定；不费吹灰之力就可以成功，可行就下决定；要劳心劳力历经辛苦，但是实在万不得已的时候，可行就下决定；消除弊端，可行就下决定；争取幸福，可行就下决定，所以评判事实解决疑惑是凡事的重中之重，拨乱反正来定成功或失败，是很难完成的事情。所以先前的君王借助蓍草以及龟甲来作决断。

符言第十二

【原文】

安徐正静，其被[①]节无不肉[②]。善与而不静，虚心平意[③]，以待倾[④]损。有主位。

目贵明，耳贵聪，心贵智。以天下之目视者[⑤]，则无不见；以天下之耳听者，则无不闻；以天下之心虑者，则无不知。辐凑并进，则明不可塞[⑥]。有主明。

【注释】

①被：到达，企及。

②肉：丰盈。

③虚心平意：谦逊且志向平和。

④倾：坍塌，倒毁。

⑤以天下之目视者：用天下人的眼光来看待。

⑥塞：阻塞，蒙蔽。

【译文】

如果一个人可以做到安、徐、正、静，那么这个人的修养便可以到达丰盈的高度，这是毋庸置疑的。如果擅长共事却安静不下来，就要让自己谦逊下来，保持平和的志向，直到恢复安静。以上所说是君王如何安于本位。

眼睛是要雪亮的，耳朵是要敏锐的，心智是要聪慧的。作为君王，如果也是用天下人的眼光来看待事物的话，那么就不会有看不到的东西；如果能用天下人的耳朵去倾听，那就不会有听不见的东西；如果用天下人的心智去思考，那就不会有不知道的东西了。如果天下人的心都汇聚起来，就好像并驾齐驱的车轮，那么就没有什么能蒙蔽君王的眼睛了。以上讲的是君王如何保持明察。

【原文】

德之术曰：“勿坚而拒之①。”许之则防守，拒之则闭塞②。高山仰之可极③，深渊度之可测。神明④之位术，正静其莫之极欤！有主德。

用赏贵信，用刑贵正。赏赐贵信，必验⑤耳目之所见闻。其所不见闻者，莫不暗化矣。诚畅于天下神明，而况奸者⑥干君？有主赏。

【注释】

①勿坚而拒之：切勿固执己见而回绝人家。

②拒之则闭塞：不肯接受民众的进谏，那么一定会导致民心涣散，从而导致君民间的言路不通。

③可极：能够望见最高点。

④神明：没有什么是不知道的，就像神之明。

⑤验：参见证据，从而了解事实。

⑥奸者：指邪恶、狡猾之辈。

【译文】

接纳进言的措施："切勿固执己见而回绝人家。"接受进言，臣民就会捍卫君王，不肯接受民众的进言，那么一定会导致民心涣散，从而导致君民间的言路不通。抬头仰视高山能够望见山顶，丈量深渊能够量到底部。而圣人处事镇静不露，让人无法捉摸。以上讲的是君王如何采纳进言。

运用奖赏的原则重点在于守信，运用惩罚的原则重点在于公正。奖赏重在守信，必须要通过眼见耳听的真相来证实。那些不被见闻的事情，也是在平常的点滴中无知觉地发生影响。至诚则是做到天下畅通，应该让百姓明了，就像受到神明君主庇佑一般。又哪里会害怕奸邪之辈对君王有所冒犯呢？以上讲的是君王要赏罚必信。

【原文】

一曰天之，二曰地之，三曰人之[①]。四方上下、左右前后，荧惑之处安在？有主问。

心为九窍[②]之治，君为五官[③]之长。为善者君与之赏，为非者君与之罚。君因其政之所以求，因与之，则不劳。圣人用之，故能赏之[④]。因之循理，固能久长。有主因。

人主不可不周。人主不周，则群臣生乱[⑤]。家于其无常也，内外不通，安知所开[⑥]？开闭不善，不见原也。有主周。

【注释】

①一曰天之，二曰地之，三曰人之：要知道天时、地利以及人和。

②九窍：指的是嘴、两个耳朵、两只眼睛、两个鼻孔以及二便孔等，不过一般都是把二便孔排除在外，称作是"七窍"。窍，即指小孔或者洞。

③五官：古代五种重要官职，即司徒、司马、司空、司士、司寇。这里泛指百官。

④圣人用之，故能赏之：用之即是对他们进行任用。赏之，也有做"掌之"。

⑤乱：叛变，动乱。

⑥开：本意是开门，在此处指的是由于开放而导致发生变化。

【译文】

一应知天时，二应知地利，三应知人事。对于四方上下、前后左右的 事都要了解得清楚，那么怎么会有蒙蔽、迷惑的事情发生呢？以上讲的是君王要多方咨询发问。

心脏是九窍的统治者，君王是百官的首长。做善事的臣民，君主会给他们赏赐；做恶事的臣民，君主会给他们惩罚。君主根据臣民的政绩来任用，斟酌实际情况给予赏赐，这样就不会太劳心了。高明的人使用赏罚来控制其他人，并且要遵循客观规律或法则，才能维持长久的统治。以上讲的是君王如何遵规循理的问题。

君主考虑事情要周全，如果不周全，群臣就会发生动乱。一切事务都在悄然变化，如果内外不通，哪能知晓这些弯化呢？开闭的节度掌握不好，就无法通晓事理，发现根源。以上讲的是君王如何周密思考。

【原文】

一曰长目[①]，二曰飞耳[②]，三曰树明[③]。千里之外，隐微之中，是谓洞。天下奸，莫不暗变更。有主恭。

循名而为[④]，实安而完；名实相生，反相为情。故曰：名当[⑤]则生于实，实生于理，理生于名实之德[⑥]，德生于和[⑦]，和生于当。有主名。

【注释】

①长目：眼睛能看到很远的地方。

②飞耳：耳朵能听到很远的声音。

③树明：洞悉事物。

④循名而为：做符合名分的事情。

⑤当：妥当，合适。

⑥德：德行。

⑦和：融洽，和睦。

【译文】

一要眼睛看得远，二要耳朵听得远，三要明察秋毫。既知千里之外的情况，又晓隐秘微小的事情，这就叫观察细致入微。这样一来，天下的奸佞就没有不在暗中改变恶劣行径的。以上讲的是君王如何洞察奸佞。

做符合名分的事情，其实就是安全且完好。名与实互为托付，反过来又与情理相契合。因此，名分是由实在衍生出来的，而实在又是由事理衍生出来的。事理是在名副其实的道德里面衍生出来的，而道德又是在和平之中衍生出来，和平则是从妥当中衍生。以上讲的是君王如何把握名分。

转丸第十三（亡佚）

胠乱第十四（亡佚）

卷　下

本经阴符七术

（一）盛神

【原文】

盛神法[①]五龙。盛神中有五气[②]，神为之长[③]，心为之舍[④]，德为之人。养神之所，归诸道。道者，天地之始[⑤]，一其纪也，物之所造，天之所生，包容无形化气[⑥]，先天地而成，莫见其形，莫知其名，谓之神灵。故道者，神明之源，一其化端。是以德养五气，心能得一，乃有其术。术者，心气之道所由舍者，神乃为之使。九窍、十二舍[⑦]者，气之门户，心之总摄[⑧]也。

【注释】

①法：仿效，仿照。

②五气：指的是五行的龙。龙即古代传说中的神兽，拥有非凡的能力。五气：即心、肝、脾、肺、肾等五脏的气，人体内拥有生命力、毅力

以及情感；又称五脏之气，即是神、魂、魄、精、志。

③长：领袖。

④舍：居住地。

⑤始：初始，先始。

⑥无形：天地。化气：化育的气。

⑦十二舍：即目、耳、鼻、舌、身、意、色、声、香、味、触、事等。

⑧总摄：汇总，总数。

【译文】

想要让人的精力充沛盛大就要模仿五行之龙。充沛的精力里蕴含着人体五脏的精气，而精力就是五气的统领，心为五气的归依，德为五气的基础；但凡能够养化精力之所，均属于道。道，是宇宙的始源，道孕育了“一”，“一”是万物的初始。它孕育了万物，诞生了自然界，涵盖了宇宙。化育的气先于宇宙诞生的时候而生成了，没有人可以看到它的形态和踪迹，没有人了解它的称谓，于是把它叫做“神灵”。因此，道是神明的初始，“一”是化育宇宙的本源。所以，只有用德行来孕育五气，心里才能全神贯注，才可以取得道术。道术，是心气依照法则活动的后果，精力为道术的使臣。人身上有九窍以及十二舍，均为五脏之气的进出口，都受心的统领。

【原文】

生受于天①，谓之真人②。真人者，与天为一。而知之者，内修炼③而知之，谓之圣人④。圣人者，以类知之⑤。故人与一生，出于化物。知类在窍⑥，有所⑦疑惑，通于心术，心无其术，必有不通。其通也，五气得养，务在舍⑧神，此谓之化。化有五气者，志也、思也、神也、心也，德也，神其一长也。静和者养气，养气得其和。四者⑨不衰，四边威势，无不为，存⑩而舍之，是谓神化归于身，谓之真人。真人者，同天而合道，执⑪一而养产万类，怀⑫天心、施⑬德养，无为⑭以包志虑思、意，而行威势者也。士者，通达之，神盛乃能养⑮志。

【注释】

①受于天：经由上天传授到凡间。

②真人：回归纯朴的人。

③内修炼：自身的修炼。

④圣人：有很高道德智商的人。圣人要通过修炼、有知识以后才可以做到明道，因此层次比真人低一些。

⑤以类知之：看到一种东西就知道了它的种类。

⑥窍：九窍，用于表示人体的感受器官。

⑦有所：有……的位置。

⑧舍：休养。

⑨四者：即是志、思、神还有德。

⑩存：保管，存着。

⑪执：守护，固守。

⑫怀：内心掩饰的（一些情感）。

⑬施：实施。

⑭无为：接受自然的改变。

⑮养：养育。

【译文】

直接由上天取得道的，称为真人；真人，原来和上天是一体的。通过认真学习和修炼从而懂得道术的人，称作圣人；圣人，是经由类推进而懂得道术。因此，人和天地共生，始于万物的演变。人类探知各种事物都是经过器官的感应，假如还有困惑难解的地方，要经由心的考量并使用道术进行决断。心里不存有道术，必然有不通达的位置。通达以后，五脏之气就获得了养育，此时必须要保持安定的精神，这就称为“化”。孕育五气，要依赖毅力、思想、精力以及德行，其中精力是统领。安静祥和，就可以养气。精气得到融洽，毅力、思想、精力以及德行就不会没落，向四面迸发的威严就可以无所不利，经久不衰，这就称为神化的境地合为一体，这样的人称作真人。所谓真人，就是同天合道，顺乎自然，执守“一”而化育万物，散布善行，布德滋养五气，无为而思，无为而行，才能思虑通达，精神充盛，才能施行威盛之势。士人通达此道，就能提高自我修养。

（二）养志

【原文】

养志法灵龟[①]。养志者，心气之思不达也。有所欲[②]，志存而思之。志者，欲之使[③]也。欲多则心散，心散则志衰，志衰则思不达也。故心气一[4]则欲不徨[5]；欲不徨则志意不衰，志意不衰则思理达矣。理达则和通，和通则乱气不烦于胸中。故内以养气，外以知[6]人；养志则心通矣，知人则职分[7]明矣。将欲用之于人，必先知其养气志。知人气盛衰，而养其志气，察其所安[8]，以知其所能。

【注释】

①志：判断是非的能力。灵龟：用来占卜龟甲，判断是非而培养心智要效法灵龟。

②欲：需求，欲望。

③使：使用，奴役。

④一：单一。

⑤徨：众。

⑥知：清楚，懂得。

⑦职分：职位，责任。

⑧安：沉稳。

【译文】

志向的培养要效仿有灵性的龟。为了让思维能通顺达理，所以要培养志向。因为心里有欲望，所以就想方法满足它。所以欲望驱使着志向。欲望增加，精神就会分散，精神分散就会导致志向也衰弱，志向衰弱，思维便不能通顺达理了。所以，专心致志，欲望就会减少，欲望减少，志向就会增加。志向增加，思路就会畅顺。思路畅顺，心平气和，心里就不会受到扰乱。对自己，内心要培养志向，对外要了解他人；志向的培养使人心平气和，对他人的了解，可以清楚他们的职务。要想考察一个人，必定要先清楚他是怎么培养志气的。清楚别人志气的盛衰状态，便能培养他的志气；了解他人的心志是不是平和，就能知道他的才干。

【原文】

志不养，则心气不固[1]；心气不固，则思虑不达[2]；思虑不达，则志意不实[3]；志意不实，则应对不猛[4]；应对不猛，则失志而心气虚；志失而心气虚，则丧[5]其神矣。神丧则仿佛[6]，仿佛则参会[7]不一。养志之始[⑧]，务[⑨]在安己；己安，则志意实坚；志意实坚，则威势不分[⑩]。神明常固守，乃[⑪]能分子。

【注释】

①固：巩固，坚固。

②达：流畅。

③实：坚忍，坚强。

④应对：用语言回应。猛：果决。

⑤丧：失去。

⑥仿佛：相似，如同。

⑦参会：志向、心灵、精神的交汇。

⑧始：始初，开头。

⑨务：必须，必定要。

⑩分：分开。

⑪乃：便。

【译文】

缺乏对志向的培养，心气就不能坚固；心气不能坚固，思路就不会顺达通畅；思路不能通畅，意志就不能坚强，语言的应答就不能果断；语言的应答不能果断，就会出现意志和心气减弱的情况；失去志向，心气减弱，便表明他的精神颓落。精神颓落，就会处于神志不清的状态，神志不清，意志、心气、精神就不能汇集。开始培养志向的时候，必定要让自己的内心安定；内心安定，志向就会坚固，志向坚固，威势就会凝集。不断地稳固神明，就能让对手的威势减弱。

（三）实意

【原文】

实意法螣蛇[①]。实意者，气之虑[②]也。心欲安静，虑欲深远；心安静则神策生[③]，虑深远则计谋成[④]。神明荣则志不可乱，计谋成则功不可间[⑤]。意虑定则心遂安，安则其所行不错[⑥]，神自得[⑦]矣。得则凝[⑧]。

识气寄[9]，奸邪而倚之，诈谋得而惑[10]之，言无由[11]心矣。故信[12]心术，守真一[13]而不化，待人意虑之交会，听之候之也。计谋者，存亡之枢机[14]。虑不会，则听不审[15]矣，候之不得。计谋失矣，则意无所[16]信，虚而无实。

【注释】

①螣蛇：传说中懂得飞行的蛇。

②虑：思考，思量。

③生：成立，出现。

④成：告成。

⑤间：间隙。

⑥错：过错。

⑦自得：自己的心得。

⑧凝：凝注，专心。

⑨识：见解，见地。寄：寄托，依托。

⑩惑：诱惑。

⑪由：始点。

⑫信：忠实，实际。

⑬守：据守，恪守。真一：单一，天真。

⑭枢机：重点。

⑮审：仔细，严谨。

⑯无所：无能为力。

【译文】

使意志坚定的方法就是模仿腾蛇。意志坚定，来自于气的思考活动。心灵平静，思考长远。心灵平静就能想出奇妙的方法，深思熟虑计划就能成功。想出奇妙的方法志向就不会乱，计策成功，事业的成功就不会受到阻难。意志和思考平稳，就能使心绪得到安宁，心绪得到安宁做事情就不会有差错，精神上就会有所收获，精神上有所守护，精力就能汇聚。若然胆识与心气短时间依托在此，邪恶就会在虚弱的时候进入，邪恶是会骗取人心的，说话就不会用心考虑了。所以，要达到心灵真实，就要坚守纯真而不被迷惑，等待他人把思想打开而和他交谈，

需要耐心地聆听。所谓“计策”，是国家生存的重点，如果思想达不到相互融合，听到的事情就不会详细，就算等待了也不能有所收获。计策的错失，意志就不能坚守，成为没用的东西。

【原文】

故计谋之虑[①]，务[②]在实意，实意必从心术始。无为[③]而求安静，五脏[④]，和通六腑[⑤]；精神魂魄固守不动，乃通内视[⑥]、反听、安志，思之太虚，待神往来。以观[⑦]天地开闭，知万物所造化[⑧]，见阴阳之终始，原[⑨]人事之政理。不出户[⑩]而知天下，不窥牖[⑪]而见天道；不见而命[⑫]，不行而至，是谓道知[⑬]。以通神明，应于无方而神宿矣。

【注释】

①虑：策划。

②务：必须，一定。

③无为：遵从自然规律。

④五脏：五个脏器的总称，分别为：心、肝、脾、肺、肾。

⑤六腑：六个器官的总称，分别为：胆、胃、小肠、大肠、三焦、膀胱。

⑥内视：自我评价与观测。

⑦观：细察，品察。

⑧造化：创造化育。

⑨原：探究。

⑩户：门户。

⑪牖：窗户。

⑫命：给予，命名。

⑬道知：根据规律而知道。道，规律。

【译文】

因此计谋的策划，必须要把坚实的意志作为重点，坚实的意志是以心术作为起点的。做事要遵从大自然的准则，从而让五脏六腑和谐通畅，精、神、魂、魄都坚守纯真不被外界所打乱，便能进行自我反省，也可听取别人的意见，从而志向坚定；让思想到达没有杂念的空灵世界，期待与神灵交流。这样观测宇宙的变化，懂得万物的诞生与演变的规律，清楚阴阳的盛败经历，懂得人间之政理。若能达到这种境界，不出家门便可知道天下的事情，不用透过窗户就能懂得大自然的变化，不用眼睛看就发出命令，不用行便可以到达目的地，这称作“依据道而得知”。以后就可以与神灵交流，能力能遍及无尽的宇宙，精神也会永远安稳。

（四）分威

【原文】

分威法伏熊[①]。分威者，神之覆[②]也。故静意固志，神归其舍[③]，则威覆盛[④]矣。威覆盛，则内实坚；内实坚，则莫当[⑤]。莫当，则能以分人之威而动其势，如其天。以实取虚[⑥]，以有取无，若以镒称铢[⑦]。故动者必随，唱者必和[⑧]。挠[⑨]其一指，观其余次[⑩]，动变见形[⑪]，无能间[⑫]者。审[⑬]于唱和，以间见间[⑭]，动变明而威可分。将欲动变，必先养志，伏意以视间[⑮]。知其固[⑯]实者，自养也。让[⑰]己者，养人也。故神存兵亡，乃为之形势。

【注释】

①分威法伏熊：效仿准备伏击的熊，将自己的威胁分散，从而隐藏实力。

②覆：掩盖，遮掩。

③神归其舍：精神回归到它所属的舍。

④盛：兴盛，昌盛。

⑤当：挡，抵抗、抵御。

⑥虚：虚无。

⑦以镒称铢：用重的取得次要的。以，使用。镒，古代的一种重量单位，一铢为二十四两。称，称重。铢，古代的一种重量单位，二十四铢为一两。

⑧和：和音，附和着唱。

⑨挠：曲折。

⑩余次：剩下的，其他的。

⑪动变见形：外形上的活动变化。

⑫间：挑唆。

⑬审：审查，细察。

⑭以间见间：用离间的方法发现间隙。两个“间”分别指离间和缝隙、间隙。

⑮间：间隙。

⑯固：坚固，坚守。

⑰让：礼让，谦恭。

【译文】

效仿伏击的熊，分散威势从而隐藏自己的实力。因此将心平静下来并且坚定自己的志向，达到精神更加集中，就会让威势因为隐藏而变得更加强劲。隐藏威势而使威势更加强劲，内心也会更加充实，没有人再能抵挡这种威势。没人能抵挡，就可以把他的威势分散来打乱他的气势，就如同天空一般遮盖。用坚固应对虚无，用威势应对无能，就像用重的来应对轻的一样简单。因此要跟随他们的行动而行动，附和别人的倡议。从一个手指的弯曲就能知道其他手指的活动变化，不能分离这种关系。审查一唱一和的形式，也可用反间手段，在动中掌握对方情况，用“分威”法，隐藏实力，抓住时机出击取胜。活动变化由自己而产生，就必须先培养志向，把自己的目的隐藏起来暗地里发现别人的缺点。明白坚守自己的的意志，才能保护自己。谦虚和忍让是为了让别人屈服。因此要让精神强大起来，让武力减弱，才是要达到的境界。

（五）散势

【原文】

散势法鸷鸟①。散势者，神之使②也。用之，必循③间而动。威肃、内盛，推④间而行之，则势散。夫散势者，心虚⑤志溢。意失威势，精神不专，其言外而多变。故观其志意为度数，乃以揣说图⑥事，尽圆方，齐短长。无间则不散势，散势者，待间而动，动而势分矣。故善思间者，必内精五气，外视虚实，动而不失分散之实⑦，动则随其志意，知其计谋。势者，利害之决，权变之威。势败者，不以神肃察也。

【注释】

①散势法鸷鸟：效仿凶猛的鸷鸟将对方的威势分散。鸷鸟，一种凶恶的鸟类。

②使：用。

③循：遵循，沿用。

④推：扩展，扩张。

⑤虚：谦逊。

⑥图：计划，慎重思考。

⑦实：真实。

【译文】

效仿凶猛的鸷鸟一样分散对方的威势。分散对方威势的方法，需要运用心计。运用这种办法的时候，必须要先发现对方的缺点之后才能行动。就算对方威势强劲，内在气势也旺盛，只要发现对方的缺点再采取行动，那么对方的威势就会减弱了。要达到分散对手的威势，自己的内心必须谦逊，而且意志要坚定。若果意志不坚定、没有威势，精神就不能集中，这样说话就会矛盾，不能稳定。所以需察看别人的意志作为揣度的标准，而后才可以根据情况图谋行事。要在灵活和直率中变换。没有找出缺点就不能做到分散威势，原因是分散威势，是要等到发现漏洞才能行动的，行动的意义就在于分散威势。要想发现对手的缺点，就必须修炼好自己的五气，从而能看出对手的虚实，采取行动及必须达到分散对手威势，而且要明白对手的思考方式，从而明白对手的策略。威势就是确定高低的重点，是权衡事情和应对的条件。威势的减弱，原因是没有尽力细心观察。

（六）转圆

【原文】

转圆[①]法猛兽。转圆者，无穷之计[②]也。无穷者，必有圣人之心，以原不测[③]之智，以不测之智而通心术。而神道混沌[④]为一，以变论[⑤]万类，说义无穷。智略计谋，各有形容[⑥]，或圆或方，或阴或阳，或吉或凶，事类不同。故圣人怀此之用，转圆而求其合。故兴造化者，为始，动作无不包[⑦]大道，以观神明之域。

【注释】

①转圆：转动圆珠。比喻为智谋高超、运用自如。转，转动。圆，圆珠。

②计：策划，计划。

③原：缘由，探究。不测：难以估量，不可测量。

④神道：神，神奇，神秘。道，即“道”，指自然的法则。混沌：古人想象中的世界出现前的景象。

⑤论：商议，探究。

⑥形容：形态，形状。

⑦包：包括。

【译文】

效仿无数的猛兽才能把才智运用得像转动圆珠一样自如。“转圆”指的是可以想出无数的策略。要达到计策不断，就必须有圣人的胸襟，才能达到探究无数的智慧并与心术相连。神奇的自然最初是混沌一片的，一直都在变化的思想运用于研究一切事物，所得到的意义是无数的。智慧计策，都有各自的形态，有的灵动而浑圆，有的方正而直率，有的公布于众，有的却隐藏起来，有的吉祥，有的凶险，这些不同都因为事物的变化而变化。所以，圣人对各种情况运用智慧，就像圆珠一样不断变化转动，从而希望计划和事物的变化相联系起来。因此从造物者开始，所有的行为都是按照自然规律的，可以用这个方法来观测这神秘的世界。

【原文】

天地无极①，人事无穷，各以成其类②。见其计谋，必知其吉凶、成败之所终也。转圆者，或转而吉，或转而凶。圣人以道先③知存亡，乃知转圆而从方。圆者，所以合④语；方者，所以错⑤事；转化者，所以观计谋；接物者，所以观进退之意。皆见其会⑥，乃为要结，以接⑦其说也。

【注释】

①极：尽头，穷尽。

②类：分类，种别。

③先：事先。

④合：契合，融合。

⑤错：通“措”，措施，方法。

⑥会：汇聚。

⑦接：持续。

【译文】

宇宙的浩大是无边无际的，人事的变化是没有穷尽的。分别根据自然定律进而区分为多种种类。经过考核这里面的计策，必然会通晓凶吉以及成败的结局。如同圆珠子一般的转变，有些变成了吉兆，有些变成了凶兆。圣人依靠自然定律就可以提前通晓事物的兴衰，也就明白了灵活转变是为了明确正确的方法。圆滑玲珑是为了让相互间的意见和谐。正直坦率是为了能正确地处理事情。转变是为了了解计策的得失。与外物接触是为了了解人家进退的目的。融会贯通地使用上述的四种方法，然后总结出重点和最终论点，从而发展圣人的学说。

（七）损兑

【原文】

损兑法灵蓍[①]；损兑者，机危之决[②]也。事有适然[③]，物有成败，机危之动，不可不察。故圣人以无为待[④]有德，言察辞合于事。兑者，知之也；损者，行之也。损之说之，物有不可者，圣人不为辞也。故智者不以言失人之言，故辞不烦[⑤]，而心不虚；志不乱而意不邪[⑥]。

【注释】

①损兑：盈亏。灵蓍：灵验的蓍草。灵，灵验。蓍，蓍草。

②机危：偶然的事件。决：通“诀”，办法。

③适然：偶尔。

④待：看待。

⑤烦：琐碎。

⑥邪：通“斜”，偏袒。

【译文】

效仿灵验的蓍草就能预测事情的盈亏变化，对于事物的盈亏吉凶预

测，就是在事物刚刚发生的时候采取的办法。世事有很多偶然，造就了世事的成败，所以很小的变化，都必须仔细观察考虑。因此，圣人遵从自然的发展而对待有德之人，交流的时候会注意对方的语句，观测他所描述的是否与事物适合的原理。“兑”的意思，是用于观察与思考发现事物的道理，从而了解事物。“损”的意思就是把杂乱的思想去除，从而能坚定地行动。去除了杂乱的思想，再去解释事物的原理，这时如果还是失败，那么这个是连圣人也解释不了的问题了。所以，睿智者不会用自己的言论去反驳他人的言论，因此他的言辞就不会繁乱，内心也是充实的，志向坚定，意志也不会有所偏差。

【原文】

当①其难易，而后②为之谋，因自然之道以为③实。圆者不行，方者不止，是谓大功④。益之损之，皆为之辞。用分威、散势之权，以见其兑，威其机危，乃为之决。故善损兑者，譬若决水⑤于千仞之堤，转⑥圆石于万仞之谷。而能行此者，形势⑦不得不然也。

【注释】

①当：面临，对待。

②而后：接着。

③因：顺从，根据。以为：把……当做。

④圆者不行，方者不止，是谓大功：圆者方便滚动，方者方便停止，因此有这样的说法。是谓，这就称为。

⑤决水：被水冲出缺口，管涌。

⑥转：滚动。

⑦形势：形容地形上的高低。

【译文】

对待事情依据它的困难和简单确定合适的战略，把顺从客观之道当做本原。灵巧的谋略不胡乱运用，刚正的谋略不任意终止，这就称为“大功。”计谋的加减改变，都赋予它一个符合道理的说法。用掩盖自己的实力、分散敌人的势力，来窥探对方的用心。事情才开始显现前兆，就要立刻对它做出决定。因此，擅长使用损兑手段的人，就如同在高高的堤岸上管涌放水，或者如同在深谷里滚动圆形的石子。而可以这么做因为是地势引发的必定结局。

持　枢

【原文】

持枢，谓春生、夏长、秋收、冬藏，天之正①也，不可干而逆②之。逆之者，虽③成必败。故人君亦有天枢④，生养成藏，亦复不可干而逆之。逆之者，虽盛必衰。此天道，人君之大纲⑤也。

【注释】

①正：端庄，不歪扭。

②干：进犯，冲撞。逆：违犯，背弃。

③虽：就算。

④人君：君上，王者。天枢：自然的活动定律。

⑤纲：网上总的绳索，比喻事情的要害。

【译文】

所谓“持枢”，即掌控自然定律。好比春天萌动，夏天成长，秋天收成，冬天存储，这是大自然的运转定律，是不能进犯和背弃的。背弃它的人，就算暂且胜利，结果也必然会落败。所以，君主也要了解的自然定律，那便是让子民生息，让子民成家立业，把子民教化成材，爱惜民力而不超量运用，这也是不能进犯和背弃的。背弃它的人，就算暂且兴旺，结局必然是衰亡。这是顺从自然定律的政治之道，是君主治国的根本纲要。

中　经

【原文】

中经，谓振①穷趋急，施②之，能言厚德之人。救拘执③，穷④者不忘恩也。能言者，俦善博惠⑤；施德者，依⑥道；而救拘执者，养使小人⑦。

盖[8]士，遭世异[9]时，或当因免阗坑[10]，或当伐[11]害能言，或当破德为雄[12]，或当抑拘成罪[13]，或当戚戚自善[14]，或当败败自立。故道贵制人，不贵制于人也；制人者握权，制于人者失命[15]。是以见形为容，象体为貌，闻声和音，解仇斗郄，缀去，却语，摄心，守义。本经纪[16]事者纪道数，其变要[17]在“持枢”、“中经”。

【注释】

①振：通“赈”。接济，救助。

②施：布施，实行。

③拘执：被逮捕的人，引申为陷入困顿的人。拘，囚禁，囚捕。执，抓捕。

④穷：毫无出路。

⑤倳：同“种”。惠：恩泽。

⑥依：按照。

⑦小人：这里指地位偏低的人。

⑧盖：语气助词，无实义。

⑨世异：社会反常。

⑩因免阗坑：侥幸逃脱苦难。阗坑，在沟壑里死亡。

⑪伐：残害。

⑫雄：强有力而称霸一角。

⑬抑：压迫。罪：囚犯，罪人。

⑭戚戚：忧郁的样子。自善：洁身自好。

⑮失命：指不能把握自身的命数，被他人控制了命数。

⑯本经：指此书的卷上和卷中。纪：记录，登记。

⑰变要：改变。

【译文】

所谓“中经”，是从内心发觉来掌控外界物体的手段，像接济穷人、救人于水火，能这么做的人就是擅长说话且德行高尚的人。假设接济了那些身陷困苦的人，这些无路可走的人就不会忘却恩泽。擅长说话的人，最会处理纷争，能做善事而布施恩惠；布施德义的人，可以遵从道义；解救困境里的人，可以领养地位偏低的人并使他们顺从。有些士人，面临社会反常、时局动荡，有的幸运逃离兵乱并逃离死亡，有的由于会说话而惨遭杀害，有的被逼抛弃道德而称霸一方，有的被压迫甚至被逮捕而沦为囚徒，有的心境凄凉但可以自我修复，有的即使多次失败却还可以自强不息。因此，处世之道以掌控他人为上策，不以被他人掌控为上策；掌控他人的人掌控着权力，被他人掌控的人就没有了对命运的控制。所以，为了掌控他人而时时运用的手段有："见形为容，象体为藐""闻声和音""解仇斗宏""缀去""却语""摄生""守义"等。《本经》里记录的是各类道术，它的改变重点就在《持枢》《中经》这两篇文章里面。

【原文】

见形为容，象体为貌者[1]，谓爻[2]为之生也，可以影响、形容、象貌而得之也。有守[3]之人，目不视非[4]，耳不听邪[5]，言必《诗》《书》[6]，行不淫僻[7]，以道为形[8]，以德为容[9]，貌庄色温，不可象貌而得也。如是隐情塞郄[10]而去之。

【注释】

①见形为容，象体为貌：看到他人的形象就可断定他人的容貌。

②爻：组成《易》卦的横画。

③守：节气。

④非：过错，差错。

⑤邪：不正经，罪恶。

⑥《诗》《书》：即《诗经》和《尚书》。

⑦僻：邪恶。

⑧形：形态。

⑨容：外貌，外表。

⑩如是：这样。隐情：掩盖真相。塞郄：修补缺憾。

【译文】

所谓"见形为容，象体为貌"，即是看到他人的形象就能断定他人的外貌，就如同爻卦占卜从而知晓推测结局一样，能够经由人的形象、声音、动作、外貌来取得讯息。而那些有气节的人，双眼不看有过错的东西，双耳不听罪恶的声响，说话必然凭借《诗经》《尚书》，举止不淫荡邪恶，用道做形态，用德做外貌，模样庄重，和颜悦色，这样的人是什么都无法从外到内探知到的。假设遇上这样的人，就掩盖真相，修补缺憾并远离他。

【原文】

闻声和①音，谓声气不同②，则恩爱不接③。故商、角不二合，徵、羽不相配④。能为四声⑤主，其唯宫⑥乎？故音不和则不悲，不是以声散伤丑害者，言必逆于耳也。虽有美行盛誉⑦，不可比目⑧、合翼相须⑨也。此乃气不合、音不调者也。

【注释】

①和：附和，人云亦云。

②声气不同：指志向不一样。

③接：相接。

④商、角不二合，徵、羽不相配：古代五音有宫、商、角、徵、羽，其中商属于金，水属于木，徵属于火，羽属于水，而金克木，水克火，因此才导致了商角、徵羽的乐声不协调。

⑤四声：即商、角、徵、羽。

⑥宫：五音之一，属于土，可以与商、角、徵、羽四音相和。

⑦美行盛誉：良好的德行，崇高的名誉。

⑧比目：即比目鱼。

⑨合翼：指比翼鸟。须：必要。

【译文】

所谓“闻声和音”，就是听到对方的声音便以一样的声音去附和。假如人和人意气不投，感情就不能产生共鸣。因此在五音里，商、角二音无法相应，徵、羽二音也无法相匹配。可以担任商、角、徵、羽四声的主音的，大约惟有宫音吧？因此，音调不和谐就会出现悲音，所以懒散、污蔑、聒耳、不利于人的都算是不和之音，把它弹奏出来必然是让人难以接受的。就算有良好的德行、崇高的名誉，相互间也不可能跟比目鱼以及比翼鸟一样互相配合合作，这就是相互之间意气不合、言语不通的原因。

【原文】

解仇斗郄①，谓解羸微②之仇。斗郄者，斗强也。强郄既③斗，称④胜者，高其功，盛其势。弱者哀⑤其负，伤⑥其卑，污⑦其名，耻⑧其宗。故胜者，闻其功势，苟⑨进而不知退。弱者闻哀其负，见其伤则强大力倍，死为是也。郄无极大，御无强大，则皆可胁⑩而并。

【注释】

①解仇：开解弱者间的仇恨。斗郄：让有间隙的强国间相互斗争。郄，间隙。

②羸微：细末。羸，柔弱。

③既：已然。

④称：赞美，夸赞。

⑤哀：怜惜，恻隐。

⑥伤：难过，悲哀。

⑦污：污染。

⑧耻：羞愧，耻辱。

⑨苟：假设，假使。

⑩胁：威胁，要挟。

【译文】

所谓“解仇斗郄”，即是协调矛盾。“解仇”，即开解弱者间的仇恨。“斗郄”，是要让有矛盾的强国间相互斗争。有矛盾的强国间相互斗争以后，舆论便会赞美羸家的丰功伟绩以及所向披靡的气势；对失利的就是怜悯他的落败，感怀势力的柔弱，让他觉得损害了自己的声望，让自己的列祖列宗蒙羞。因此，羸家听闻别人对自己的功业以及气势的赞美，假设进攻就不晓得后退。失利者听闻别人对自己失败的怜悯，看到自己收到的折损，就会自强不息，力量大增，为此而全力以赴。既然两者有矛盾并争夺不休，那么就不会很强劲，就都能够逼迫他们顺从自己，甚至把他们吞并了。

【原文】

缀①去者，谓缀己之系②言，使有余思也。故接③贞信者，称其行④；厉⑤其志，言可为可复⑥，会⑦之期喜。以他人之庶⑧，引⑨验以结往，明

款款而去之。

【注释】

①缀：连接，相连。

②系：连接，连系。

③接：款待，交流。

④称：赞扬。行：德行。

⑤厉：同“励”，鼓舞，激励。

⑥为：做。复：回归。

⑦会：领悟，感悟。

⑧庶：许多。

⑨引：引用。

【译文】

所谓“缀去”，就是联系与自己分离的人，保持相互之间的关系，表达自己想留下他的心意，使他离去以后还留存着思念。因此，面对坚守信义的人，要赞扬他的德行，鼓舞他的抱负，说他能够闯出一片天地，且迎接他回归，对方理解以后必然满心期盼以及愉快。再列举他人的许多例子，来印证自己先前的做法，解除对方的疑惑，排忧解难后就算他离去了也会思念你，更不会忘却你。

【原文】

却①语者，察伺短②也。故言多必有数短之处，识③其短验之。动以忌讳，示④以时禁。其人因以怀惧⑤，然后结信⑥以安其心，收语⑦盖藏而却之。无见⑧己之所不能于多方之人。

【注释】

①却：回绝，这里引申为反驳。

②察：认真看，关注。伺：探知，侦探。短：缺陷，不足。

③识：牢记，铭记。

④示：出示给……看。

⑤惧：恐慌，畏惧。

⑥结信：用诚信和人家结交。

⑦收语：指不再提及先前他的失言。

⑧无：不可。见：表现，展现。

【译文】

所谓“却语”，是反驳他人的话的手段，即要在私下观测别人的不足。对方的话一多，必然就会出现失言，就会暴露出许多不足，要牢记他的不足且进行印证。用世人的避讳撼动对方，将当时的禁令出示给对方。对方畏惧了，接着再用信义来和他结交，借此安抚他的心，不再提及先前他的失言并帮他保守，最后放他离去。劝解他别将自己的不足表现给见多识广的人。

【原文】

摄①心者，谓逢好学伎②术者，则为之称远。方③验之道，惊以奇怪④，人⑤系其心于己。效⑥之于人，验去乱其前⑦，吾归于诚己。遭淫⑧色酒者，为之术⑨，音乐动之，以为必死，生日少之忧。喜以自所不见之事，终可以观漫澜⑩之命，使有后会。

【注释】

①摄：压服，制服。

②伎：同“技”。

③方：当。

④惊以奇怪：可以表现出惊叹、感叹。

⑤人：此人，即“好学技艺者”。

⑥效：表现。

⑦验去：印证完成。前：指先前的人。

⑧遭：遭遇。淫：沉沦。

⑨术：途径，手法。

⑩漫澜：形容无穷的样子。

【译文】

所谓“摄心”，是指制服人心。如果遇上喜欢学习技艺的人，就帮他传播名气。假如他的技能得以展示，就刻意对他的技能表现出惊异，此人就必然会将心交付给你。又让他的才能在大家面前展示出来，表演完技能以后，就赞扬他的技能远超先人，并把成功归功于他的刻苦。假如面对沉沦酒色的人，就要对他使用某些手段，用音律去感动他，让他明白沉迷酒色一定会让他陷入死亡的地步，进而为在世时间的消减而担忧。再用他见所未见的东西来引诱他，使他欢喜，最后能够见识到人生的宽阔境界，让他对将来满怀期望。

【原文】

守义①者，谓守以人义，探其在内以合也。探心，深得其主也。从外制内，事有系由而随也。故小人比②人，则左道③，而用之，至能败家辱国④。非贤智，不能守⑤家以义，不能守国以道。圣人所贵⑥道微妙者，诚⑦以其可以转危为安，救亡使存也。

【注释】

①守义：遵循信义道理。

②比：勾搭。

③左道：旁门左道。

④家：古时候卿大夫的领土。国：分封制时期的诸侯封地。

⑤守：管制。

⑥贵：器重，注重。

⑦诚：实在，确凿。以其：由于它。

【译文】

所谓“守义”，即应该遵从人的信义道理，追求他人内心的思想，以此求得决断并符合实际。深切探知对方的心灵深处，就能够了解他的切实想法。由外而内来掌控他的心，解决事情就有了通联和方法并由此而得以处理。假如小人相互勾结，就会运用一些邪法，甚至导致国破家亡。假如不是贤惠和聪明的人，就无法用道术来管制国家。圣人为何注重奥妙之道，是由于它确实能够帮助国家度过危难，能够把国家从衰败中解救下来并存活下去。

列子

天瑞篇

【原文】

子列子居郑圃[①]，四十年人无识者。国君卿大夫眎之[②]，犹众庶也。国不足，将嫁[③]于卫。弟子曰："先生往无反期，弟子敢有所谒，先生将何以教？先生不闻壶丘子林[④]之言乎？"子列子笑曰："壶子何言哉？虽然，夫子尝语伯昏瞀人[⑤]，吾侧闻之，试以告女[⑥]。其言曰：有生不生[⑦]，有化不化[⑧]。不生者能生生[⑨]，不化者能化化[⑩]。生者不能不生，化者不能不化，故常生常化。常生常化者，无时不生，无时不化。阴阳[⑪]尔，四时尔，不生者疑独[⑫]，不化者往复。往复，其际不可终；疑独，其道不可穷。《黄帝书》[⑬]曰：'谷神[⑭]不死，是谓玄牝[⑮]。玄牝之门[⑯]，是谓天地之根[⑰]。绵绵若存，用之不勤。'故生物者不生，化物者不化。自生自化，自形自色[⑱]，自智自力，自消自息。谓之生化、形色、智力、消息者，非也。"

【注释】

①子列子：子，古时候学生对师长的称呼，在其名前冠上“子”字，来表示尊敬。列子，传说战国的郑人，属道家，名为御寇，又有作圄寇或者圉寇。历史上对于《列子》八篇的归属权并没有定论。从思想内容以及语言上来说，应该是先秦子书。郑圃：古地名，在今河南中牟西。

②眎（shì）：面对，对待。

③嫁：前去，到达。

④壶丘子林：人名，列子的师长，其中壶丘是复姓，林是名字，是春秋时代的郑国人。又说壶丘子林是不存在的，只是假托而已。

⑤伯昏瞀（mào）人：复姓伯昏。瞀人，愚蠢且见识短浅的人。此处说伯昏虚怀若谷。先人觉得伯昏是列子的朋友，和壶子是同学。

⑥女：同“汝”，你。

⑦有生：即具有形态的具体东西。不生：衍生万物却不被他物所生的，即是指道。

⑧有化：存在变化的具体东西。不化：不因为别的东西而变化的，也有说是世界的根本。

⑨生生：前者做动词用，也就是产生。后者做名词用，即产生的东西。

⑩化化：让东西发生变化。其结构跟“生生”一样。

⑪阴阳：中国古代哲学的一对范围。即由物体根本的活动所产生的阴阳两气，阴阳两气合二为一然后诞生众生。《老子》里“道生一，一生二，三生万物”所说的“二”即为阴阳。

⑫疑：一成不变。这里“疑独”，实是衍生万物独立长存的根本。

⑬《黄帝书》：战国中期发表老子学说的古代道家名著。《汉书•艺文志》记载着《黄帝四经》四篇、《黄帝铭》六篇、《黄帝君臣》十篇、《杂黄帝》五十八篇还有《力牧》二十二篇，久佚。1973年长沙马王堆三号汉墓挖掘出《老子》甲、乙本，在乙本之前有《经法》《十大经》《称》《道原》四篇佚著，公认为是发表于公元前4世纪的《黄帝四经》。

⑭谷神：也就是虚无飘渺而多变、长久的奇妙用途。

⑮玄牝（pìn）：指天地诞生众生之根。玄，幽邃，奇妙。牝，雌鸟兽。

⑯门：天地诞生众生的门户。

⑰根：根本，本原。

⑱形：活用为动词，赋予形态。色：类别。

【译文】

列子在郑圃居住，四十年无人问津。君王和公卿大夫对他就如同对待平凡百姓一样。

郑国遇上了饥荒，列子想去卫国。他的弟子问："先生这次一去也不知道什么时候回来，学生冒昧问一句，先生用什么来指教我们呢？先生听过壶丘子林的言谈没有？"列子笑着说："壶子的什么言论呢？即使如此，可是老师对伯昏瞀人说过这么一段话，我在一边也听了，现在就尝试告诉你们。他说：有被别的东西所产生的具体物体，有不被别的东西所产生的道；有受别的东西所化的，有不受别的东西所化的。不被别的东西产生的可以产生众生，不因别的东西改变的可以使众生改变。被产生的东西必须产生，被改变的东西必须发生改变，因此东西时时产生，时时变化。所指时时产生时时改变，就是时时刻刻不产生，时时刻刻不改变。阴阳是如此，四季也是如此。不被别的东西所产的便是独立长存的宇宙根源，不受别的东西所化的便是循环往复的活动。循环往复，它的边界没有终点；独立长存，它的定律无法穷尽。《黄帝书》有云：'虚无永远存留，这便称为玄牝。玄牝的门户，便是宇宙众生诞生的本原。它连续不断若隐若现，毫无穷尽地展示用途又不耗费气力。因此诞生众生的不被别的东西所产生，让众生改变而自己不产生改变。众生均在它限制下自然诞生、自然改变，自然表现形体和类别，自然运用智能和本领，自然衰败，自然成长。可是如果说它有意于发生改变、形体以及类别、智能以及本领、成长以及衰败，那便不对啦！"

【原文】

子列子曰："昔者，圣人[①]因阴阳以统天地。夫有形者生于无形，则天地安从生？故曰：有太易[②]，有太初[③]，有太始[④]，有太素[⑤]。太易者，未见气也；太初者，气之始也；太始者，形之始也；太素者，质之始也。气形质具而未相离，故曰浑沦[⑥]。浑沦者，言万物相浑沦而未相离也。视之不见，听之不闻，循之不得，故曰易也。易无形埒[⑦]，易变而为一，一变而为七，七变而为九⑧。九变⑨者，究也，乃复变而为一。一者，形变之始也。清轻者上为天，浊重者下为地，冲和气者为人⑩；故天地含精⑪，万物化生。”

【注释】

①圣人：有特别高德行和智商的人。

②太易：指天地众生的最后的根本。易，改变的意思。《易•系辞上》：“生生之谓易。”

③太初：指天地产生以前元气形成的时候。

④太始：指天地形成前气开始有了状态的时候。

⑤太素：指构成天地的素质。这时候有形的气又具备了特定的属性。

⑥浑沦：描绘了天地开辟前混沌的状况。

⑦易无形埒（liè）：“易”的活动是无形和界限的。形，形态。埒，界限。

⑧“易变”三句：即“易”形成宇宙的数变始末。《易纬•乾凿度》有言：“易始于太极，太极分而为二，故生天地。”则这里“易变而为一”的“一”应该表示天地开辟前元气开始发生变化的时候；“一”交然后是“七、九”和“八、六”，各自代表了少阳、老阳、少阴、老阴，从而组成阴阳两仪，并从此化成天地。在这全部说阳数，因此是“一变而为七，七变而为九”，而省略了“八、六”的阴数。

⑨九变：古人认为“九”是“阳变”之数，觉得“九变”是数变之最，已涵盖了宇宙所有改变。

⑩冲和气者为人：冲，冲击。和，一致。冲和气，即阴阳两气在彼此冲击中合为一体，从此诞生人。“冲”也作“中”，表示两气中和。

⑪精：即阴阳精气。

【译文】

列子说：“以前，圣人借阴阳两气来解释宇宙众生的诞生以及改变。有形的东西于无形中产生，那么宇宙又是从哪来的呢？因此说：有太易，再太初，然后太始，最后太素。太易，还没能看到气由混沌状况中脱离出来；太初，出现元

气；太始，气初次有形态；太素，有形的气出现了本质。此时，元气、形态、本质都已齐备，但彼此还没有脱离，因此称之为浑沦。所谓浑沦，即说明万物是一体的，不可分离。它看不到，听不见，摸不到，因此称为易。易没有形态，没有踪迹，变而为'一'；再从'一'分化成阴阳两气，这里面的少阳'七'又化成了老阳'九'，从此诞生宇宙。'九'变已经达到了极致，接着又再次合为'一'。一是元气形态开始发生的时候。变化时，轻盈的气上升变成天，沉重的气下沉变为地，而阴阳两气在彼此融汇的和气里就产生了人；因此天地间涵盖了阴阳精气，万事万物由此而得到了化生。"

【原文】

子列子曰："天地无全功，圣人无全能，万物无全用。故天职生覆[①]，地职形载[②]，圣职教化[③]，物职所宜。然则天有所短，地有所长，圣有所否[④]，物有所通[⑤]。何则？生覆者不能形载，形载者不能教化，教化者不能违所宜，宜定者不出所位。故天地之道，非阴则阳；圣人之教，非仁则义；万物之宜，非柔则刚。此皆随所宜而不能出所位者也。故有生者，有生生者；有形者，有形形者；有声者，有声声者；有色者，有色色者；有味者，有味味者[⑥]。生之所生者死矣，而生生者未尝终；形之所形者实矣，而形形者未尝有；声之所声者闻矣，而声声者未尝发；色之所色者彰矣，而色色者未尝显；味之所味者尝矣，而味味者未尝呈。皆无为[⑦]之职也。能阴能阳，能柔能刚，能短能长，能员[⑧]能方，能生能死，能暑能凉，能浮能沉，能宫能商[⑨]，能出能没，能玄能黄，能甘能苦，能羶[⑩]能香。无知也，无能也；而无不知也，而无不能也。"

【注释】

①生覆：生养万物。

②形载：承载万物。

③教化：感化教诲。

④否（pǐ）：本是《周易•否卦》里的"否"，即"天地不交而万物不通"，后引申作堵塞、困闭。

⑤通：顺畅。《周易•泰卦》有曰：“天地交而万物通。”

⑥“故有生者”几句：“生生者”，“形形者”，“声声者”，“色色者”，“味味者”，这五个说的均是不含有任意一种实在的质的规则，可同时又拥有全部东西质的规则的世界物质根源。首个生、形、声、色、味字全是活用为动词，有“诞生”的意味。次字则活用为名词。

⑦无为：道家的哲学思想，也就是顺从自然改变的定律，不强行而为之的意思。

⑧员：通“圆”。

⑨宫：古时候的乐理术语，也就是宫、商、角、徵、羽五声音阶中的首位音级。商：五声音阶中的次音级。

⑩羶：羊臊味。

【译文】

列子说：“宇宙没有完善的作用，圣人没有完善的能力，东西没有完善的用途。因此天的任务是养育万物，地的责任是承担众生，圣人的职责是管理感化教条，事务分别担任恰当的工作。如此，天有不足，地有长处，圣人时而阻塞，事物时而顺畅。这是什么道理呢？由于天养育万物却无法承当众生，地承担众生却没办法实施感化，圣人实施感化但无法背弃事物的本质，事物的本质被定下之后就无法越过各自的位置。因此天地客观的定律，非阴气便是阳气；圣人的感化，除了仁德便是正直；事物的本质，不是弱小就是强硬。所有均是按照本别固定的本性而不越过各自应在的位置。因此有被生产的事物，就有生产事物的母体；有形态，就有生产这形态的母体；有声响，就有发出这声响的母体；有颜色，就有配制这颜色的母体；有味道，就有散发这味道的母体。生命所生产的物种去世了，但诞下这生命的母体却没有完结；物体所展现的形态是丰富的，但诞下这物体的东西却是无形的；声响所产生的作用，被听闻了，但发出这声响的物体却没有发声；颜色所绘画的图画是显现的，但构成这颜色的物体却从未显示；味道所调节出的食品被食用了，但散发这味道的物体却从未显现。这些全是无为之道所表现的影响。它可以阴也可以阳，可以柔也可以刚，可以是短也可以是长，可以是圆可以是方，可以生可以死，可以是暑可以是凉，可以浮可以沉，可以宫可以商，可以出可以没，可以玄可以黄，可以甘

可以苦，可以膻可以香。它毫无感知，毫无能耐；可是没有什么是不知道的，也没有什么是不能的。”

【原文】

子列子适卫，食于道，从者见百岁髑髅[①]，攓蓬而指，顾谓弟子百丰曰：“唯予与彼知而未尝生未尝死也。此过养乎[②]？此过欢乎？种有几：若鼃为鹑[③]，得水为㡭，得水土之际，则为鼃蠙之衣[④]。生于陵屯，则为陵舄[⑤]。陵舄得郁栖，则为乌足。乌足之根为蛴螬，其叶为蝴蝶。蝴蝶胥[⑥]也，化而为虫，生灶下，其状若脱，其名曰鸲掇[⑦]，鸲掇千日，化而为鸟，其名曰乾余骨。乾余骨之沫为斯弥。斯弥为食醯颐辂。食醯颐辂生乎食醯黄軦[⑧]，食醯黄軦生乎九猷[⑨]。九猷生乎瞀芮，瞀芮生乎腐蠸[⑩]，羊肝化为地皋[⑪]，马血之为转邻也，人血之为野火也。鹞之为鹯，鹯之为布谷，布谷久复为鹞也。鷰之为蛤也，田鼠之为鹑也，朽瓜之为鱼也，老韭之为苋也，老羭[⑫]之为猿也，鱼卵之为虫。亶爰之兽自孕[⑬]而生曰类。河泽之鸟视而生曰鶂。纯雌其名大腰，纯雄其名稚蜂。思士不妻而感，思女不夫而孕。后稷生乎巨迹[⑭]，伊尹生乎空桑[⑮]。厥昭生乎湿，醯鸡生乎酒。羊奚比乎不荀，久竹生青宁，青宁生程[⑯]，程生马，马生人。人久入于机。万物皆出于机，皆入于机。”

【注释】

①髑髅（dúlóu）：干枯的死人的骨骸。

②过：同“果”，果然。养：也就是“养养”，形容忧愁的样子。

③鹑：也就是鹌鹑，一种长得像鸡的小鸟。

④鼃蠙之衣：通俗称为虾蟆衣，即水生的苔藓类。

⑤陵舄（xì）：一种喜生长于道旁的多年生草本植物，即车前草。又有说“陵舄”是泽泻的另类。

⑥胥（xū）：片刻。

⑦鸲掇（qú duō）：一种昆虫。

⑧食醯黄軦：蠛蠓之类的小虫子。

⑨九猷（yóu）：一种昆虫。又有言“猷”就是“蝤”，也叫“蜉蝣”，一种成虫期生命短暂的小虫子。

⑩腐蠸（quán）：一类小甲虫，也叫“舆父”。腐，是说它在烂瓜里面生长。

⑪地皋：一种草，也就是“茜草”，它的根可当绛红色的染料。也称“地血”，古人觉得这是由动物膏血变成的，因而取名地血。

⑫羭（yú）：雌羊。

⑬亶爰（dǎn yuán）：传说中的一座山。自孕：指雌雄同体，能孤体繁殖。

⑭后稷生乎巨迹：后稷，古时候周族的祖先，擅长播种五谷，曾任尧、舜时代的农官，教导农民耕种。传说他是因为邰（tái）氏之女姜螈踩在巨人的脚印上怀孕产下的。

⑮伊尹生乎空桑：伊尹，商初的一位大臣。名伊，尹是官位。传说伊尹母亲有身孕时身体变成一株空心的桑树。有莘氏女子采集桑子，在桑树里捡到一个婴儿，即伊尹。

⑯程：豹子。《尸子》有书：“程，中国谓之豹，越人谓之貘。”

【译文】

列子到卫国，在路边食宿，跟从的人看到了一具百年骨骸。列子拨开蓬草，指了指骨骸，回头对自己的弟子百丰说：“唯有我和他清楚，人不存在生和死的区别。他死了难道需要难过吗？我活着难道值得兴奋吗？世上的物种幻化有很多呀：例如青蛙化作鹌鹑，得到水的时候化作泽泻，在水土之间诞生，化作苔藓，生于高冈上，化为车前草。车前草在粪土里生长，就变做乌足草。乌足草的根化成蛴螬，叶子化成蝴蝶。蝴蝶一下都变成昆虫，在灶下诞生，形态就如同蜕皮更新，叫做鸲掇。鸲掇一千天以后就死亡，又化成飞禽，叫做乾余骨。乾余骨的口水化成斯弥虫。斯弥虫化成食醋的颐辂虫。食醋的颐辂虫诞下食醋的黄蚬虫，食醋的黄蚬虫由九猷产生。九猷由随意飞舞的蚊蚋产生，蚊蚋由腐瓜里的蠸虫产生，羊的内脏化成赤色的茜草根，马血化成磷，人血化成荒地的磷火。鹞鹰化成鹯风，鹯风化成布谷鸟，经过许久，布谷鸟再次化成鹞鹰。燕子化为蛤蜊，田鼠化为鹌鹑，烂瓜化为鱼，老韭菜化为苋草，老母羊化为猿猴，鱼蛋化为虫子。亶爰山的兽雌雄合一，孤体繁殖，称为类。河岸的鸟两性对望，就可以繁衍，称为鹍。完全都是雌性的龟种称为大菁，全部都是雄性的蜂种称为稚蜂。思春的男人不婚娶就可以感应；女人思春就算没有夫君也能够有孕。古周始祖的后代因为母亲踩上巨人的脚印而诞生，商初的大臣伊尹在空心的桑树里面诞生。蜻蛉由潮气产生，蠛蠓由酒醭产生。羊奚草和不发笋的老竹合在一起生长，老竹又长出了青宁虫。青宁虫产生豹，豹产生马，马产生人。人死了就变成了细菌。万物均出自这种细菌，又回归于这种细菌。

【原文】

《黄帝书》曰："形动不生形而生影，声动不生声而生响①，无动不生无而生有。"形，必终者也；天地终乎？与我偕终。终进乎？不知也。道终乎本无始，进乎本不久②。有生则复于不生，有形则复于无形。不生者，非本不生者也；无形者，非本无形者也。生者，理③之必终者也。终者不得不终，亦如生者之不得不生。而欲恒其生，画④其终，惑于数⑤也。精神者，天之分⑥；骨骸者，地之分。属天清而散，属地浊而聚。精神离形，各归其真⑦，故谓之鬼⑧。鬼，归也，归其真宅⑨。黄帝曰："精神入其门⑩，骨骸反其根⑪，我⑫尚何存？"

【注释】

①响：回响。

②久：是"又"字的错别字，即"有"，古代经常以"又"代替"有"。

③理：自然的定律。

④画：停止。

⑤数：指自然的定律。

⑥天之分（fèn）：这里"分"是"有"，也就是归属于。

⑦真：指根本。

⑧鬼：世人对人死后魂灵不散的称谓。《列子》认为"鬼"只是"归"的别称，以否定存在鬼。

⑨真宅：人去世后的实际归属。张湛说过：“真宅，太虚之域。”

⑩门：天门，道家说的众妙之门。王弼在《老子》书中批注：“天门，谓天下之昕由从也。”故“门”应该指元气改变万物的产生。

⑪根：这里指东西的根源。

⑫我：即个人的包括身体以及魂灵的本体。

【译文】

《黄帝书》说：“形体活动不会产下形体而会留下影子；声响活动不产生声响而留下回声；空无活动不产生空无而留下存在。”可见的东西一定会完结，那么宇宙会完结吗？宇宙和我一起完结。是不是这样的完结也会结束呢？不清楚。“道”本身就没有开端，也就没有区分完结，本身就没有形态，所以没有区分结束。事物的存在将回归到无形，有形体将变成为空无。先有存在然后消亡的事物，并不是永远存在的实体；先有形体然后死去的事物，并不是无迹可寻的道。存留的，按理来说一定会消失。消失的必然会消失，就像存留的一定会存留一样。假设要永远存留，而不灭亡，这是不清楚自然的定律。魂灵，归天所拥有；骨骸，归地所拥有。归天的本质轻飘飘就散去；归地的本质沉重就聚拢。魂灵离开形体分别回归它们的始源，因此叫做“鬼”。鬼，即归，回归元气的根源。黄帝说：“魂灵上升到天门，骨骸回归地下，我还存在什么呢？”

【原文】

人自生至终，大化有四：婴孩也，少壮也，老耄[①]也，死亡也。其在婴孩，气专志[②]一，和[③]之至也，物不伤焉，德[④]莫加焉。其在少壮，则血气飘溢，欲虑充起，物所攻[⑤]焉，德故衰焉。其在老耄，则欲虑柔焉，体将休焉，物莫先焉；虽未及婴孩之全，方[⑥]于少壮，间[⑦]矣。其在死亡也，则之于息焉，反其极矣。

【注释】

①耄（mào）：老。古代以八十到九十岁为耄。

②气：即人的魂灵现状。志：志向。

③和：淳厚。

④德：指具体东西由“道”得到的本质，即“道”的特点以及体现。

⑤攻：这里为干扰、腐蚀的意思。

⑥方：比较。

⑦间（jiàn）：此处意为“有区别”。

【译文】

人由出生到去世，历经了四个变化：婴孩、少壮、老年、去世。在婴孩时期，志向专一，元气特别醇和，外物对他构不成伤害，没有任何人的德行能比这更高尚了。在少壮时期，血气方刚，欲望增强，外物就可以干扰他了，因此德行便减退了。在老年时期，欲望减弱，身体也已经接近安息，外物便难以抢先；虽然比不上婴孩德行的完好，但比起壮少要好很多。到了去世时候，人已走到安息了，就回到了他的归宿。

【原文】

孔子游于太山，见荣启期行乎郕之野①，鹿裘带索②，鼓琴而歌。孔子问曰：“先生所以乐，何也？”对曰：“吾乐甚多。天生万物，唯人为贵。而吾得为人，是一乐也。男女之别，男尊女卑，故以男为贵，吾既得为男矣，是二乐也。人生有不见日月、不免襁褓者③，吾既已行年九十矣，是三乐也。贫者士之常④也，死者人之终也，处常得⑤终，当何忧哉？”孔子曰：“善乎！能自宽者也。”

【注释】

①荣启期（jī）：《庄子》《淮南子》等书皆有提及，是春秋时的隐士。郕（chéng）：古代邑名，春秋时期鲁国孟氏邑，在今山东宁阳东北。

②鹿裘：鹿皮的袄，也泛指一些手工较为粗糙的皮袄。带索：腰间系着绳索。

③不见日月、不免襁褓者：指死于腹中的胎儿，死在襁褓中的婴儿。

④常：常见的事情。

⑤得：应该是“待”。

【译文】

孔子到泰山游玩，看到荣启期在郕地野外步行，身穿着鹿皮衣，腰间绑着一条绳，一边弹琴，一边欢唱。孔子问他："先生怎么如此愉悦呢？"荣启期答道："我有许多快乐的原因。万物诞生，以人最为尊贵，而我就是人，这是快乐的第一个原因。男女有别，在于男女的尊卑关系，男人更为尊贵，我作为一个男子，这是快乐的第二个原因。人的生命有短的死在娘腹中，死在襁褓中，而我已经年近九十岁了，这是快乐的第三个原因。贫困是读书人最常遇到的，死亡是生命的归宿，我乐于贫困，等着去世，还有什么可担忧的呢？"孔子说："真好！果然是能自我安慰的人啊！"

【原文】

林类年且百岁[1]，底春被[2]裘，拾遗穗于故畦[3]，并歌并进。孔子适卫，望之于野。顾谓弟子曰："彼叟可与言者，试往讯之！"子贡[4]请行。逆[5]之垅端，面之而叹曰："先生曾不悔乎，而行歌拾穗？"林类行不留，歌不辍。子贡叩[6]之不已，乃仰而应曰："吾何悔邪？"子贡曰："先生少不勤行，长不竞时，老无妻子，死期将至，亦有何乐而拾穗行歌乎？"林类笑曰："吾之所以为乐，人皆有之，而反以为忧。少不勤行，长不竞时，故能寿若此。老无妻子，死期将至，故能乐若此。"子贡曰："寿者人之情[7]，死者人之恶。子以死为乐，何也？"林类曰："死之与生，一往一反。故死于是者，安知不生于彼？故吾知其不相若矣[8]？吾又安知营营而求生非惑乎？亦又安知吾今之死不愈昔之生乎？"子贡闻之，不喻其意，还以告夫子。夫子曰："吾知其可与言，果然；然彼得之而不尽者也。"

【注释】

①林类：春秋时期的隐士。且：即将。

②底：同"抵"，到达。被（pī）：披着。

③故畦：收割农作物后的田地。

④子贡：春秋时期的卫国人。复姓端木，名赐，是孔子的学生。

⑤逆：迎候。

⑥叩：询问。

⑦情：这里指人的欲望、追求。

⑧吾知其不相若矣：指生与死是相同的。不相若，不平等。

俞樾的《诸子平议》有"吾安知其不相若矣"，也就是说我又怎么知道生与死不是相等的呢？

【译文】

林类接近一百岁，到了春末，穿着皮衣，在已经收割了的田地上捡着别人遗留的麦穗，一边欢唱，一边前行。孔子到了卫国，在田垄上遇到他，就回头告诉弟子们："那个老人是可以聊天的人，谁去与他谈一谈！"子贡自动要求前往。子贡在田头迎候林类，叹息着对他说："先生难道没有感到烦恼吗？还如此欢乐地歌唱着捡麦穗？"林类却没有停下脚步和歌声。子贡一直问，他才抬头答道："我要烦恼什么呢？"子贡说："先生年轻的时候没有努力，长大后也不与时运竞争，老了连妻子儿女都没有，已经行将就木了，为什么能这样快乐地捡着麦穗还边走边唱呢？"林类笑了："我之所以快乐，人人都可以，可人家还反而因为这个而担忧。就是我年少时没有努力奋斗，长大了也不和时运相争，才能这么长寿。就是因为我老了也没有妻儿，眼看行将就木，所以才如此愉悦。"子贡说："长寿，是每个人的愿望；死亡，是每个人都避之不及的。您却觉得死亡是快乐，这是为什么？"林类回答："死和生相对，如此一来一往，因此在这儿死了，又怎知不在其他地方生？所以我哪知道生与死是不是一个道理呢？我又哪里知道执着追求活着不是一种疑惑呢？我哪里知道现在去世不胜过生存呢？"子贡听了，无法理解他的意思，回应孔子。孔子说："我清楚这人是可以聊一聊的，果真是这样；不过他是个通晓了道理，却还未能达到完善程度的人。"

【原文】

子贡倦于学，告仲尼曰："愿有所息。"仲尼曰："生无所息。"子贡曰："然则赐息无所①乎？"仲尼曰："有焉耳，望其圹②，睪③如也，宰④如也，坟如也，鬲⑤如也，则知所息矣。"子贡曰："大哉死乎！君子息焉，小人伏⑥焉。"仲尼曰："赐！汝知之矣。人胥知生之乐，未知生之苦；知老之惫，未知老之佚；知死之恶，未知死之息也。晏子⑦曰：‘善哉，古之有死也！仁者息焉，不仁者伏焉。’”

“死也者，德之徼⑧也。古者谓死人为归人。夫言死人为归人，则生人为行人矣。行而不知归，失家者也。一人失家，一世非之；天下失家，莫知非焉。有人去乡土、离六亲、废家业、游于四方而不归者，何人哉？世必谓之为狂荡之人矣。又有人钟贤世⑨，矜巧能，修名誉，夸张于世而不知已者，亦何人哉？世必以为智谋之士。此二者，胥失者也。而世与一不与一⑩，唯圣人知所与，知所去。”

【注释】

①赐：子贡的名字。息无所：没有休息的地方。

②圹（kuàng）：坟墓。

③睪（gāo）：临水的高地，表现高耸的样子。

④宰：也称“冢”，指大。

⑤鬲（lì）：古代的一种炊器，分为陶制以及青铜制，口是圆形的，有三足，有点像鼎。这里取它中空和上小下大外貌如坟墓的样子。一音gé，通“隔”，谓坟墓与外界隔绝的样子。

⑥伏：随意地躺着。与前面君子的“息”呼应，内涵轻视之意。

⑦晏子：晏婴，字平仲，春秋时期齐国人。曾担任齐灵公、庄公、景公时期的卿相。

⑧徼（jiào）：指巡回的意思。这里引申为循环。

⑨钟贤世：这句意为热心于世间的事。钟，热心。

⑩与：赞扬。一：前一个“一”指那些聪明的谋士，后一个“一”指那些轻佻的人。

【译文】

子贡对学习感到厌倦了，就告诉孔子说：“我想要寻找一个小憩的地方。”孔子说：“人生没有任何小憩的位置了。”子贡说：“难道我就没有休息之所了吗？”孔子说：“有的！瞧，那个墓地，那高大宽阔的样子，那高傲挺起的样子，那中空且与世隔绝的样子，就知道那里是可以休息之所了！”子贡说：“去

世真了不得呀！君子在这里安寝，小人在这里匍伏。"孔子说："赐，你算清楚了。大家都明白人生的愉悦，不清楚人生的痛处；都明白人老的疲倦，不清楚老人的舒适；都厌倦死亡，不明白死亡其实是休息。晏子说：'真美妙，故人觉得死亡应该是这样的。宽厚的君子在这里安寝，无良的小人在此匍伏。'"

"所谓去世，就是本性的归来。所以古人把去世的人称为归人。那么在世的人则应称为行人了。在外行走而不懂得回归的，就是遗弃家室。一个人遗弃家室，世间的人都会指责他；可是世间人都遗弃家室，却无人去指责了。有人背井离乡，告别亲朋，没落家业，到处游荡而不知回归，属于什么人呢？世人一定称他为狂妄轻浮的人。又有人热心于世间的事，自认为有能力，好大喜功，自夸不知道收敛，这又属于什么人呢？世人一定觉得他聪明多谋。这两种人，都是不对的。可是世间的人却赞扬后者，而指责前者，只有圣人才明白该赞扬什么摒弃什么。"

【原文】

或①谓子列子曰："子奚②贵虚？"

列子曰："虚者无贵③也。"

子列子曰："非其名也④，莫如静，莫如虚。静也虚也，得其居矣；取也与也，失其所矣。事之破𥓐⑤义而后有舞仁者，弗能复也。"

【注释】

①或：也作"有人"。

②奚：为何。

③虚者无贵：虚本身是不区分贵贱的。

④非其名也：不靠人为的名称定义而存留的，指道。意即排除名称定义，才符合道的本性。

⑤𥓐（huǐ）：破坏。

【译文】

有人问列子说："为何你会以虚为贵呢？"

列子答曰："既然是虚，那就无所谓贵贱了。"

列子又说道："要除开人为的名称，不如宁静，不如虚默。保持宁静虚默，就了解了道的所在；寻求消长予取，就失去了人的本性。等到人的本性被破坏之后，再去卖弄道德的说辞，是无法让人的本性得以恢复的。"

【原文】

粥熊①曰：“运转亡②已，天地密移③，畴觉之哉？故物损于彼者盈于此，成于此者亏于彼。损盈成亏，随世④随死。往来相接，间⑤不可省，畴觉之哉？凡一气不顿进⑥，一形⑦不顿亏；亦不觉其成，亦不觉其亏。亦如人自世至老，貌色智态，亡日不异；皮肤爪发，随世随落，非婴孩时有停而不易也。间不可觉，俟至后知。”

【注释】

①粥（yù）熊：人名，也就是“鬻熊”，周代楚的先人。曾担任周文王的老师，封于楚。《汉书•艺文志》道家记载着《鬻子说》二十二篇。现有《鬻子》一卷，实际上是后人伪托。《列子》里面的《天瑞篇》《黄帝篇》和《力命篇》中分别记录有鬻熊的言论，当选自《鬻子》原本。

②亡（wú）：没有。

③密移：悄无声息地发生改变。

④世：成长。

⑤间（jiàn）：即每种改变的间隔。

⑥气：指阴阳两气衍生万物的过程。不顿进：不是贸然发生变化，也就是渐变；反之顿进就是突变。

⑦形：指气化衍生万物之后，物种传宗接代遗传的过程。

【译文】

鬻熊说：“万物的演变是没有间歇的，天地悄悄发生迁移，有谁能发觉得到呢？因此，事物在这边折损就在那边收获，在这边成功在那里失败。损盈成败，顺应生死。变化往复，使人没办法发现其中的间隔，谁可以发觉得到呢？但凡一种元气不是突然改变，一种形体不是突然亏损，就没办法发觉得到它的成功，也不能感受到它的亏损。就像人从出生到老去，外貌、表情、智商、形体，没有一天不是在发生着变化的；肌肤、指甲、毛发也一边生长，一边脱落，而不是从孩提时代就一成不变的。变化难以发觉，只有待到已然改变以后，人们才能发觉得到。”

【原文】

杞国[1]有人忧天地崩坠，身亡所寄，废寝食者；又有忧彼之所忧者，因往晓[2]之，曰："天，积气耳，亡处亡气。若屈伸[3]呼吸，终日在天中行止，奈何忧崩坠乎？"其人曰："天果积气，日月星宿，不当坠耶？"晓之者曰："日月星宿，亦积气中之有光耀者；只使坠，亦不能有所中伤。"其人曰："奈地坏何？"晓者曰："地积块[4]耳，充塞四虚，亡处亡块。若躇步跐蹈[5]，终日在地上行止，奈何忧其坏？"其人舍然[6]大喜，晓之者亦舍然大喜。

长庐子[7]闻而笑之曰："虹蜺[8]也，云雾也，风雨也，四时也，此积气之成乎天者也。山岳也，河海也，金石也，火木也，此积形[9]之成乎地者也。知积气也，知积块也，奚谓不坏？夫天地，空中之一细物，有中之最巨者。难终难穷，此固然矣；难测难识，此固然矣。忧其坏者，诚为大[10]远；言其不坏者，亦为未是。天地不得不坏，则会归于坏。遇其坏时，奚为不忧哉？"

子列子闻而笑曰："言天地坏者亦谬，言天地不坏者亦谬。坏与不坏，吾所不能知也。虽然，彼一也，此一也。故生不知死，死不知生；来不知去，去不知来。坏与不坏，吾何容心哉？"

【注释】

①杞国：周代的一个诸侯国，以雍丘为都城，也就是现在的河南杞县。

②晓：开解，宽慰。

③屈伸：即肢体的伸缩。

④块：石土。

⑤躇步跐（cǐ）蹈：泛指人类直立行走。躇步，指踩踏的样子。跐，踩着。蹈，跺脚。

⑥舍（shì）然：消除疑虑的样子。舍，同"释"。

⑦长庐子：战国时期的楚国人。《史记》有书"楚有长庐子"。属于道家流派。

⑧虹蜺（ní）：偶尔天上会出现两道彩虹，在内侧的色鲜的叫做虹，在外侧的色淡的叫做蜺。

⑨积形：指有一定体积的形体，像山峰江河、金石火木等。

⑩大（tài）：通“太”。

【译文】

有一个杞国人忧愁会天崩地裂，自己没有容身之所，所以担忧得茶饭不思，难以安寝；又有一个人为他的忧愁而忧愁，就前去宽慰他，说：“天，只是聚集的气体，气无处不在。你的屈伸和呼吸，都在天空里运作，又何必担心天会塌下来呢？”杞国人说：“天的确是积气，可是那些日月星辰就不会坠落吗？”宽慰他的人说：“日月星辰只是积气里面会发光的东西；就算是坠落下来，也不会造成任何伤害。”杞国人又问：“那如果地崩裂了该怎样呢？”宽慰他的人说：“地只是聚集起来的石土罢了，它遍布四周，无一不有。你的步行踏踩，全天都在地上运动，又何必担心它会崩裂呢？”杞国人听后，心中没了疑虑，很开心，而宽慰他的人也很高兴。

长庐子知道了这件事，笑道：“无论是虹蜺还是云雾，风雨或是四季，都是由天所产生的聚集的气体。无论山峰还是江河，金石或是火木，都是由地所形成的积聚的石土。既然知晓了它们是聚集的气体，是积聚的石土，如何说它们不会坏呢？天地在无穷空间只是一个细微的东西，但是在有万物的地方却是最为庞大的物体。它们不易灭亡，不易竭尽，这是必然的；人们不易猜测它们，不易识别它们，这也是必然的。忧愁天地会坏，实际上是忧愁得太远；可是断定它们不会坏，也是错误的。天地不可能不坏，结局总是会坏的。假如遇到天崩地裂，如何让人不觉得忧愁呢？”

列子听了，笑着说：“说天地会坏是不对的，说天地不会坏也是不对的。天地坏或者不坏，不是我们可以探知的。既然这样，那么天地坏或不坏都是一样的。所以，人活着不通晓过世后的事情，过世了不通晓生前的境地；将来不通晓过去的事情，过去不通晓将来的情形。那么天地无论崩不崩裂，我又为什么非要记挂着呢？”

【原文】

舜问乎丞[①]曰：“道可得而有乎？”曰：“汝身非汝有也，汝何得有夫道？”舜曰：“吾身非吾有，孰有之哉？”曰：“是天地之委形也。生非汝有，是天地之委和[②]也。性命非汝有，是天地之委顺[③]也。孙

子[④]非汝有，是天地之委蜕[⑤]也。故行不知所往，处不知所持，食不知所以。天地强阳，气也；又胡可得而有邪？”

【注释】

①舜：传说中我国原始时期部落的首领。姓姚，国号有虞，简称为舜。丞：辅佐君主的大臣之一。

②委和：指人的生活为自然所馈赠的和气。在道家看来，阴阳两气激荡协调而生出和气，进而造就人。

③委顺：生命是自然所馈赠的顺化。顺，协调，和气。指生命是顺应自然的规律，水到渠成产生的。

④孙子：应为“子孙”。

⑤天地之委蜕：子孙是自然所馈赠的身体。也就是指子孙是由阴阳化生之后的形体遗传而产生的，就像是昆虫的蜕化。蜕，金蝉脱壳。

【译文】

舜询问身边的丞说：“道能够取得并且拥有吗？”丞的回答是：“你的躯体并不是你所拥有的，那又怎么可以占据道呢？”舜又问：“如果我的躯体不属于我，那么属于谁呢？”丞回答说：“它是天地所馈赠的躯壳。生活也不归你拥有的，它是来源于天地所馈赠的和气。生命也不归你拥有的，它自然而然地是来源于天地所馈赠的顺化。你的子孙后代也不归属于你，他们来源于天地所馈赠的蜕变。所以人们行走的时候不清楚要到哪去，居住的时候不清楚要在哪里留驻，吃喝的时候不清楚吃的究竟是什么。天地运作通通是气凝聚而成，又如何可以取得且占据它呢？”

【原文】

齐之国氏大富，宋之向氏大贫；自宋之齐，请其术[①]。

国氏告之曰：“吾善为盗。始吾为盗也，一年而给，二年而足，三年大穰[②]。自此以往，施及州闾。”

向氏大喜，喻其为盗之言，而不喻其为盗之道，遂逾垣[③]凿室，手目所及，亡不探也。未及时，以赃获罪，没其先居之财。向氏以国氏之谬[④]己也，往而怨之。

国氏曰："若为盗若何？"

向氏言其状。国氏曰："嘻！若失为盗之道至此乎？今将告若矣。吾闻天有时，地有利。吾盗天地之时利，云雨之滂润[5]，山泽之产育，以生吾禾，殖吾稼，筑吾垣，建吾舍，陆盗禽兽，水盗鱼鳖，亡非盗也。夫禾稼、土木、禽兽、鱼鳖，皆天之所生，岂吾之所有？然吾盗天而亡殃。夫金玉珍宝，谷帛财货，人之所聚，岂天之所与？若盗之而获罪，孰怨哉？"

向氏大惑，以为国氏之重罔己[6]也，过东郭先生[7]问焉。

东郭先生曰："若一身庸非[8]盗乎？盗阴阳之和以成若生，载若形[9]；况外物而非盗哉？诚然，天地万物不相离也，仞而有[10]之，皆惑也。国氏之盗，公道也，故亡殃；若之盗，私心也，故得罪。有公私者，亦盗也；亡公私者，亦盗也。公公私私，天地之德[11]。知天地之德者，孰为盗邪？孰为不盗邪？"

【注释】

①术：此处指的是致富的途径。

②穰（ráng）：指庄稼丰熟。

③垣（yuán）：指低矮的墙。

④谬：这里的意思是哄骗。

⑤滂润：浇灌润泽。

⑥重罔（wǎng）已：再次哄骗自己。罔，荒谬。

⑦过：探访，看望。东郭先生：姓氏是东郭，单名重，是春秋时期的齐国人，传言是一位隐士。

⑧庸非：难道不是。

⑨载若形：完成了你的形体。载，造就。

⑩仞：通"认"。有：拥有。

⑪公公私私，天地之德：无论是公还是私，都属于天地的品行。德，指物质根本的"道"的具体表现。

【译文】

一个姓国的齐国人十分富裕，而有个姓向的宋国人却很穷苦；向某从宋国来到齐国，向国某求教如何致富。

国某告诉他："我的特长是行窃。刚开始行窃的时候，一年就能满足自己的用度，两年就已经很富足了，第三年就已经大丰收了。自此，还能够帮助一下乡里街坊。"

向某听完很兴奋，却只听见对行窃的介绍，而没有领悟"行窃"的道理，于是又是翻墙又是挖壁的，只要是眼睛所及、手可触及的东西，全都带回家里。过了没多久，就因为行窃而受到责罚，就连先前所储蓄的钱财也全都被没收了。向某觉得自己被国某骗了，就去责怪他。

国某问："你是如何行窃呢？"

向某就把自己的情况原原本本告诉了他。国某说："唉！你竟是这样误解行窃的含义吗？现在，我可以教导你了。我听说天拥有季节和时令，而地拥有资源以及物利。我窃取的是天时地利，云雨的润泽，山泽的产品，用来种植我的秧苗，生长我的庄稼，建造我的庭院，盖我的房屋，在陆地偷窃禽鸟和野兽，在水中偷窃鱼虾和龟鳖，无不是窃取得来的。庄稼、土木、禽兽、鱼鳖，全是生于自然，难道是归我所有的吗？但是我偷窃自然的物产就没有祸患。可是，金银珠宝、谷帛财货，全是他人所储蓄的财产，难道是上天对你的馈赠？你窃取了他人的财物而获罪，这能怪得了谁呢？"

向某听完以后，觉得更加奇怪了，觉得姓国的又在哄骗自己，就去找东郭先生问个清楚。

东郭先生说："难道你的身体不都是行窃得到的吗？窃取阴阳和气从而铸就了你的生命，铸就你的身体；更不用说身外的那些东西了，有哪件不是窃取的呢？当然，天地万物都是密不可分的，想要占有它们，都是心性受到蛊惑的表现。国某行窃，切合了公道，因此没有祸；你的行窃，是私欲，因此受到责罚。不过，无论是为公或是为私，都是行窃；不为公，不为私，也是行窃。无论是公还是私，都属于天地的品行。了解品行的人又怎么会区分谁是行窃，而谁又不是呢？"

黄帝篇

【原文】

黄帝即位十有[①]五年，喜天下戴[②]己，养正命[③]，娱耳目，供鼻口，燋然肌色皯黣[④]，昏然五情爽惑[⑤]。又十有五年，忧天下之不治，竭[⑥]聪明，进[⑦]智力，营[⑧]百姓，燋然肌色皯黣，昏然五情爽惑。黄帝乃喟然叹曰："朕之过淫[⑨]矣。养一己其患如此，治万物其患如此。"于是放万机[⑩]，舍宫寝，去直侍[⑪]，彻[⑫]钟悬，减厨膳，退而间居大庭[⑬]之馆，斋心[⑭]服形，三月不亲政事。

昼寝而梦，游于华胥氏之国[⑮]。华胥氏之国在弇州之西，台州之北，不知斯齐[⑯]国几千万里；盖非舟车足力之所及，神游而已。其国无帅长[⑰]，自然而已。其民无嗜欲，自然而已。不知乐生，不知恶死，故无夭殇[⑱]；不知亲己，不知疏物，故无爱憎；不知背逆，不知向顺，故无利害：都无所爱惜，都无所畏忌。入水不溺，入火不热。斫挞[⑲]无伤痛，指擿无痟[20]痒。乘空如履实，寝虚若处床。云雾不硋[21]其视，雷霆不乱其听，美恶不滑[22]其心，山谷不踬[23]其步，神行而已。

黄帝既寤[24]，怡然自得，召天老、力牧、太山稽，告之曰："朕闲居三月，斋心服形，思有以养身治物之道，弗获其术。疲而睡，所梦若此。今知至道不可以情求矣。朕知之矣！朕得之矣！而不能以告若矣。"又二十有八年，天下大治，几若华胥氏之国，而帝登假[25]，百姓号之，二百余年不辍。

【注释】

①有：同"又"。

②戴：拥护，尊奉，爱戴。

③正命：正命与"非命"相对，泛指寿终而死。文中指性命。

④燋然：形容面色憔悴的样子。燋，通"憔"。皯黣（gǎn měi）：面色呈焦黑色。

⑤爽惑：错乱，迷乱失常。

⑥竭：竭尽。

⑦进：通"尽"。

⑧营：管理。

⑨朕：古人自称之词。从秦始皇起，"朕"为皇帝的自称。淫：过甚，过多。

⑩万机：文中指政务。

⑪直侍：帝王的贴身侍从。

⑫彻：去除。

⑬间：通"闲"。间居，即独居。大庭：即外廷。

⑭斋心：文中指洗心反省。

⑮华胥氏：传说中伏羲和女娲的生身母亲。华胥氏之国常被后人用来作为梦境的代称。

⑯斯：这里表示距离之意。齐：通"跻"，中央，中间。

⑰帅长：文中指统治者。

⑱夭殇：指未长大成人而死亡。

⑲斫：用刀斧砍。挞：用鞭棍等打人。

⑳擿（tī）：搔爬。痟（xiāo）：痛。

㉑硋（ài）：同“碍”，阻碍。

㉒滑（gǔ）：通“汩”,扰乱，搅乱。

㉓踬（zhì）：被东西绊倒。

㉔寤：文中指梦醒。

㉕登假（xiá）：对帝王死去的讳称。假，通“遐”。

【译文】

黄帝在位第十五年时，得到了天下百姓的爱戴，他十分高兴，于是开始关注身体的保养，他大兴歌舞以满足耳目之欲，专注美食以满足口鼻之欲，结果却弄得自己面色憔悴，头脑昏乱，情志恍惚。又过了十五年，黄帝因为忧心国家的管理，所以竭尽自己的聪明才智来治理天下，结果又将自己弄得面色焦黄，头脑昏乱，情志恍惚。黄帝长叹道：“我犯的错误真是太严重啦！调养身体，结果将身体祸害成这样，治理国家，结果又将国家祸害成这样。”于是，黄帝放下所有的政务，搬离华丽的寝宫，遣开贴身的侍从，取消所有的娱乐活动，削减美味的膳食，搬去简陋的外廷独居，他洗心反省，降服肉体的欲望，三个月不过问政务。

某日，黄帝于白日睡觉时，梦到自己到了传说中的华胥氏之国。华胥氏之国位于弇州之西、台州以北，与中原地区不知隔了几千万里路，绝不是坐车船或步行能到达的，所以黄帝不过是神游于此罢了。华胥氏之国没有统治者，一切顺应自然，那里的百姓没有嗜好欲望，一切顺其自然。百姓们不知为生存而喜悦，也不知厌恶死亡，因此那里没有未成年就死去的人；百姓不懂偏爱自身，不懂疏远外物，因此没有爱憎情感；百姓不知叛逆与反对，也不知顺从与赞成，所以那里不存在利害冲突；华胥氏之国的百姓不懂偏爱，也不知畏惧。在华胥氏之国，人们在水里淹不死，在火中也烧不死，被刀砍鞭打不感觉伤痛，被手指搔挠也不感觉痒痛，在空中行走如履平地，于虚空安睡如同卧于床榻。云雾阻碍不了他们的视线，雷霆不能扰乱他们的听觉，美恶迷惑不了他们的心绪，山谷不能阻碍他们的脚步，这不过是神游罢了。

黄帝梦醒后，心情非常愉悦，于是招来天老、力牧与太山稽这三位辅佐大

臣，说道："我在外廷独居三个月，每天洗心反省，降服肉体的欲望，专心思考保养身体以及治理天下的道理，但一直没有收获。之后，我因疲劳而睡了过去，结果就做了这样的梦。如今我终于明白，最高的'道'绝非是可以根据常情而得到的。我明白了！我得到了！却无法用语言表达出来告知你们。"又过了二十八年，国家得到了很好的治理，几乎与华胥氏之国一般无二，黄帝却仙逝了，天下百姓痛哭不止，二百多年都不曾停止。

【原文】

列姑射山①在海河洲中，山上有神人焉②。吸风饮露，不食五谷；心如渊泉③，形如处女；不偎④不爱，仙圣为之臣；不畏⑤不怒，愿悫⑥为之使；不施不惠⑦，而物自足；不聚不敛，而己无愆⑧。阴阳常调，日月常明，四时常若⑨，风雨常均，字育⑩常时，年谷常丰；而土无札伤⑪，人无夭恶⑫，物无疵疠⑬，鬼无灵响⑭焉。

【注释】

①列姑射（yè）山：传说中的山名。

②焉：在那里。

③渊泉：深泉。此处用以比喻心境的沉静深邃。

④偎：亲近，亲爱。

⑤畏：通"威"。

⑥愿悫（què）：朴实，诚实，忠厚。

⑦惠：惠赠。

⑧愆（qiān）：通"骞"。文中表贫乏、缺乏之意。

⑨若：顺从。

⑩字育：生育，养育。

⑪札伤：因遭瘟疫、疾病而伤亡。札，文中指瘟疫，疾病。

⑫夭恶：短命，夭折。

⑬疵疠：疾病，灾害。

⑭灵响：灵验。

【译文】

列姑射山位于北河洲，该山上住着一位神人。神人不吃五谷杂粮，心境清澈，如同深山的清泉，形体美好，犹如闺房中的少女；他不偏亲不私爱，仙人和圣人都甘愿成为他的臣属；他不威不怒，忠厚可靠的人都甘愿受他的驱使；他不施舍于人，也不授人恩惠，但财物都自然丰富；他不聚积也不征敛财物，但从不缺乏吃穿用度。该处的阴阳永远调和，太阳和月亮常年明亮，四季调和有序，常年风调雨顺，孕育生长常年合节，五谷年年丰收；这里的土地不受瘟疫的侵害，百姓不受夭折之苦，万物不会遭受灾害，连鬼魅在此地也无法兴起风浪。

【原文】

列子师老商氏[①]，友伯高子[②]，进[③]二子之道，乘风而归。尹生[④]闻之，从列子居，数月不省舍[⑤]。因间请蕲[⑥]其术者，十反[⑦]而十不告。尹生怼[⑧]而请辞，列子又不命[⑨]。尹生退，数月，意不已，又往从之。列子曰："汝何去来之频？"尹生曰："曩[⑩]章戴有请于子，子不我告，固有憾于子。今复脱然[⑪]，是以[⑫]又来。"

列子曰："曩吾以汝为达[⑬]，今汝之鄙至此乎？姬[⑭]！将告汝所学于夫子者矣。自吾之事夫子友若人[⑮]也，三年之后，心不敢念是非，口不敢言利害，始得夫子一眄[⑯]而已。五年之后，心庚[⑰]念是非，口庚言利害，夫子始一解颜而笑[⑱]。七年之后，从心之所念，庚无是非；从口之所言，庚无利害，夫子始一引吾并席而坐。九年之后，横[⑲]心之所念，横口之所言，亦不知我之是非利害欤，亦不知彼之是非利害欤；亦不知夫子之为我师，若人之为我友：内外[⑳]进矣。而后眼如耳，耳如鼻，鼻如口，无不同也。心凝形释[㉑]，骨肉都融；不觉形之所倚，足之所履，随风东西，犹木叶干壳。竟不知风乘我邪？我乘风乎？今女居先生之门，曾未浃时[㉒]，而怼憾者再三。女之片体将气所不受，汝之一节将地所不载。履虚乘风，其可几[㉓]乎？"尹生甚怍[㉔]，屏息良久，不敢复言。

【注释】

①师：以……为师。老商氏：文中指列子的老师壶丘子林。

②伯高子：列子的朋友，即伯昏瞀人。

③进：通“尽”。

④尹生：文中指尹姓书生，即列子的学生章戴。

⑤省：探望，省视。舍：文中指尹生家。

⑥因间（jiàn）：趁机。蕲（qí）：同“祈”，祈求，请求。

⑦反：通“返”。

⑧怼（duì）：怨恨。

⑨不命：不发表意见。

⑩曩（nǎng）：以前，从前。

⑪脱然：形容怨气顿消、洒脱轻快的样子。

⑫是以：所以，因此。

⑬达：通晓、明白事理。

⑭姬（jū）：同“居”。文中表“坐下”之意。

⑮若人：此处指伯高子。

⑯眄（miàn）：形容斜着眼看的样子。

⑰庚：通“更”。愈加、更加之意。

⑱解颜而笑：形容人笑容满面、非常高兴的样子。

⑲横：放纵。

⑳内外：内指内心，外指外物。

㉑心凝形释：精神集中，形体消散。形容人因为精神高度集中而忘却身体存在的状态。

㉒浃（jiā）时：一季。未浃时，形容时间很短。

㉓几（jì）：通“冀”，希望，期望。

㉔怍：羞愧，惭愧。

【译文】

列子以老商氏为老师，跟伯高子做朋友，他将这两人的本领全学会后，就乘风而归了。尹生听说此事后，就与列子住到了一起，想学习列子的本事，为此，他数月不曾回家探望家人。在此期间，尹生趁机向列子求教，他去了十次，十次都没得到列子的教导，最后无功而返。为此，尹生心生不满，提出要离开，列子也不表态。尹生于是回到了家里，结果几个月过去，他向列子学习的念头还是没有打消，于是又去向列子求教。列子问他："你怎么如此频繁地来去呢？"尹生答道："我之前向您求教，可您不愿赐教，所以我心中对您有所不满。现在我心中的不满消退，心境洒脱轻快，所以又回来向您学习了。"

列子说："过去，我觉得你是通晓事理的人，然而，现在的你竟然无知浅薄到如此地步了吗？坐下！现在，我把从先生那里学来的本事告诉你。自我尊老商氏为师，与伯高子交友起，我心中一直不敢计较是与非，嘴上一直不敢言利与害，就这样，三年后我才得到先生斜着眼睛一看罢了。五年后，我心中反而更计较是非，嘴上反而更多地谈论起利害来，先生这才展颜对我露出了笑容。七年后，我随心所欲地思考，却发现没什么是非值得计较，我放开口舌说话，反而发现没什么利害值得讨论，先生这才让我与他在同一张席子上并排而坐。九年后，我放纵自己的心灵去思考去计较，放纵自己的口舌去说去谈论，不清楚什么是我的是非利害，也不明白什么是他人的是非利害；不知道老商氏是我的老师，也不清楚伯高子是我的好友：此时，我的内心与外界的界限已经不存在了。从此以后，我的眼睛如同耳朵一样，耳朵如同鼻子一样，鼻子如同嘴巴一样，五官变得没有区别。精神集中，形体消散，身体与自然相融，成为一体。于是，身体所倚靠的对象，我无法感知，双脚所踏之处，我也无法感知。我随风四处飘荡，犹如一片树叶或是干燥的皮壳子。这样一来，也不知道究竟是风驾驭着我呢？还是我乘着风？现在你在我的门下只待了极短的时间，就再三地心生不满。如此一来，哪怕是你身体上最细小的一片肌肤也不能为灵气所承受，你身体的任何肢节都不能为大地所容纳。又如何做到脚踏虚空，驾驭风云呢？"尹生听完列子一席话后，非常羞愧，大气都不敢出，更加不敢再开口说话了。

【原文】

列子问关尹[①]曰："至人潜行不空[②]，蹈火不热，行乎万物之上而不慄[③]。请问何以至于此？"关尹曰："是纯气之守[④]也，非智巧果敢之列。姬！鱼[⑤]语女。凡有貌像声色者，皆物也。物与物何以相远也？夫奚足以至乎先？是色[⑥]而已。则物之造乎不形[⑦]，而止乎无所化。夫得是而穷[⑧]之者，焉得而正[⑨]焉？彼将处乎不深[⑩]之度，而藏乎无端[⑪]之纪，游乎万物之所终始。壹其性，养其气，含其德，以通乎物之所造⑫。夫若是者，其天守全，其神无郤⑬，物奚⑭自入焉？夫醉者之坠于车也，虽疾不死。骨节与人同，而犯害与人异，其神全也。乘亦弗知也，坠亦弗知也。死生惊惧不入乎其胸，是故遻物而不慴⑮。彼得全于酒而犹若是，而况得全于天乎？圣人藏于天⑯，故物莫之能伤也。"

【注释】

①关尹：姓尹，名喜，字公度，因曾任函谷关尹，所以被称为关尹。关尹是战国时期的人物，他的思想基本与老子一致。

②至人：道家把道德最高的人称为至人。潜行：行走于水下。空：通"窒"，窒碍，制止。

③慄：害怕，恐惧。

④纯气：此处指纯和之气，即由阴阳二气变化后所形成的气。守：保持。

⑤鱼：通"余"，"我"的意思。

⑥色：可理解为"有形貌声色的事物"。

⑦不形：无形无象的东西，即"大道"。

⑧是：这里指"自然之道"。穷：尽。

⑨焉：怎么。正：即"止"，阻止。

⑩深：通"淫"，过分，过度。

⑪端：开始，开端。

⑫物之所造：文中指"自然"。

⑬神：神气，心神。郤：通"隙"，空隙。

⑭奚：哪里。

⑮是故：所以，因此。遻（è）：遇到。慴（shè）：同"慑"，害怕，恐惧。

⑯天：文中指自然天道。

【译文】

列子向关尹询问："那些道德修养达到最高境界的高人于水中行走时不会感到窒息，身处火中时感觉不到灼烧感，在万物之上行走也不会感到害怕，请问他们是如何做到的呢？”关尹回答道：“他们是依靠积聚的纯和之气做到的，绝非是依靠聪明、技巧和果敢做到的。坐下！我说给你听。具有相貌、形象、声音和颜色的，都是物。物跟物为什么差别这么大呢？为什么某些物能优于其他物呢？这都是因为相貌和声色。物由无形无象的大道所创造，又消亡于不被他物所化的道。如果能掌握这条自然之道并穷尽万物的变化，外物又如何能阻止他呢？永远处于适宜的限度上，心神藏在无穷变化的规律之中，并在万物的本原中畅游，本性得到纯化，精气得到颐养，德性得到保持，并掌握万物的规律。这样的人，天性完备，心神凝聚，外物又能从哪里入侵他呢？喝醉的人从车上跌落下来，虽然身体会受伤，但不会死亡。他的身体同别人一样，但受的伤却与其他人不同，因为他的心神是完善的。坐车时不知是在坐车，跌落了也不知道是跌落了。死亡与生存，惊恐与害怕，都无法入侵他的内心，因此，他遇到危险的事情也不会感到恐惧害怕。那些因为喝醉酒而使心神完善的人尚且这样，更何况得全于天性呢？圣人将心神藏于自然之道中，所以外物无法伤害到他。”

【原文】

列御寇为伯昏瞀人射[1]，引之盈贯[2]，措[3]杯水其肘上，发之，镝矢复沓[4]，方矢复寓[5]。当是时也，犹象人[6]也。

伯昏瞀人曰：“是射之射，非不射之射也。当[7]与汝登高山，履危[8]石，临百仞[9]之渊，若能射乎？”于是瞀人遂登高山，履危石，临百仞之渊，背逡巡[10]，足二分垂在外。揖[11]御寇而进之。御寇伏地，汗流至踵[12]。伯昏瞀人曰：“夫至人者，上窥青天，下潜黄泉，挥斥八极[17]，神气不变。今汝怵然有恂目之志[14]，尔于中也殆[15]矣夫！”

【注释】

①伯昏瞀（mào）人：列子的朋友。射：即射术表演。

②引：拉弓。盈贯：又称满贯，弓弦被拉开至箭头与弓背相齐的限度，即为盈贯。

③措：通“厝”，放置，安放。

④镝（dí）矢：文中指箭。复沓：重复。

⑤寓：寄寓，寄托。

⑥象人：泥塑人，木偶人。

⑦当：通"傥"，假如，假设，倘若。

⑧履：走过，踩踏。危：高。

⑨仞：古代的长度单位。

⑩背逡巡：背对着深渊，往后倒着走。

⑪揖：拱手，文中指伯昏瞀人拱手请列御寇上前。

⑫踵：脚后跟。

⑬挥斥：奔放，放纵。八极：八方极远的地方。

⑭怵然：害怕恐惧的样子。恂（shùn）目：眨眼。恂，通"眴"。志：文中指神色表情。

⑮殆：表"相差很远"之意。

【译文】

列御寇向伯昏瞀人展示射箭术。他将装满水的水杯放在手肘上，然后拉满弓弦开始射箭，一支支箭快速地射了出去，后箭几乎是叠着前箭，前箭刚射出，后箭就已经搭上了弓弦。此时的列御寇精神高度集中，身体端正不动，就像一尊泥塑人或木偶人。

伯昏瞀人说："你现在射箭是有心为射箭而射，而不是无心而射。假使你与我一道攀上高峰，行走于高耸的岩石之上，身临数十丈的悬崖峭壁，你还能射箭吗？"于是，伯昏瞀人与列御寇一道攀上了高峰。他们在高耸的岩石之上行走，不远处就是数十丈深的悬崖峭壁，伯昏瞀人倒退着向悬崖走去，直到三分之二个脚掌悬于悬崖之外才停住。之后，伯昏瞀人拱手行礼请列御寇过去。列御寇非常害怕，吓得趴倒在地，深身冒冷汗，汗水都流到脚后跟去了。伯昏瞀人道："那些道德修养达到最高境界的高人，往上能窥探青天，往下能潜入黄泉，他们八方遨游，神色丝毫不动。你却害怕得连眼睛都在发抖，要想理解射箭的真正奥妙所在，你还差得远啊！"

【原文】

范氏[①]有子曰子华，善养私名[②]，举国服之；有宠于晋君，不仕而居三卿之右[3]。目所偏视[4]，晋国爵[5]之；口所偏肥[6]，晋国黜[7]之。游其庭者侔[8]于朝。子华使其侠客以智鄙相攻，强弱相凌。虽伤破于前，不用介意[9]。终日夜以此为戏乐，国殆[10]成俗。

禾生、子伯，范氏之上客[11]，出行，经坰[12]外，宿于田更[13]商丘开之舍。中夜，禾生、子伯二人相与[14]言子华之名势，能使存者亡，亡者存；富者贫，贫者富。商丘开先窘于饥寒，潜于牖北[15]听之。因假粮荷畚之子华之[16]门。

子华之门徒皆世族也，缟衣乘轩[17]，缓步阔视。顾见商丘开年老力弱，面目黎黑[18]，衣冠不检，莫不眲[19]之。既而狎侮欺诒[20]，挡抌挨扰[21]，亡所不为。商丘开常无愠[22]容，而诸客之技单[23]，惫于戏笑。遂与商丘开俱乘[24]高台，于众中漫言曰："有能自投下者赏百金。"众皆竞应。商丘开以为信然，遂先投下，形若飞鸟，扬于地[25]，骪骨无碗[26]。范氏之党以为偶然，未讵怪[27]也。因复指河曲之淫隈[28]曰："彼中有宝珠，泳可得也。"商丘开复从而泳之，既出，果得珠焉。众昉同疑。子华昉令豫肉食衣帛之次[29]。俄而范氏之藏[30]大火。子华曰："若能入火取绵者，从所得多少赏若。"商丘开往无难色，人火往还，埃[31]不漫，身不焦。范氏之党以为有道，乃共谢[40]之曰："吾不知子之有道而诞[33]子，吾不知子之神人而辱子。子其[34]愚我也，子其聋我也，子其盲我也，敢问其道。"

商丘开曰："吾亡道。虽吾之心，亦不知所以。虽然，有一于此，试与子言之。曩子二客之宿吾舍也，闻誉[35]范氏之势，能使存者亡，亡者存；富者贫，贫者富。吾诚[36]之无二心，故不远而来。及来，以子党之言皆实也，唯恐诚之之不至，行之之不及，不知形体之所措，利害之所存也。心一而已。物亡忤[37]者，如斯而已。今昉知子党之诞我，我内藏猜虑，外矜观听，追幸昔日之不焦溺也，怛然[38]内热，惕然[39]震悸矣。水火岂复可近哉？"自此之后，范氏门徒路遇乞儿马医，弗敢辱也，必下车而揖之。

宰我[40]闻之，以告仲尼。仲尼曰："汝弗知乎？夫至信之人，可以感物也。动天地，感鬼神，横六合[41]，而无逆者，岂但履危险，入水火而已哉？商丘开信伪物犹不逆，况彼我皆诚哉？小子志[42]之！"

【注释】

①范氏：春秋时期晋国的大贵族。

②私名：即食客。

③右：古代以右为尊，文中指比“三卿”还重要、还尊贵的地位。

④偏视：看重，欣赏，赏识。

⑤爵：授予爵位。

⑥偏肥（bǐ）：特别鄙视。

⑦黜：罢黜。

⑧侔（móu）：相等，等列。

⑨介意：在意，放在心上。

⑩殆：几乎。

⑪上客：地位尊贵的客人，上等门客，上宾。

⑫坰（jiōng）：远郊。

⑬田更：即田叟或老农。更，通“叟”。

⑭相与：一起，一同。

⑮牖（yǒu）北：牖即指窗子，北牖即朝北开的窗户。

⑯假：借。荷（hè）：肩担着或扛着。畚（běn）：古代的一种盛器，用草、木或铁片等材料制作而成，常常用来盛放粮食等物品。之：去到。

⑰缟（gǎo）衣：白色绢丝做的衣服。轩：古代一种较为华丽的车子，通常有帷幕或围棚，供地位尊贵的人乘坐。

⑱黎黑：形容人面目黝黑。

⑲眲：看不起，轻视。

⑳诒（dài）：通“绐”，欺骗。

㉑ 搅挞挨扰：搅挞，锤打。挞，推击。挨，用身体一侧去撞击。扰，即击背。

㉒愠：恼怒，愤怒。

㉓单：通“殚”，完，尽。

㉔乘：登上。

㉕扬于地：飘飘扬扬地落在地上。

㉖骫（jī）：通“肌”。砅（huǐ）：通“毁”，毁坏，败坏。

㉗讵（jù）：通“巨”，特别。讵怪，特别奇怪。

㉘浮隈（wēi）：浮，深。隈，弯曲。浮隈，文中指河道拐弯处水位特别深的地方。

㉙昉（fǎng）：通“方”，指曙光初现，文中表“开始”之意。豫：古通“与”。加入，参与。肉食衣帛：文中指地位重要的门客。次：行列，位次。

㉚藏：指存储物品的仓库。

㉛埃：灰尘，尘土。

㉜谢：道歉，表达歉意。

㉝诞：欺诈，欺骗。

㉞其：大概，也许，恐怕。

㉟誉：赞誉，夸耀，称赞。

㊱诚：相信……是真的。

㊲忤：阻碍，损害。

㊳怛（dá）然：痛苦悲伤的样子。

㊴惕然：恐惧、惊恐的样子。

㊵宰我：人名，孔子的学生。

㊶六合：指天地四方。

㊷志：记住。

【译文】

范家有个儿子叫子华。子华喜欢蓄养门客，全国的百姓都屈服于他的势力。子华很得晋国国君的宠信，他虽然没有做官，但地位却超越了当时的三卿。他所赏识的人，立刻会得到晋国的封赏；他所鄙薄的人，马上就会遭到朝廷的罢免。在他府中往来议事的人同晋国朝堂上一样多。子华放纵他的门客们相互比智慧、比体力，就算门客们当着他的面打得头破血流，他也丝毫不放在心上，反而将此当作游戏，夜以继日地以此为乐，如此一来，几乎在全国形成一股风潮。

禾生和子伯是范府的两位高级门客。某天，他俩外出时经过远郊，当晚便在一名叫作商丘开的老农民家里借宿。半夜时分，禾生和子伯一起聊天时说起子华的名声和权势，说他能让活着的人死亡，已经死亡的人活过来，还能让富裕者变穷，贫穷者变富裕。商丘开一直过着贫困交加的生活，他躲在北边的窗子下听到两位门客的对话后，就借了粮食，用草筐挑着行李来到了子华的府上。

子华府上的门徒都是世族出身的贵族子弟，每天穿着白色绢丝制成的衣裳，坐着华丽的车驾出行，他们走路不紧不慢，眼高于顶。这些子弟见商丘开年纪大，体力弱，脸色发黑，衣衫不整，都瞧不起他，于是，围上前来戏弄侮辱他，想尽办法对着商丘开一顿捶打推搡。商丘开一点儿也不恼怒，反倒是这些子弟伎俩用尽，嬉笑戏弄够了就罢手了。之后，他们又拉着商丘开登上了高台，当着众人的面随口说道："谁愿意从高台上跳下去，就给他百金的赏赐。"众人假装争着响应，结果商丘开信以为真，于是抢着从高台上跳了下去，只见他像飞鸟一样，轻飘飘地落在了地上，肌肉和骨骼没有任何损伤。众人认为这不过是偶然的运气，没有大惊小怪，接着众人又指着河弯处水最深的地方说："这里藏有珠宝，潜泳下去就可以找到。"商丘开又跳入了河中，等他从水里出来时，果然带回了珠宝。此时，众人才开始惊疑起来。于是，子华下令让商丘开加入上等门客之列。不久，范府上储存物品的仓库起了火灾。子华说道："谁能从火中抢救出锦锻，谁就能得到相应的奖赏。"商丘开一点儿也没有为难，马上就钻进了火场，往返数次后，脸上没有沾到烟尘，身体也没有被烧伤。众人以为他修炼有道术，一起向他表示歉意："我们不知道您修炼了道术而欺哄了您，我们不知道您是神人而羞辱了您。您只管把我们当作是一群傻子、聋子和瞎子吧。现在，我们大胆地向您请教道术。"

商丘开回答说："我不懂道术。我心里也不清楚发生这些事情的原因。尽管如此，我心中有些想法可以跟你们说一说。不久前，贵府上的两位门客在我家里借宿，我听到他们赞誉子华的权势，说是他能让活着的人死亡，已经死亡的人活过来，还能让富裕者变穷，贫穷者变富裕。我对此毫不怀疑全然相信，于是不畏路途遥远来到这里。到这里后，我以为你们所说的话都是真实可信的，唯恐自己相信得不够，行动不够及时，所以心意专一，没有顾及自己的身体，也没有考虑利害关系。这样，外物就不能给我造成损害，如此而已。如今我已经知道你们欺骗了我，我心里疑虑不安，对外要注意察言观色，回想起之前没有被火烧、被水溺的经历，感到庆幸之余，不由得恐惧发慌，心惊肉跳。如此一来，我还能够接近水火吗？"此后，范府的门客们在路上遇到乞丐或马医之类的穷人，再也不敢随意侮辱了，反倒要从车上下来，向他们拱手作揖。

孔子的学生宰我听说此事后，就告诉了孔子。孔子说："你不知道？心最诚的人是可以感化万物的。他们不仅可以惊动天地，感动鬼神，还可以毫无阻碍地在宇内纵横，何止能做到身临险境、出入水火这些事情呢？商丘开听信假话尚且没有遭到阻碍，更何况你们都如此的诚心呢？你们一定要牢牢地记住这一点！"

【原文】

周宣王之牧正①有役人梁鸯者，能养野禽兽，委食②于园庭之内，虽虎狼雕鹗之类，无不柔驯者。雄雌在前，孳尾③成群，异类杂居，不相搏噬④也。王虑其术终于其身，令毛丘园传之。

梁鸯曰："鸯，贱役也，何术以告尔？惧王之谓隐于尔也，且一言我养虎之法。凡顺之则喜，逆之则怒，此有血气者之性也。然喜怒岂妄发哉？皆逆之所犯也。夫食虎者，不敢以生物⑤与之，为其杀之之怒也；不敢以全物与之，为其碎之之怒也。时其饥饱，达⑥其怒心。虎之与人异类，而媚养⑦己者，顺也；故其杀之，逆也。然则吾岂敢逆之使怒哉？亦不顺之使喜也。夫喜之复也必怒，怒之复也常喜，皆不中⑧也。今吾心无逆顺者也，则鸟兽之视吾，犹其侪⑨也。故游吾园者，不思高林旷泽；寝吾庭者，不愿⑩深山幽谷，理使然也。"

【注释】

①周宣王：即姬靖，西周君主。牧正：古代官名，主管畜牧的官职。

②委：送到。食（sì）：饲养，喂养。

③孳（zī）尾：指动物交尾。

④噬：咬。

⑤生物：即活物。

⑥达：疏导，安抚。

⑦媚：喜欢，喜爱。

⑧中：适中，合适。

⑨侪（chái）：同类。

⑩愿：思念，想念。

【译文】

周宣王时期，主管畜牧的官员手下有一名叫作梁鸯的仆役。梁鸯非常擅长喂养野生动物，他在园庭之中喂养许多野生禽兽，即使虎、狼、雕、鹗之类生性凶猛的动物，也被他驯养得十分驯服。这些动物在园庭中雌雄交尾，繁殖出成群成队的后代。不同类的动物杂居在园庭之中，从不相互撕打噬咬，彼此相安无事。周宣王担心梁鸯死后他驯兽的技术会失传，便让毛丘园来向他学习。

梁鸯说："我不过是个地位低下的仆役，哪来什么技术教你呢？不过，我担心国王怪罪我对你有所隐瞒，所以就与你谈一谈我是如何饲养老虎的吧。对有血气的动物而言，顺着它就能让它高兴，违逆它就会使它发怒，这是它们的天性。然而，高兴或恼怒难道是平空发作的吗？其实都是违逆了动物的本性才触发的。我喂养老虎时，从不敢用活物，因为担心扑咬活物会激发老虎的凶性，也不敢用整只的动物，因为担心撕咬食物会诱发它们的本性。喂养老虎时，要清楚它们什么时候饿了，什么时候饱了，搞清楚它们发怒的原因。老虎是与人不同类的生物，却会喜欢上喂养它们的人，这是因为喂养人依顺了它的天性，而它之所以会伤害人，则是因为人们违逆了它的天性。既然如此，我哪里敢违逆、激怒它们呢？然而，我也不会一味依顺着讨它们开心，高兴过头就反过来成了恼怒，而恼怒过头就反过来成了高兴，这两种做法都不适合。如今我的内心既不违逆这些动物，也不依顺它们，因此它们对待我，就像对待它们的同类一样。所以在园庭中游玩的禽兽，不思念高耸的树林和空旷水泽；在园庭中安睡的动物，不想念深远的树林和山谷。这都是因为我之前所说的道理。"

【原文】

颜回[①]问乎仲尼曰："吾尝济[②]乎觞深之渊矣，津人[③]操舟若神。吾问焉，曰：'操[④]舟可学邪？'曰：'可。能游者可教也，善游者数能[⑤]。乃若夫没人[⑥]，则未尝见舟而谡[⑦]操之者也。'吾问焉，而不告。敢问何谓也？"仲尼曰："譆[⑧]！吾与若玩[⑨]其文也久矣，而未达其实，而固且道与？能游者可教也，轻水也；善游者之数能也，忘水也；乃若夫没人之未尝见舟也而谡操之也，彼视渊若陵[⑩]，视舟之覆犹其车却也。覆却万物方陈乎前而不得入其舍[⑪]。恶往而不暇[⑫]？以瓦抠[⑬]者巧，以钩[⑭]抠者惮，以黄金抠者惛[⑮]。巧[⑯]一也，而有所矜[⑰]，则重外[⑱]也。凡重外者拙内。"

【注释】

①颜回：孔子的学生，春秋时期鲁国人。

②济：过河，渡河。

③津人：船夫，摆渡之人。

④操：驾驶，驾驭。

⑤数能：速度很快地学会。数，通“速”，快速，迅速。

⑥没人：擅长潜泳者。

⑦谡（sù）：立即，立刻，马上。

⑧譆：通“噫”，感叹词，可理解为“唉”。

⑨玩：研讨，研习，体会。

⑩陵：指土山。

⑪舍：内心，心胸。

⑫恶（wū）：通“无”，怎么，何。暇：从容，悠闲。

⑬抠（kōu）：古代的一种赌博游戏。

⑭钩：带钩。

⑮惛：同“昏”，糊涂，头脑发昏。

⑯巧：技巧。

⑰矜：顾虑，顾忌。

⑱外：指外物。

【译文】

颜回向孔子请教：“我乘船经过一个叫作觞深的深潭时，见船夫驾船的技术出神入化。于是我问他：‘驾船能够学吗？’他回答说：‘会游泳的人能够学，游泳技术高超的人能快速地学会，而那些会潜泳的人，即使从未见到过船只，也能够马上就掌握驾船的技巧。’我向他询问原因，他却不再开口。敢问先生，船夫所说的话是什么意思呢？”孔子答道：“噫！我与你研习书本上的道理已经很长时间了，但还没有掌握实际经验，更何况对道本身的掌握呢？会游泳的人能够学会驾船，是因为这类人不害怕水；游泳技术高超的人能快速地学会，是因为他们熟知水性；而会潜泳的人即使从未见到过船只，也能够马上掌握驾船的技巧，是因为他们将深潭当作是山陵，将船只的倾覆当作是车子的倒退。即使万物倾覆倒退同一时间发生在他们眼前，他们也不放在心上。像这样的人，遇到什么事情不悠闲从容呢？用瓦片做赌注时，往往赌技高超；用银钩做赌注时，心里就开始害怕起来；而用黄金做赌注时，就会头脑发昏，行事糊涂。赌博的技巧都是相同的，而赌博者之所以心生顾虑，是因为过于看重身外之物。人一旦看重身外之物，内心就会变得笨拙。”

【原文】

孔子观于吕梁[①]，悬水三十仞[②]，流沫三十里，鼋鼍[③]鱼鳖之所不能游也。见一丈夫[④]游之，以为有苦而欲死者也，使弟子并流而承[⑤]之。数百步而出，被发行歌，而游于棠行[⑥]。孔子从而问之，曰：“吕梁悬水三十仞，流沫三十里，鼋鼍鱼鳖所不能游，向吾见子道[⑦]之，以为有苦而欲死者，使弟子并流将承子。子出而被发行歌，吾以子为鬼也。察子，则人也。请问蹈水有道乎？”曰：“亡，吾无道。吾始乎故，长乎性，成乎命，与赍[⑧]俱入，与汩[⑨]偕出。从水之道而不为私[⑩]焉，此吾所以道之也。”孔子曰：“何谓始乎故，长乎性，成乎命也？”曰：“吾生于陵而安于陵，故也；长于水而安于水，性也；不知吾所以然而然，命也。”

【注释】

①吕梁：地名。

②悬水：即瀑布。仞：古代长度单位。

③鼋（yuán）：一种爬行动物，外形与鳖相似，但体形通常比鳖大。鼍（tuó）：即扬子鳄。

④丈夫：指男子。

⑤并：通“傍”，靠近。承：通“拯”，拯救，救援。

⑥棠行：即堤岸下。

⑦道：踩水。

⑧赍（jī）：通“脐”，携着，带着。文中指旋涡的中心。

⑨汩（gǔ）：快速流出的水流。

⑩道：规律。私：个人的喜好和厌恶。

【译文】

孔子在吕梁山游览时见到一个瀑布。只见这瀑布飞流数十丈，流沫冲出三十里外，即使是鼋鼍和鱼鳖也无法在其中游动。突然，孔子看到一名男子在水里漂浮，以为男子心中想不开想要自杀，于是立即派出学生沿着河岸去救他。谁知这男子漂游了数百步远后，从水中钻出来上了陆地。他披头散发，边行走边歌唱，在堤岸下慢慢地游荡着。孔子追上男子，问道："吕梁瀑布飞流数十丈，流沫冲出三十里外，即使是鼋鼍和鱼鳖也无法在其中游动。刚刚我见你在水里游动，以为你是因为心中想不开想要自杀，所以派学生沿着河岸来救你。谁知你自行从水中出来了，之后披着头发，边行走边歌唱。我还以为你是只水鬼，仔细一看，却是人。敢问，游泳有道术吗？"男子答道："没有，我不会什么道术。我能在瀑布中游泳，不过是'始乎故'、'长乎性'、'成乎命'罢了，我随着水流一道进入旋涡的中心，再随着水流一起来到水面。我遵循着水流的规律，而不是遵从个人的喜好和厌恶，这就是我之所以能在瀑布中游泳的原因。"孔子又问："那么什么是'始乎故'、'长乎性'、'成乎命'呢？"男子答道："我生于山陵而安于山陵的生活，即'始乎故'；我在水边成长所以安于水边的生活，并养成习性，即'长乎性'；我不明白自己会游泳的原因却能自然而然的游泳，即'成乎命'。"

【原文】

仲尼适楚，出于林中，见痀偻者承蜩①，犹掇之也。仲尼曰："子巧乎！有道邪？"曰："我有道也。五六月，累垸②二而不坠，则失者锱铢③；累三而不坠，则失者十一④；累五而不坠，犹掇之也。吾处⑤也，若厥株驹⑥；吾执⑦臂若槁木之枝。虽天地之大、万物之多，而唯蜩翼之知⑧。吾不反不侧⑨，不以万物易蜩之翼，何为而不得？"

孔子顾谓弟子曰："用志不分，乃凝于神。其痀偻丈人⑩之谓乎！"丈人曰："汝逢衣徒⑪也，亦何知问是乎？修⑫汝所以，而后载⑬言其上。"

【注释】

①痀偻（jū lǚ）者：驼背者。蜩：即蝉。

②累：堆叠。垸（huán）：通“丸”，文中指泥丸。

③锱铢（zī zhū）：锱和铢都是古代的计量单位，文中用来比喻数量的稀少。

④十一：十分之一，形容数量极少。

⑤处：站立。

⑥厥：通“橛”，表“竖立”之意。株驹：树桩，木桩。

⑦执：高举起。

⑧知：看到，看见。

⑨反：通“返”，回头。侧：向两旁看。

⑩丈人：对老年男性的尊称。

⑪逢衣徒：儒生。逢衣，古代服饰的一种，袖子非常宽大，是古代儒生常穿的服饰。

⑫修：放弃。

⑬载：通“再”。

【译文】

孔子前往楚国，经过一片树林时，看到一位驼背老人正在用竹竿粘蝉，就像从地上捡东西一样容易。孔子问道：“这真是太巧妙了！您会道术吗？”老人答道：“我会道术。五六个月的练习后，我能做到在竹竿前端摞上两颗泥丸而不会让它们掉下来，这样从我手下逃走的蝉就非常少了；当我做到能让三颗泥丸不掉下来时，十只蝉中能逃走的只有一只；当我做到能让五颗泥丸不掉下来时，我捉蝉就像从地上捡东西一样容易了。我站在地上，就像直立的树桩；我高举的双手，就像枯槁的树枝。天地虽然宽广，万物虽然繁多，但我的眼睛只能看到蝉的翅膀。我不回头也不往两旁看，不让任何事物来分散我捉蝉的注意力，如此怎么会捉不到蝉呢？”

孔子回头对弟子们说道：“心志专一而不分散，就能达到奇境了。这就是这位驼背老人所说的道理吧！”老人说道：“你们这些儒生，也会过问这种事情吗？你们先抛弃仁义礼乐那套说教，再来谈论我所说的道理吧！”

【原文】

海上之人有好沤①鸟者，每旦之②海上，从沤鸟游，沤鸟之至者百住③而不止。其父曰：“吾闻沤鸟皆从汝游，汝取来，吾玩之。”明日之海上，沤鸟舞而不下也。故曰：至言④去言，至为无为；齐⑤智之所知，则浅⑥矣。

【注释】

①沤：通“鸥”。沤鸟，即海鸥。

②旦：早晨，早上。之：到，去到。

③百住：成百上千，形容数量众多。

④至言：最高深的语言。

⑤齐：限定，限于。

⑥浅：浅薄。

【译文】

海边有个非常喜爱海鸥的人，他每天清晨都去到海边，与海鸥一同玩耍，前来与他玩耍的海鸥成百上千。某天，他的父亲对他说：“我听说海鸥都爱同你亲近玩耍，你捉来几只，给我玩玩。”第二天他到达海上时，海鸥们都在天空盘旋飞舞，却不肯下来与他亲近。因此说：最高深的言论是不需要言语的，最卓绝的作为是无所作为；只限于一个人的智巧所知，那是非常浅薄的。

【原文】

赵襄子率徒十万狩于中山①，藉芿燔②林，扇③赫百里。有一人从石壁中出，随烟烬上下，众谓鬼物。

火过，徐行而出，若无所经涉者。襄子怪而留之。徐而察之：形色七窍，人也；气息音声，人也。问奚道而处石？奚道而入火？其人曰：“奚物而谓石？奚物而谓火？”襄子曰：“而向④之所出者，石也；而向之所涉者，火也。”其人曰：“不知也。”

魏文侯闻之，问子夏曰：“彼何人哉？”子夏曰：“以商所闻夫子⑤之言，和者⑥大同于物，物无得伤阂⑦者，游金石，蹈水火，皆可也。”文侯曰：“吾子奚不为之？”子夏曰：“刳⑧心去智，商未之

能。虽然，试语之有暇矣。”文侯曰：“夫子奚不为之？”子夏曰：“夫子能之而能不为者也。”文侯大说[9]。

【注释】

①赵襄子：春秋时期晋国大夫，即赵无恤，史称赵襄子。狩：冬天打猎称之为狩。中山：古国名，中心区域位于今天的河北平山县。

②藉（jiè）：踩踏，践踏。艿（rèng）：杂草，乱草。燔：用火烧。

③扇：通“煽”，形容火势之烈。

④向：刚才，刚刚。

⑤商：即子夏，孔子的学生。夫子：即孔子。

⑥和者：即拥有纯和之气的人。

⑦伤阂：阻碍，伤害。

⑧刳（kū）：剔出，挖空。

⑨说：通“悦”，高兴，开心。

【译文】

赵襄子带领十万人马在中山国打猎，为此他们践踏杂草，放火焚烧山林，山火猛烈，绵延数百里。火还在烧时，悬崖峭壁的石壁中突然钻出个人来，那人随着烟火在空中上下窜动，大家都以为见了鬼。

谁知大火烧过后，那人不紧不慢地走了出来，好像什么都没经历过似的。赵襄子觉得事情有蹊跷，就将此人给留了下来。他仔细察看一番，发现那人的相貌、肤色和七窍都与人无异，再仔细听他的声音气息，也与人无异，于是问那人用的什么道术在石壁中居住？用的什么道术能安然在火中出入？那人反问他：“石壁是什么？火又是什么？”赵襄子答道：“你刚刚出来的地方就是石壁，你刚刚踩过的东西就是火。”那人答道：“不清楚。”

魏文侯听说此事后，对子夏说：“他到底是什么人？”子夏答道：“我曾听老师说过，人如果能拥有纯和之气，就能使身心与外物相融合，这样世上就没什么东西能伤害或阻碍他了，在金石或水火中走动，都是能够办到的。”魏文侯问道：“那您怎么不如此做呢？”子夏答道：“摒除杂念，抛弃智慧，这些我还无法做到。虽然如此，但还是能够说一说这些道理的。”魏文侯又问道：“你的老师孔子怎么不如此做呢？”子夏答道：“老师是可以办到的，但他更不能这样做。”魏文侯听后，心情非常舒畅。

【原文】

有神巫[1]自齐来处于郑，命[2]曰季咸，知人死生、存亡、祸福、寿夭，期[3]以岁、月、旬、日，如神。郑人见之，皆避而走[4]。列子见之而心醉，而归以告壶丘子，曰：“始吾以夫子之道为至矣，则又有至焉者矣。”

壶子曰：“吾与汝无[5]其文，未既[6]其实，而固得道与？众雌而无雄，而又奚卵[7]焉？而以道与世抗[8]，必信[9]矣，夫故使人得而相汝。尝试与来，以予示之。”

明日，列子与之见壶子。出而谓列子曰：“嘻！子之先生死矣，弗活矣，不可以旬数矣。吾见怪焉，见湿灰焉。”列子入，涕泣沾衿[10]，以告壶子。壶子曰：“向吾示之以地文[11]，罪乎不诫[12]不止，是殆[13]见吾杜德几[14]也。尝又与来！”

明日，又与之见壶子，出而谓列子曰：“幸矣，子之先生遇我也，有瘳[15]矣。灰然有生矣，吾见杜权[16]矣。”列子入告壶子。壶子曰：“向吾示之以天壤[17]，名实不入，而机发于踵[18]，此为杜权。是殆见吾善者几也。尝又与来！”

明日，又与之见壶子，出而谓列子曰：“子之先生坐不斋[19]，吾无得而相[20]焉。试斋，将且复相之。”列子入告壶子。壶子曰：“向吾示之以太冲莫眹[21]，是殆见吾衡气几[22]也。鲵旋之潘[23]为渊，止水之潘为渊，流水之潘为渊，滥水[24]之潘为渊，沃水[25]之潘为渊，氿水[26]之潘为渊，雍水[27]之潘为渊，汧水之潘为渊，肥水之潘为渊，是为九渊焉。尝又与来！”

明日，又与之见壶子。立未定，自失而走。壶子曰：“追之！”列子追之而不及，反以报壶子，曰：“已灭[28]矣，已失矣，吾不及也。”壶子曰：“向吾示之以未始出吾宗。吾与之虚而猗移[29]，不知其谁何，因以为茅靡[30]，因以为波流，故逃也。”

然后列子自以为未始学而归，三年不出，为其妻爨[31]，食豨[32]如食人，于事无亲，雕瑑[33]复朴，块然[34]独以其形立；份然[35]而封戎，壹以是终。

【注释】

①神巫：即巫师，指古代以装神弄鬼替人祈祷为职业的人。

②命：命名，取名。

③期：预期，预言。

④走：逃跑。

⑤无：文中表“贯通”之意。

⑥既：达到。

⑦卵：产卵，繁殖。

⑧抗：匹敌，较量。

⑨信：通“伸”，表露，显露。

⑩衿：同“襟”，指古代衣服下连到前襟的衣领。

⑪地文：文中用来形容不动的样子。

⑫诹：动。

⑬殆：大概。

⑭几：通“机”。德几：即生机。

⑮瘳（chōu）：指疾病痊愈。

⑯杜权：闭塞中有了变动。

⑰天壤：文中指天的柔和之貌。

⑱踵：脚后跟。

⑲斋：通“齐”。不斋：不整齐。

⑳无得：没有办法。相：文中指相面。

㉑太冲：指极度虚静。冲，空虚。莫眹（zhèn）：没有征兆迹象。眹，通“朕”，迹象，征兆。

㉒衡气几：平衡神气的枢机。

㉓鲵：即娃娃鱼，文中泛指大鱼。潘：旋涡。

㉔滥水：泛涌之水。

㉕沃水：从上而下之水。

㉖氿 水：从旁边涌出的水。

㉗雍水：文中指泛滥后又流回的水流。雍，通“壅”，堵塞。

㉘灭：不见踪影之意。

㉙猗移：通“逶迤”，顺从委曲的样子。

㉚茅靡：随顺貌。

㉛爨（cuàn）：烧火做饭。

㉜食：通“饲”，喂养，饲养。豨：即猪。

㉝雕瑑（zhuàn）：刻镂，雕琢。

㉞块然：独处的样子。

㉟ 然：杂乱的样子。

【译文】

一位神巫从齐国来到郑国，他名叫季咸，可以算出人的生死存亡、祸福夭寿，甚至可以精确预测到事情发生在哪年、哪月、哪旬，哪日，精准如神。郑国人见到他，都吓得跑得远远的。列子见到季咸，却佩服得五体投地。他回去对他的老师壶子说：“以前我以为您的道术已经达到极至了，没想到还有比您道术更高深的人存在。”

壶子道：“我与你修习过道的名相，但还未经过实际验证，你就觉得已经把握了‘道’的根本了吗？这就比如，如果雌性数量众多却没有雄性，又如何能够产卵繁殖呢？你用道去与世俗的东西周旋，必然会露出真实面目。所以巫师为你相面时可以很容易地就将你看透。你试着请他来给我看看面相。”

次日，列子带着季咸来见壶子。季咸出门就对列子说：“哎呀！你的先生活不长了，没救了，活不过十多天了。我看他面色不正常，面如死灰。”列子回去后，哭得很伤心，泪水把衣襟都打湿了，他把季咸的话告诉了壶子。壶子说：“我刚刚让他看到的是大地的表象，我让气息保持在既不振动也不止息的状态，所以他看到我堵塞的生机，以为我要过世了。你再请他来一趟吧。”

次日，列子再次带着季咸来见壶子。他出门就对列子说：“你的先生真是幸运啊！遇上了我，病就要好了。他整个人又恢复了生气，我看到他闭塞的生机有了变化。”列子回去后将季咸的话告诉了壶子。壶子说道：“我刚刚让他看到的

是天壤自然柔和的外貌，名和利都无法入侵，从脚开始，生机由下而上发动，这就是所谓的闭塞的生机产生变化。所以他看到了我的生机萌动了。你再请他来一趟吧。"

次日，列子又带着巫师来见壶子。他出门就对列子说："你的先生形神恍惚地坐在那里，我没办法给他相面。等他心神安定后，我再来给他相面吧。"列子回去后将季咸的话告诉了壶子。壶子说："我刚刚让他看到的是毫无迹象的极度虚静，所以他看见了我平衡混沌的枢机。大鱼翻腾之处形成的回旋水流成为了深渊，积水之处形成的回旋水流成为了深渊，水流动之处形成的回旋水流成为了深渊，水流漫溢之处形成的回旋水流成为了深渊，水流陡落形成的回旋水流成为了深渊，水从旁边涌出之处的回旋水流成为了深渊，泛滥后又流回之处的回旋水流成为了深渊，地下冒出又存积的水形成的回旋水流成为了深渊，不同源头汇合而成的水形成的回旋水流成为了深渊。这就是各不相同的九种深渊。你再请他来一趟吧。"

次日，列子再次带着巫师来见壶子。巫师还没站稳，就惊慌地逃跑了。壶子说："追！"列子没追上巫师，于是回来向壶子报告："巫师跑得连影子都没了，我没能追上他。"壶子说："我刚刚让他看到的是我还没有从道的本原中产生出来的样子。我没有显露真实情况而随他变化，因此，他不清楚我到底是什么，认为我是随风而动的茅草，又觉得我是顺水而流的波浪，所以被吓跑了。"

此事之后，列子觉得自己学无所成，于是回到家中，三年的时间不曾出门，专心烧火做饭给妻子吃，同时像对待人一样地饲养猪。他没有偏爱地对待所有的事物，去除雕琢，返璞归真，以形体独处地存在；与纷杂的大千世界保持界限，专心守一，如此直到终身。

【原文】

子列子之[①]齐，中道而反[②]，遇伯昏瞀人。伯昏瞀人曰："奚方而反？"曰："吾惊焉。""恶[③]乎惊？""吾食于十浆[④]，而五浆先馈[⑤]。"伯昏瞀人曰："若是，则汝何为惊己[⑥]？"曰："夫内诚[⑦]不解，形谍成光[⑧]，以外[⑨]镇人心，使人轻[⑩]乎贵老，而整[⑪]其所患。夫浆人特为食羹之货，多余之赢；其为利也薄，其为权也轻，而犹若是。而况万乘之主[⑫]，身劳于国，而智尽于事。彼将任我以事，而效我以功，吾是以惊。”伯昏瞀人曰：“善哉观[13]乎！汝处己，人将保汝矣。”

无几何[14]而往，则户外之屦[15]满矣。伯昏瞀人北面而立，敦杖蹙之乎颐[16]，立有间[17]，不言而出。宾者[18]以告列子。列子提履徒跣[19]而走，暨[20]乎门，问曰：“先生既来，曾不废药[21]乎？”曰：“已矣。吾固告汝曰，人将保[22]汝，果保汝矣。非汝能使人保汝，而汝不能使人无汝保也，而焉用之感也？感豫出异。且必有感[23]也，摇而本身[24]，又无谓也。与汝游者，莫汝告也。彼所小言[25]，尽人毒[26]也。莫觉莫悟，何相孰[27]也。”

【注释】

①之：去。

②反：通“返”，返回。

③恶：为什么。

④浆：文中指酒浆。

⑤馈：馈赠，赠送。

⑥惊己：惊恐。

⑦内诚：文中指人心中的情欲。

⑧形：即人的形体相貌。谍：表“逢迎”之意。

⑨外：外表。

⑩轻：轻视。

⑪ 整（qī）：乱。

⑫万乘之主：文中指大国的君主。

⑬观：对自己的感悟和反省。

⑭无几何：不多时，没多久。

⑮屦（jù）：鞋子。

⑯敦：竖起。蹙（cù）：抵住。颐：下巴，下颏。

⑰有间：一会儿。

⑱宾者：负责给主人迎送宾客的人。

⑲徒跣（xiǎn）：光着脚走路。

⑳暨（jì）：及，至，到。

㉑废：发放之意。药：文中用来比喻规劝他人改正过错的言论。

㉒保：归附，依附。

㉓感：感化。

㉔本身：本性。

㉕小言：文中指与大道不合的言论。

㉖人毒：荼毒人内心的东西。

㉗相孰：相互得益。

【译文】

列子前去齐国，结果走到半路又折了回来，途中遇到伯昏瞀人，伯昏瞀人问道："怎么又回来了？"列子答道："我很吃惊！""为什么呢？""我到十家酒家喝酒，结果五家要白送酒给我喝。"伯昏瞀人说："原来是这么回事，那你为什么吃惊呢？"列子道："不排除内心的情欲，人的举止形态便会媚俗光鲜，以这样的仪表来征服人心，会让人轻视老者，从而招来祸患。酒家的人靠着买卖酒菜饭食赚取差价，他们的盈利很微薄，也没掌握什么权势，尚且这样对我，更何况大国的君主，他们为国事奔波劳累，为政事耗费心力，必定会将国事委任于我，并对我处理国事的功效进行考核，所以我感到震惊。"伯昏瞀人说："你这样自我反省真是太好了！等着吧！人们必定会来归附你的。"

不久后，伯昏瞀人去到列子家，看到列子家门口摆满了鞋子。他面朝北站着，竖起拐仗支撑着下巴。他站了半晌，结果一句话都没说就离开了。列子家负责迎送宾客的人见状去告诉了列子。列子听后，手里提着鞋，光着脚就追了出来。他问道："既然先生都已经来了，怎么不规劝我一番呢？"伯昏瞀人道："算了。我先前就跟你说过，他们将要来归附你。如今他们果然来归附你了。不是你有能力使其他人来依附你，而是你无法让别人不来依附你，你是怎样感化别人到这种地步的呢？让别人被自己感化而表现得与众人不同。你在感化别人的时候，往往会使你自己的本性有所动摇，这是没什么意义的。与你交往的那些人，他们不能告诉你好的、有益的东西。他们说的那些与大道不合的闲言碎语，都是荼毒人内心的话。你跟他们往来时，不能做到相互启发，这样又怎能相互获益呢？”

【原文】

杨朱南之沛[1]，老聃[2]西游于秦。邀于郊[3]，至梁[4]而遇老子。老子中道仰天而叹曰：“始以汝为可教，今不可教也。”杨朱不答。至舍[5]，进涫漱巾栉[6]，脱履户外，膝行而前，曰：“向者夫子仰天而叹曰：‘始以汝为可教，今不可教。’弟子欲请夫子辞，行不间[7]，是以不敢。今夫子间矣，请问其过[8]。”老子曰：“而睢睢[9]，而盱盱，而谁与居？大白若辱[10]，盛德若不足。”

杨朱蹴然[11]变容曰：“敬闻命矣！”其往也，舍者迎将[12]家，公执席[13]，妻执巾栉，舍者避席，炀者[14]避灶。其反也，舍者与之争席矣。

【注释】

①杨朱：战国时期魏国人，哲学家。沛：地名，在今江苏沛县东。

②老聃（dān）：即老子。

③郊：城外。

④梁：即当时魏国的首都大梁。

⑤舍：指旅馆。

⑥涫（guàn）：通“盥”。栉（zhì）：梳子。

⑦间：通“闲”。

⑧过：过错，错误。

⑨睢睢（suī）：和下一句中的“盱盱（xū）”都是用来形容人骄傲自负的样子。

⑩辱：文中指污浊。

⑪蹴（cù）然：用来形容人肃然起敬的样子。

⑫迎将：迎送。

⑬执席：在席旁恭候差遣。

⑭炀（yàng）者：烤火的人。炀，烘干，此处表“烤火”之意。

【译文】

杨朱向南前往沛地，正巧老子往西去秦国。杨朱在城外恭候，到梁地碰上了老子。老子在半途中仰天长叹："我原本以为你是可以教导的，如今发现是不可教导的。"杨朱没有回答。等到达旅馆，他趁着给老子送上洗漱用水、面巾和梳子的机会，在门外脱了鞋，跪着走到老子跟前，说道："先生刚刚叹气说：'我原本以为你是可以教导的，如今发现是不可教导的。'弟子想向先生请教其中的意思，但路途之中先生没有空闲，所以不敢打扰。现在先生有了空闲，所以弟子想向先生请教：我犯了什么错误？"老子答道："你总是摆出一付骄傲自负的样子，谁愿意与你往来呢？最洁白的事物往往看上去非常污浊，道德最高深的人往往非常不起眼。"

杨朱听后，肃然起敬道："敬听先生的教导了！"杨朱之前前往沛地时，旅馆的老板对他非常恭敬，不仅迎进送出，他吃饭时还在一旁恭候差遣，老板的妻子给他送上面巾和梳子，其他客人恭敬地给他让座，在灶前烤火的人见到他时，也让出地方给他烤火。然而，等他离开沛地时，其他客人就会跟他抢座位了。

【原文】

杨朱过宋，东之于逆旅①。逆旅人有妾二人，其一人美，其一人恶；恶者贵而美者贱。杨子问其故。逆旅小子对曰："其美者自美，吾不知其美也；其恶者自恶，吾不知其恶也。"杨子曰："弟子记之！行贤而去自贤之行，安往而不爱哉！"

【注释】

①东之：往东，向东。逆旅：旅舍，旅馆。逆旅人，指旅舍的主人。

【译文】

杨朱途经宋国时，往东去到一家旅舍投宿。旅舍的老板娶了两位老婆，其中一人貌美如花，另一人相貌丑陋，但丑陋的老婆地位尊贵，漂亮的老婆却地位低下。杨朱询问其中的缘故。老板答道："漂亮的那个老婆觉得自己很美，但我不觉得她美；丑陋的老婆觉得自己长得丑，但我不觉得她丑。"杨朱说："弟子们务必记住！做了好事但不自以为做了好事，这样的人，到哪里不被人们所喜欢呢？"

【原文】

天下有常胜之道，有不常胜之道。常胜之道曰柔，常不胜之道曰强。二者亦①知。而人未之知。故上古之言：强，先不己若②者；柔，先出于己者。先不己若者，至于若己，则殆③矣。先出于己者，亡所殆矣。以此胜一身若徒④，以此任天下若徒，谓不胜而自胜，不任而自任也。粥子曰：“欲刚，必以柔守之；欲强，必以弱保之。积于柔必刚，积于弱必强。观其所积，以知祸福之乡⑤。强胜⑥不若己，至于若己者刚⑦；柔胜出于己者，其力不可量。”

老聃曰：“兵强则灭，木强则折。柔弱者生之徒，坚强者死之徒。”

【注释】

①亦：容易。

②先：外物。不己若:不如自己。

③殆：危险。

④徒：通“途”，此处指有道理。

⑤乡：通“向”，趋势，趋向。

⑥强胜：凭借刚强取胜。

⑦刚：此处表“残害”之意。

【译文】

世上有常胜之道，也有不常胜之道。前者称为柔，后者称为强。这两者显而易见，但许多人却并不知晓。因此，上古有这样一句话：所谓强，就是认为外物不如自己，所谓弱，就是认为自己不如外物。强调外物不如自己，一旦外物变强与自己相当时，那情况就相当危险了。强调自己不如外物，那就不会有什么危险了。用来战胜个人身心是这个道理，用来处理天下事也是这个道理，这就是所谓内心无意于胜利则自然会胜利，无意于胜任但自然而然就能胜任。鬻子说：“想要刚，务必要用柔来护持，想要强，务必要用弱来维护。柔聚积起来就变成了刚，弱聚积起来就成了强。察看它们的聚积，就能知晓是福是祸。依靠刚强战胜不如自己的，等到对方与自己一样强时，自己就危险了。而依靠柔弱战胜强过自

己的，那这种力量是无法估计的。”

老子说：“兵器过于坚硬往往会遭遇毁灭，树木过于坚硬往往会被折断。柔弱是生存之道，而刚强是灭亡之道。”

【原文】

状不必童[①]而智童；智不必童而状童。圣人取童智而遗[②]童状，众人近童状而疏童智。状与我童者，近而爱之；状与我异者，疏而畏之。有七尺之骸，手足之异[③]，戴发含齿，倚而趣[④]者，谓之人；而人未必无兽心。虽有兽心，以状而见亲矣。傅翼戴角，分牙布爪，仰飞伏走，谓之禽兽；而禽兽未必无人心。虽有人心，以状而见疏矣。庖牺氏、女娲氏、神农氏、夏后氏，蛇身人面，牛首虎鼻：此有非人之状，而有大圣之德。夏桀、殷纣、鲁桓、楚穆，状貌七窍，皆同于人，而有禽兽之心。而众人守一状以求至智，未可几[⑤]也。

黄帝与炎帝战于阪泉之野，帅熊、罴、狼、豹、貙、虎为前驱，雕、鹖、鹰、鸢为旗帜，此以力使禽兽者也。尧使夔典[⑥]乐，击石拊[⑦]石，百兽率舞；箫韶九成[⑧]，凤凰来仪[⑨]，此以声致禽兽者也。然则禽兽之心，奚为异人？形音与人异，而不知接[⑩]之之道焉。圣人无所不知，无所不通，故得引而使之焉。

禽兽之智有自然与人童者，其齐欲摄生，亦不假智于人也：牝牡相偶，母子相亲；避平依险，违寒就温；居则有群，行则有列；小者居内，壮者居外；饮则相携，食则鸣群。太古之时，则与人同处，与人并行。帝王之时，始惊骇散乱矣。逮[⑪]于末世，隐伏逃窜，以避患害。今东方介氏之国，其国人数数[⑫]解六畜之语者，盖[⑬]偏知之所得。

太古神圣之人，备知万物情态，悉解异类音声。会而聚之，训而受之，同于人民。故先会鬼神魑魅，次达八方人民，末聚禽兽虫蛾。言血气之类心智不殊[⑭]远也。神圣知其如此，故其所教训者无所遗逸焉。

【注释】

①童：通“同”。

②遗：不取，放弃。

③手足之异：文中指手和脚分别行使不同的功能。

④倚：直立。趣：通“趋”，指快步地行走。

⑤几：期待，希望。

⑥夔（kuí）：人名。典：掌管。

⑦石：古代的一种乐器。拊：拍击。

⑧箫韶：乐曲名。九成：反复多次地演奏。

⑨来仪：此处表“参加仪礼”之意。

⑩接：交结，交际。

⑪逮：及，到。

⑫数数（shuò）：勉强之意。

⑬盖：大概，大约。

⑭殊：不同，差别。

【译文】

体貌不一定相同但心智相同；心智不一定相同但体貌相同。品德高尚的人重视相同的心智却不看重相同的体貌，一般人往往看重相同的体貌，而忽视相同的心智。体貌与我相同者，我就亲近喜爱他，体貌与我不同者，我就疏远畏惧他。身躯高七尺，手脚分别行使不同的功能，头上生有头发，嘴里长着牙齿，能够直立行走，具备这些特征者被称之为人，然而人未必没有兽心。虽然某些人有兽心，但因为体貌与我们相同，所以我们愿意与之亲近。生有翅膀或角，长着锋利的牙齿和爪子，或于空中飞翔，或伏于地上奔走，具备这些特征者被称之为禽兽，然而禽兽未必没有人心。虽然禽兽具有人心，但因为它们的体貌与我们不同，所以我们疏远它们。庖牺氏、女娲氏、神农氏、夏后氏，蛇身人面，牛头虎鼻，他们都有着与我们不同的体貌，却具备圣人般高尚的品德。夏桀、殷纣、鲁桓公、楚穆王，这些人有着与我们相同的形体和相貌，却有着禽兽般的心肠。大家都固守着体貌的标准来寻找最智慧的人，这是无法指望成功的。

黄帝与炎帝率领大军在阪泉的原野之上交战，他们以熊、罴、狼、豹、貙、虎为前驱，以雕、鹖、鹰、鸢为旗帜，这是用力量来役使禽兽。尧帝任命夔为掌管音乐的官员，演奏石磬，百兽纷纷起舞；箫韶九阙奏完后，凤凰飞来朝贺，这是借用乐声来召唤禽兽。如此一来，禽兽的心与人有什么不同呢？因为它们的形貌和声音与人不同，所以我们不知道如何与它们交结。圣人没有什么不知道的，也没有什么不通晓的，因此能够召唤并役使他们。

禽兽在心智方面天生与人有相同之处，它们都具备生存的智慧，而且在这方面绝不输于人类。雌雄结为配偶，母子相互亲近，避开平川依靠险要，避开寒冷趋就温暖；它们成群地居住在一起，行走时组成特定的队列，弱小的成员通常居住在里面，而强壮的成员往往守在外围；饮水时它们相互帮助，进食时则呼朋引伴。在远古时期，禽兽与人类一同居住，与人类一同行走。在帝王统治的时代，它们才开始害怕起人类来，看到人类便逃跑。而等到衰乱的末世，它们便隐伏逃跑至深山老林之中，以躲避祸乱。如今东方有个介氏之国，这个国家的居民能勉强明白马、牛、羊、猪、狗、鸡这些家畜所说的话，而这大概是靠片面知识而得到的结果。

远古的圣人完全掌握着万物的情况状态以及异类的语言。他们将禽兽召集起来，对它们进行训导，像对待人民一般对待它们。因此，他们先招来鬼神魑魅，接着再召来八方人民，最后将禽兽昆虫召集起来。这说明拥有血气之躯者在心智上没有太大的区别。圣人深知这样的道理，所以在教化训练上没有遗漏的对象。

【原文】

宋有狙公[①]者，爱狙，养之成群。能解狙之意[②]，狙亦得公之心。损其家口[③]，充狙之欲。俄而匮[④]焉，将限其食。恐众狙之不驯于己也，先诳[⑤]之曰："与若芧[⑥]，朝三而暮四，足乎？"众狙皆起而怒。俄而曰："与若芧，朝四而暮三，足乎？"众狙皆伏而喜。物之以能[⑦]鄙相笼，皆犹此也。圣人以智笼群愚，亦犹狙公之以智笼众狙也。名实不亏，使其喜怒哉。

【注释】

①狙（jū）公：此处指饲养猴子的老人。狙，古书上记载的一种猴子。

②意：性情。

③家口：家人的口粮。

④俄而：不久。匮：缺乏。

⑤诳：瞒哄，欺骗。

⑥芧：橡实，橡栗。

⑦能：智巧。

【译文】

宋国有位喜爱饲养猴子的老汉，他很喜欢猴子，所以在家里喂养了一大群。他能理解猴子的想法，猴子也懂得他的心意。为了满足猴子的需要，让它们吃饱，他还减少了家里人的口粮。不久，他家里的粮食就不够了，所以打算限制猴子的食量。他怕猴子不听话，所以骗它们："喂你们橡栗，早上喂三个，晚上喂四个，这样够吗？"所有的猴子听了都很生气，于是他又说："喂你们吃橡栗，早上喂四个，晚上喂三个，这样够吗？"猴子们听了非常高兴，纷纷趴到地上。事物能用智巧笼络鄙陋，遵循的就是这个道理。圣人用智慧笼络驾驭愚笨的凡人，跟老者用智巧笼络猴子是一样的。名义和实际都没发生变化，却能让对方产生开心和恼怒这两种截然不同的反应。

【原文】

纪渻子为周宣王①养斗鸡，十日而问："鸡可斗已乎？"曰："未也，方虚骄而恃气②。"十日又问。曰："未也，犹应影响。"十日又问。曰："未也，犹疾视③而盛气。"十日又问。曰："几④矣。鸡虽有鸣者，已无变矣。望之似木鸡⑤矣，其德全矣。异鸡无敢应者，反⑥走耳。"

【注释】

①纪渻（shěng）子：人名，非真实存在的人物。周宣王：周朝的王，周厉王之子。

②虚骄：既浮华不实又骄矜。恃气：凭意气，自负意气。

③疾视：怒视。

④几：差不多。

⑤木鸡：木雕的鸡。

⑥反：通"返"。

【译文】

纪渻子负责替周宣王驯养斗鸡。周宣王过了十天就问他："可以斗鸡了吗？"他答道："不可以，它现在还没有真本事，只知道凭意气行事。"周宣王过了十天又来问他，他答道："不可以，它总想应战，对其他鸡的反应如同影子和回声一样快。"周宣王过了十天再次来问，他回答说："不可以，它还是怒视其他鸡。"周宣王过了十天又来问，他答道："差不多了，现在它对其他鸡的叫声已经没有反应了，看上去就像只木头雕刻的鸡，德性全部具备，其他鸡看到它根本不敢应战，掉头就跑。"

【原文】

惠盎见宋康王[①]。康王蹀足謦欬[②]，疾言[③]曰："寡人之所说[④]者，勇有力也，不说为仁义者也。客将何以教寡人？"惠盎对曰："臣有道于此，使人虽勇，刺之不入；虽有力，击之弗中。大王独无意邪？"宋王曰："善；此寡人之所欲闻也。"惠盎曰："夫刺之不入，击之不中，此犹辱也。臣有道于此，使人虽有勇，弗敢刺；虽有力，弗敢击。夫弗敢，非无其志[⑤]也。臣有道于此，使人本无其志也。夫无其志也，未有爱利[⑥]之心也。臣有道于此，使天下丈夫女子莫不驩然[⑦]皆欲爱利之。此其贤于勇有力也，四累[⑧]之上也。大王独无意邪？"宋王曰："此寡人之所欲得也。"

惠盎对曰："孔、墨是已。孔丘、墨翟无地而为君，无官而为长；天下丈夫女子莫不延颈举踵而愿安利之。今大王，万乘之主也，诚有其志，则四竟[⑨]之内皆得其利矣。其贤于孔、墨也远矣。"宋王无以应。惠盎趋而出。宋王谓左右曰："辩矣，客之以说服寡人也！"

【注释】

①宋康王：战国时期宋国的王。

②蹀足：慢步走。謦欬（qǐng kài）：小声地咳嗽。

③疾言：急促地说话。

④说：通"悦"，喜欢，喜爱。

⑤志：心志。

⑥爱利：热爱、爱护他人之心。

⑦驩：通“欢”。然：指高兴的样子。

⑧四累：此处指前文提到的四层意思。

⑨四竟：指全国。竟，通“境”。

【译文】

惠盎去见宋康王。宋康王边顿足边轻声咳嗽，他急急地说道：“我喜欢勇武有力的人，讨厌那些满口仁义道德的人，你打算拿什么来教导我呢？”惠盎答道：“我会一种道术，让那些勇武的人，即使想刺我也无法刺进来，让那些有力气的人，即使想打我也打不中。大王难道对这种道术不感兴趣吗？”宋康王说：“好，这正是我想要听到的。”惠盎说：“虽然刺不进也打不中，但这对我来说仍然是耻辱。我还会一种道术，会让人即便再勇猛，也不敢刺我，即使再有力，也不敢打我。即使不敢，但并不意味着没有这样的念头。我还会一种道术，可以让人生不出刺人打人的念头来。不想刺人打人并不意味着想关心爱护他人，我还会一种道术，可以让天下人都乐于关心爱护他人。这样的道术比勇武有力更高明，也比上述四种道术高明。您难道对此没有兴趣吗？”宋康王说：“这正是我想要的。”

惠盎说：“孔丘、墨翟就是这样。他们没有土地，却成了人们眼中的君主；他们没有官职，却成了人们眼中的尊长；天下的百姓无不伸着脖子踮着脚跟盼望他们，希望得到安宁和利益。现在大王尊为一国之主，假使真有此志向和抱负，那么全国的百姓都能得到好处，这样一来，您可比孔丘、墨翟贤明得多了。”宋康王哑口无言。惠盎快步走了出去。宋康王对左右的人说：“真是雄辩啊，他竟然凭此将我说服了！”

《周穆王篇》

【原文】

周穆王[①]时，西极之国有化人[②]来，入水火，贯金石；反山川，移城邑；乘虚不坠，触实不硋[③]。千变万化，不可穷极。既已变物之形，又且易人之虑[④]。穆王敬之若神，事之若君。推路寝[⑤]以居之，引三牲[⑥]以进之，选女乐以娱之。化人以为王之宫室卑陋而不可处，王之厨馔腥蝼而不可飨，王之嫔御膻恶而不可亲。穆王乃为之改筑。土木之功，赭垩[⑦]之色，无遗巧焉。五府为虚，而台始成。其高千仞，临终南之上，号曰中天之台。简郑卫之处子娥媌靡曼[⑧]者，施芳泽，正娥眉，设笄珥[⑨]，衣阿锡[⑩]，曳[⑪]齐纨。粉白黛黑，珮玉环。杂芷若[⑫]以满之，奏《承云》《六莹》《九韶》《晨露》[⑬]以乐之。月月献玉衣，旦旦荐玉食。化人犹不舍然，不得已而临之。

居亡几何，谒王同游。王执化人之祛[⑭]，腾而上者，中天乃止。暨及化人之宫。化人之宫构以金银，络以珠玉；出云雨之上，而不知下之据，望之若屯云焉。耳目所观听，鼻口所纳尝，皆非人间之有。王实以为清都、紫微、钧天、广乐，帝之所居。王俯而视之，其宫榭若累块积苏焉。王自以居数十年不思其国也。化人复谒王同游，所及之处，仰不见日月，俯不见河海。光影所照，王目眩不能得视；音响所来，王耳乱不能得听。百骸六藏，悸而不凝。意迷精丧，请化人求还。化人移之，王若殒虚焉。

既寤，所坐犹向者之处，侍御犹向者之人。视其前，则酒未清，肴未昲[15]。王问所从来。左右曰："王默存耳。"由此穆王自失者三月而复。更问化人。化人曰："吾与王神游也，形奚动哉？且曩之所居，奚异王之宫？曩之所游，奚异王之圃？王闲恒有，疑暂亡。变化之极，徐疾之间，可尽模哉？"

王大悦。不恤国事，不乐臣妾，肆意远游。命驾八骏之乘，右服骅骝而左绿耳[16]，右骖赤骥而左白𣚐[17]，主车则造父为御，泰丙[18]为右；次车之乘，右服渠黄而左踰轮，左骖盗骊而右山子，柏夭主车，参百为御，奔戎为右。驰驱千里，至于巨蒐氏之国[19]。巨蒐氏乃献白鹄之血以饮王，具牛马之湩[20]以洗王之足，及二乘之人。已饮而行，遂宿于昆仑之阿，赤水之阳。别日升于昆仑之丘，以观黄帝之宫；而封之以诒[21]后世。遂宾于西王母，觞于瑶池之上。西王母为王谣，王和之，其辞哀焉。西观日之所入。一日行万里。王乃叹曰："於乎！予一人不盈于德而谐于乐。后世其追数吾过乎！"穆王几神人哉！能穷当身之乐，犹百年乃徂，世以为登假焉。

【注释】

①周穆王：姓姬名满，西周第五代君主。

②西极：西边最远处，极西端。化人：精通幻术的人。

③硋：同"碍"，阻碍，阻止。

④虑：人的内心情感。

⑤路寝：古代天子、诸侯的正厅。

⑥三牲：古时祭祀用的供品，为大三牲（猪、牛、羊）和小三牲

（鸡、鸭、鱼）。

⑦赭：红褐色矿物。垩（è）：一种可用来涂饰的白色土。

⑧娥媌：面貌姣好。靡曼：身材柔弱。

⑨笄：古代盘头发用的簪子。珥：珠玉耳饰。

⑩阿锡：一种细布，产自于齐国的阿县。

⑪曳：拉，拽。齐纨：产自于齐国的细绢。

⑫芷若：一种香草的名字，意为白芷和杜若。

⑬《承云》《六莹》：古代的乐曲名。《九韶》《晨露》。

⑭祛：衣服袖口。

⑮晞：干。

⑯服：古代四马驾一车，最中间的两匹马叫服。骅骝：马名。绿耳：马名。

⑰骖：一车四马中外侧的两匹马称为骖。白羕：马名。羕，古“羲”字。

⑱泰丙：人名，擅长驾车，和造父一样天下闻名。

⑲巨蒐之国：西戎国名。

⑳湩（dòng）：乳汁。

㉑诒：留下来，传承。

【译文】

周穆王当政时，从遥远的西域来了一个擅长幻化之术的人。此人进入到水深火热的环境中没有被伤到分毫，坚硬的金属、石头，他从中穿越也没有丝毫障碍，他还能够变化高山河流的走向，将城区挪走，他还可以在空中行走，穿墙而过。他所会的东西太多了，而且富于变化，让人眼花缭乱。他不仅能将现实生活中具体的物体形状进行变化，还可以让人的精神状态和内心情感发生改变。周穆王对他非常崇拜，把他像神仙一样供奉、膜拜。赐予他最华丽的宫殿居住，让他每天吃最美味的食物，还让最美丽的女人陪他开心。可是幻化人好像对周穆王的款待还是颇有微辞，认为穆王所赐予的宫殿太过于矮小，而且陈设非常简单，根本不是人住的地方；御膳房提供的伙食恶臭难闻，根本不是人吃的东西；送给他的女人们身上也有一股腥臭味，根本不是人可以享用的。听到这些以后，穆王为了让幻化人心情愉悦，于是开始大兴土木，对他所住的地方进行进一步的改造，颜色采用红白色搭配，可谓别具匠心。直到国库的钱被全部用光，幻化人新住的地方才算完工。它高达千尺，位于终南山上面，命名为中天台。周穆王送给他郑国和卫国最美丽的女人，她们个个涂指抹粉，弯弯柳叶眉，穿着用珍贵的绸缎所制成的衣服，身上戴着最绚丽的珠宝，耳朵上坠着最高级的耳环，红白相间，煞是好看。除此以外，她们身上还混合着各种花香，有白芷和杜若等。他们踩着黄帝、尧、商汤时代著名曲目《承云》《六莹》《九韶》《晨露》等的节奏翩翩起舞。为了博得幻化人的欢心，周穆王还经常提供给她们最好看的衣服，给她们吃最精美的食物。可是即便是这样，幻化人依然满心不悦，给人感觉他住在这里多委屈似的。

几天以后，幻化人携周穆王一起出去游览。周穆王紧紧拉着幻化人衣服的袖口，和他一起扶摇直上，一直到了天上才停了下来。周穆王从高处向远处望，看到幻化人所住的宫殿全部是用金银珠宝堆砌而成的，外面还镶嵌有珍珠和玉石，位于云彩和雨露的上面，飘浮在空中，不知道是什么在支撑着它。远远看上去就像一团彩云一样。周穆王耳、鼻、眼、嘴统统派上用场，几乎都是人间所没有感受过的。周穆王大呼奇妙，觉得自己是不是到了天上神仙住的地方。周穆王从天上向下看去，看到好多宫殿都是用石头和木材建造而成的。周穆王艳羡不已，想着自己就算一直住在这里几十年也不会想念自己的国家。幻化人又邀请周穆王到别的地方游览，几乎所有的地方都悬在半空中，抬头看不见日月星辰，低头看不见湖泊海洋。光影投射到的地方，让人感觉头晕目眩。身边响起的声音，让人双耳就快要失聪了。周穆王眼睛和耳朵好像都失去作用了，什么都感觉不到，只感觉浑身瑟瑟发抖，骨头和关节都直打寒颤。灵魂就好像出窍了一样，不知往何处安放。周穆王实在受不了了，请求幻化人带自己回去。幻化人欣然同意，并挪动他的身躯，周穆王只觉得自己像陨石一样从空中掉落下来，又回到了自己原来的宫殿。

周穆王恢复意识以后，观察自己所处的位置，还是以前所呆过的地方。服侍自己的人还是以前那些人。再看向前面的桌面，依然摆的是原来没有喝完的酒，饭菜都还是热着。周穆王奇怪地问大家：“你们是怎么来到这里的？”大家面带疑惑地说：“大王一直都在这里啊，只是刚刚小睡了一会儿而已。”自此以后，周穆王的神志开始模糊，直到三个月以后才恢复正常。这时他找到幻化人，问他怎么回事。幻化人回答他说："我带您一起游览，其实只是你的精神跟随着我一起去了而已，您的形体一直在这里，是不曾离开过的。而且，您在天上所见的宫殿，和您的宫殿是一样的。您所观赏到的奇妙景观，也是您自己的御花园而已。这些本来就是您本身所拥有的东西，只是您一时健忘而已。世间的事物变化起来是非常复杂的，这么短的时间，我怎么可能将它们全部演示一遍呢？"

周穆王听到幻化人这样说，心里非常高兴。于是开始放纵自己，及时行乐，不再关心国家大事，也不与妃嫔寻欢作乐，而是纵横四海，好不快乐。他坐在由八匹马拉着的马车上，马车右边是红色的马，左边是绿色的马。右边的马名叫赤骥，左边的马叫白羲。周穆王坐在马车上，车夫是擅长赶车的造父，泰丙一旁做协助。后面随从的车辆也非常豪华，右边中间两匹马叫渠黄，左边中间两匹马叫逾轮。左边最边上的马叫盗骊，右边的马叫山子。柏夭坐在后面的车上，赶车人是参百，协助人是奔戎。他们一起走了上千里路，一行人来到巨蒐国。巨蒐国的人非常热情好客，他们拿出白天鹅的血液给周穆王喝，拿出牛羊的奶汁给周穆王洗脚。不管是主车的人，还是副车的人都享受到了这种至高无上的待遇。他们吃完喝完以后，又继续赶路了。他们晚上来到了昆仑山，就借宿在昆仑山的山坳里，也就是赤水河的北边。第二天他们登上昆仑山山顶，游览黄帝所住的宫殿，他们兴奋之余，还在这里堆起土石，向后人昭示他们曾经到此来过。之后他们又来到西王母处游览，众人一起在瑶池上开怀畅饮。西王母还为周穆王吟诗作对，哼唱欢快的歌谣，周穆王情不自禁也跟着一起哼，曲调哀怨。又一同观赏了夕阳西下的壮景，这一天他们总共走了一万多里路。周穆王长叹一声，说："我虽然道德品质不算高尚，可是每天极尽享乐之事，后人将历数我的罪过啊！"周穆王过的这种日子快赶上神仙了呢！一生中可以游玩的地方都被他玩尽了。周穆王一直活了一百多岁才死了，不知道的人们还以为他得道成仙了呢！

【原文】

老成子[①]学幻于尹文先生，三年不告。老成子请其过而求退。尹文先生揖而进之于室。屏左右而与之言曰："昔老聃之徂[②]西也，顾而告予曰：'有生之气，有形之状，尽幻也。造化之所始，阴阳之所变者，谓之生，谓之死。穷数达变，因形移易者，谓之化，谓之幻。造物者其巧妙，其功深，固难穷难终。因形者其巧显，其功浅，故随起随灭。’知幻化之不异生死也，始可与学幻矣。吾与汝亦幻也，奚须学哉？”老成子归，用尹文先生之言深思三月，遂能存亡自在，憣校③四时，冬起雷，夏造冰。飞者走，走者飞。终身不箸其术，故世莫传焉。子列子曰：“善为化者，其道密庸④，其功同人。五帝之德，三王之功，未必尽智勇之力，或由化而成。孰测之哉？”

【注释】

①老成子：传说中的寓言中的主角。

②徂（cú）：去，到。

③憣：通“翻”。校：通“交”。

④密庸：暗中显功效。庸：通“用”。

【译文】

老成子拜尹文先生为师学习幻化之术，学了三年，尹文先生并没有向他传授任何秘诀。老成子很迷惑，于是他问尹文先生自己做错了什么事情，并提出不想学习了，要回家。尹文先生听说过后，示意老成子让身边的人下去，等到只有他们两个人时，他说：“老聃在逝去前曾经跟我说过，只要有生机的物体就有气息，有气息的物体就会有生命，但是这些东西却都是虚空的。天地万物周而复始地变化，阴阳两极的变化就是一个生死循环。万事万物的气数随着外形的变化而变化，这就是幻化的过程。世间万物的变化过程，这其中的奥妙，影响之深远，是难以说清楚，述说完全的。通过形状的变化来展示你幻化的功力，这种外在的功力展示很容易弥散。幻化之术与生命本身并没有本质区别，学习幻化之术才是事情的开端。我和你本身都已经处于幻化的精妙之中，为什么还要潜心学习幻化呢？”老成子听罢先生一席话后，径直回了家，并将自己关在屋里认真思考了三个月。在这三个月中，他掌握了事物的存亡规律，可以自如改变一年四季的运转规律。让冬天打雷，夏天结冰。只会飞的生物，他可以让它跑起来。只会跑的生物，他可以让它自由飞翔。老成子掌握这门技术以后，一生不向外人传授他的幻术，所以他的幻术也没有被外人所知晓。列子说：“擅长幻化的人，他的道术是在暗中发挥作用，他的功力高深而且与众不同。五帝的美德、三王的功业并不一定完全建立在智慧和勇敢的基础上，也可能是建立在幻化的基础上。谁能深层次的探究出其中地根本原因呢？”

【原文】

觉有八征①，梦有六候②。奚谓八征？一曰故，二曰为，三曰得，四曰丧，五曰哀，六曰乐，七曰生，八曰死。此者八征，形所接也。奚谓六候？一曰正梦，二曰蘁③梦，三曰思梦，四曰寤梦，五曰喜梦，六曰惧梦。此六者，神所交也。不识感变之所起者，事至则惑其所由然，识感变之所起者，事至则知其所由然。知其所由然，则无所怛。一体之盈虚消息，皆通于天地，应于物类。故阴气壮，则梦涉大水而恐惧；阳气壮，则梦涉大火而燔爇④；阴阳俱壮，则梦生杀。甚饱则梦与，甚饥则梦取。是以以浮虚为疾者，则梦扬；以沈实为疾者，则梦溺。藉带而寝则梦蛇，飞鸟衔发则梦飞。将阴梦火，将疾梦食。梦饮酒者忧，梦歌舞者哭。子列子曰：“神遇为梦，形接为事。故昼想夜梦，神形所遇。故神凝者想梦自消。信觉不语，信梦不达；物化之往来者也。古之真人⑤，其觉自忘，其寝不梦；几虚语哉？”

【注释】

①觉：睡觉刚醒的时候。征，预兆。

②候：症状。

③蘁：通“恶”。

④燔爇（fán ruò）：靠近火源的地方，感到炙热、炎热。

⑤真人：羽化成仙的人。

【译文】

人睡觉时往往有八种表现，做梦有六种症状。八种表现分别是：一是做旧事，二是做新事，三是有所得，四是有所失，五是悲哀，六是喜悦，七是新生，八是死亡。这八种表现都是外物同自己的形体紧密相联所产生的后果。睡觉时做梦有六种表现，分别是：一是因为日常生活而做梦，二是惊吓过度而做梦，三是思念成疾而做梦，四是因言语而致梦，五是因为愉悦而做梦，六是因为害怕而做梦。这六种表现是外物同自己的精神直接联系的结果。不理解人的情感变化如何发生，一旦事情发生，事情的前因后果就弄不清楚了。如果理解人的情感变化的产生过程，一旦事情发生，它的前因后果就清楚了，这样你也会面露惊诧了。不同的个体体质，就算是同一个人的体质，在不同的时间段，它可能也表现不同。可能虚弱，也可能强劲。而且他的变化与天地间都息息相关，和大自然里应外和。这就是为什么阴盛阳衰的人，如果梦到身陷大水中会惊恐万分。而阳盛阴衰的人，如果梦到大火会退避三舍。阴阳均衡的人，有可能会梦到打架斗殴。如果你吃得过多，会梦到送别人东西。如果饥饿，会梦到强夺别人的东西。因为身体虚弱而愁容满面的，会做飞翔的梦。因为疾病浸入身体而忧愁的，会做溺水的梦。如果枕着衣带睡觉会梦到蛇，睡觉时被飞鸟衔着头发会梦见飞翔。天气一天天转冷会在梦境里梦到火，人快要生病时会梦见吃。喝酒的人梦中会眉头紧锁，跳舞唱歌的人梦中会啜泣不停。列子说：“人的精神与外界事物发生接触就会做梦，身体与外界事物发生接触而产生幻觉。所以，日有所思，夜有所想。一个人白天有什么想法，晚上就会做什么样的梦。精神非常专注的人，要做到形神合一，那么就不会再做梦了。所以，清醒的人你无需多说什么话，他们是不会梦境连篇的。这是人与天地万物之间相互接触，相互作用的一种客观性，主观上是少不了的。古代羽化成仙的人，睡着醒来时往往连自己都能忘记，睡觉时不会梦境连绵，难道这是谣言吗？”

【原文】

西极之南隅有国焉。不知境界之所接，名古莽[1]之国。阴阳之气所不交，故寒暑亡辨；日月之光所不照，故昼夜亡辨。其民不食不衣而多眠。五旬一觉，以梦中所为者实，觉之所见者妄。四海之齐谓中央之国，跨河南北，越岱东西，万有余里。其阴阳之审度，故一寒一暑；昏明之分察，故一昼一夜。其民有智有愚。万物滋殖，才艺多方。有君臣相临，礼法相持。其所云为，不可称计。一觉一寐，以为觉之所为者实，梦之所见者妄。

东极之北隅有国曰阜落[2]之国。其土气常燠[3]，日月余光之照。其土不生嘉苗。其民食草根木实，不知火食，性刚悍，彊弱相藉，贵胜而不尚义；多驰步，少休息，常觉而不眠。

【注释】

①古莽：古代国名。

②阜落：国名，发音类似于“部落”。

③燠（yù）：暖和。当为“寒”之误。

【译文】

在很远的西南方向有一个国家，外人不知道它的疆土面积有多大，也不知道它毗邻哪个国家，据说叫古莽国。这个国家阴阳并不相传承，没有春夏秋冬之分，冷、热都反应不明显。又加上太阳和月亮的光芒都投射不到这来，所以这里也没有白天、黑夜之分。这里的老百姓不吃饭，不穿衣。整天以睡觉为主，平均五十天醒一次。将梦境当成真实，将现实生活中的东西看成是虚幻的。在四海之中，有个叫中央大国的国家，它横跨黄河南北，纵贯泰山东西，面积有一万多里。这里阴阳二气相汇聚，呈现不同的节气，而且冷热表现明显，白天、黑夜也轮番交替。老百姓有智慧的，也有愚钝的。万事万物不断繁殖生长，人们大都能歌善舞，才艺众多，也有很多提高生产力的办法。社会组织完整，上有君王和大臣来维持秩序，中间有礼义、道德来维护人们之间关系。他们白天出来工作，晚上回去睡觉，醒着时所做的事情作为真实的存在，将梦中的行为看成是虚空。

在最远的东北方向有个叫阜落国的国家。这里的气候常年寒冷，太阳和月亮的光芒只能投射到很小的面积。这里不生长农作物，老百姓普遍以草根果实为生。他们不知道将食物进行加工后来食用，比如火烧或煮。他们的性情暴戾，身强体壮，这里的习俗是以大欺小，以强欺弱。这里强调力气大的人最优秀，不讲究什么仁义道德。他们平时做的最多的一件事情就是奔跑，休息和睡眠对于他们来说只是偶尔发生的事情。

【原文】

周[①]之尹氏大治产，其下趣役者侵[②]晨昏而弗息。有老役夫筋力竭矣，而使之弥勤[③]。昼则呻呼而即事，夜则昏惫而熟寐。精神荒散，昔昔[④]梦为国君。居人民之上，总一国之事。游燕[⑤]宫观，恣[⑥]意所欲，其乐无比。觉则复役。人有慰喻其懃[⑦]者。役夫曰：“人生百年，昼夜各分。吾昼为仆虏，苦则苦矣；夜为人君，其乐无比。何所怨哉？”尹氏心营世事，虑钟家业[8]，心形俱疲，夜亦昏惫而寐。昔昔梦为人仆，趋走作役，无不为也；数骂杖挞，无不至也。眠中啽呓[9]呻呼，彻旦息焉。尹氏病之，以访其友。友曰："若位足荣身，资财有余，胜人远矣。夜梦为仆，苦逸之复，数之常也。若欲觉梦兼之，岂可得邪？"尹氏闻其友言，宽其役夫之程，减己思虑之事，疾并少间。

【注释】

①周：周国。

②趣役者：在尹氏家做工的人，役夫。侵：靠近。

③弥勤：更加劳累，辛苦。

④昔昔：天天晚上。

⑤燕：通"宴"。

⑥恣：放任，无拘无束。

⑦懃：通"勤"，勤勤恳恳。

⑧虑钟：每天都要考虑如何管理家业。钟：聚。

⑨啽呓：梦境中说话的声音。

【译文】

周国有个姓尹的人，他每天都在考虑如何才能打理好家业，连带为他做工的人也一天忙到晚，不能休息。这中间有一个老头每天都非常辛苦，可是主人却丝毫不放过他，每天还让他干更多的活。所以他经常累得一边干活一边叹气，到了晚上累得没有力气，一躺到床上就睡着了。由于精神上的巨大压力，他在晚上梦见自己当上了一国之君，位居万人之上，每天处理一国的大事。没事时经常游览宫殿的各处风景，吃的是美味佳肴。每天尽情放纵自己，享乐无限。等到他做梦醒来后又继续做苦工。有人感叹他过的穷苦生活，可是这位老人却说："人在世短短百年，白天和黑夜各为一半。白天我做苦工，每天累得筋疲力尽。到了晚上我在梦里当上了国君，那种感觉痛快无比。我又有什么可以怨怼的呢？"尹氏将所有的心思都花在打理家业上面，一天到晚疲惫不堪，身体和心灵都受到了巨大的摧残。晚上也梦见给别人做苦工，干着最脏、最累的活，而且还要被别人骂，有时还要被别人打。所有给别人做苦工的滋味，他都体验过，经常还梦话不断，痛苦呻吟，直到天亮才停止。尹氏非常忧愁，于是专门去咨询他的朋友。朋友听了他的倾诉后对他说："你之所以享有荣耀是因为你的地位，而且你的财富也比一般人多得多，你在很多方面都已经超过了所有人，为什么还要孜孜不倦地追求呢？至于你所说的在梦中给别人做苦工，那是快乐和痛苦在周而复始地循环，这是自然运行的规律，谁都改变不了。如果你想在睡着时和醒着时都能享受人间欢乐，那怎么可能呢？"尹氏听完朋友的话，豁然开朗，心里打定了主意。回去以后，他马上减轻了役夫们的劳动强度，也不再像以前一样，每天忧心忡忡于家业。他晚上做梦的恶习也逐渐消失了。

【原文】

郑人有薪于野者，偶骇鹿，御[①]而击之，毙之。恐人见之也，遽而藏诸隍[②]中，覆之以蕉，不胜其喜。俄而遗其所藏之处，遂以为梦焉。顺涂而咏其事。傍人有闻者，用其言而取之。既归，告其室人曰："向薪者梦得鹿而不知其处，吾今得之，彼直真梦矣。"室人曰："若将是梦见薪者之得鹿邪？讵[③]有薪者邪？今真得鹿，是若之梦真邪？"夫曰："吾据得鹿，何用知彼梦我梦邪？"薪者之归，不厌[④]失鹿。其夜真梦藏之之处，又梦得之之主。爽旦，案所梦而寻得之。遂讼而争之，归之士师。士师曰："若初真得鹿，妄谓之梦；真梦得鹿，妄谓之实。彼真取若鹿，而与若争鹿。室人又谓梦仞人鹿，无人得鹿。今据有此鹿，请二分之。"以闻郑君。郑君曰："嘻！士师将复梦分人鹿乎？"访之国相。国相曰："梦与不梦，臣所不能辨也。欲辨觉梦，唯黄帝孔丘。今亡黄帝孔丘，孰辨之哉？且恂[⑤]士师之言可也。"

【注释】

①御：迎面，当面。

②藏诸隍：藏在隍中。隍：干沟，没有水。

③讵：同"岂"。

④不厌：不甘心，不满足。

⑤恂：相信。

【译文】

有个郑国人一天到山上打柴，迎面看到一只惊吓过度的鹿向他跑过来。他一棒将它打死了。怕被别人发现，惊慌之余，将它埋在了一个没有水的沟里，上面还盖上柴草。他高兴极了，可是不一会儿，他却忘记把鹿藏在哪儿了，就以为刚才是做了个梦而已。路上他一边走，一边嘴里不停地念叨，不巧被和他擦身而过的人听到了。那人根据他说的地址，很容易就找到了被他埋的那只鹿，并将它带回了家。回到家，他对自己的妻子说："刚刚我在路上遇到一个打柴的人，他梦见自己得到了一只鹿，可是却不知道放在什么地方了。而现在我却从现实生活中得到了这只鹿，由此可见这个打柴的人所做的梦是真实的。"他的妻子听完后说："你梦见打柴的人得到了一只鹿，那么这个打柴的人是真实的吗？而现在却是你得到了鹿，由此可见你的梦才是真实的。"丈夫大大咧咧地说："嗨，既然已经得到了鹿，又何必管谁的梦是真实的呢？"而那个打柴的人回家以后，发现鹿没有了，心里总是不舒服。这天晚上，他又做了一个梦，梦里出现了他埋鹿的地方，而且还有意外得到鹿的那个人和他所住的地方。第二天一早，他就按照梦里所出现的场景去找那个人。真如梦里出现的那样，他找到了。二人争论不休，都觉得鹿该归自己所有。于是二人决定到官府请法官裁决。法官听完他们的陈述后说："如果当时你确实得到了鹿，那么你的梦就不是真实的。但如果你是梦中得到了鹿，那么你现实生活中得到鹿的事实就是假的。那么无论是前面的假设还是后面的如果都是不正确的。这个人确实拿走了你埋的鹿，而你却和他争着抢着要拿回这只鹿，他妻子又说他是在梦境中认出了人和鹿。那么就证明谁也没有得到鹿。这样吧，这头鹿你们就各取一半带回家吧。"这件事被郑国的国君知道以后，郑国的国君说："真是可笑！法官尚处在梦境中，怎么公平地给别人裁决鹿的归属呢？"于是他去征求国相的意见，国相说："不管是不是在梦中，这个我也无法分辨清楚。世界上能清晰划出梦和现实界限的，恐怕只有黄帝和孔丘二人吧。而现在他们已经过世许久，那么还有谁能真正分清呢？依我看，就暂时相信法官的裁决吧！"

【原文】

宋阳里华子中年病忘[①]，朝取而夕忘，夕与而朝忘；在涂则忘行，

在室则忘坐；今不识先，后不识今[②]。阖室毒之[③]。谒[④]史而卜之，弗占；谒巫而祷之，弗禁；谒医而攻之，弗已[⑤]。

鲁有儒生自媒[⑥]能治之，华子之妻子以居产之半请其方。儒生曰："此固非卦兆[⑦]之所占，非祈请之所祷，非药石之所攻。吾试化其心，变其虑，庶几其瘳乎！"于是试露之，而求衣；饥之，而求食；幽之，而求明。儒生欣然告其子曰："疾可已也。然吾之方密，传世不以告人。试屏左右，独与居室七日。"从之。莫知其所施为也，而积年之疾一朝都除。

华子既悟[⑧]，乃大怒，黜[⑨]妻罚子，操戈逐儒生。宋人执而问其以[⑩]。华子曰："曩吾忘也，荡荡然不觉天地之有无。今顿识既往，数十年来存亡、得失、哀乐、好恶，扰扰万绪起矣。吾恐将来之存亡、得失、哀乐、好恶之乱吾心如此也，须臾之忘，可复得乎？"子贡闻而怪之，以告孔子。孔子曰："此非汝所及乎！"顾谓颜回纪之。

【注释】

①宋：宋国。阳里：古时宋国的地名。华子：人名。病忘：得了健忘的病。病，得病。

②今不识先，后不识今："今不识光"即"不识今先"，此句属错位，后面的"后不识今"即"不识后今"。两句连一起，意思为分不清先后、分不清古今。

③阖室：全家。毒之：以华子的病为毒。意思是华子的病使全家人深受毒害。

④谒：请。

⑤弗已：治不好。

⑥自媒：意通"自荐"。

⑦卦兆：卜卦征兆。

⑧悟：醒悟过来，清醒的意思。

⑨黜：罢黜，此处为休妻。

⑩以：缘由，原因。

【译文】

在宋国的阳里有个人叫华子，中年时得了严重的健忘症。早上拿的东西晚上就忘记了，晚上给他的东西他第二天一早就忘记了；走在路上会忘记要去哪里，在室内站着就会忘记坐下；分不清事情发生的前后，忘记了古今的历史。全家人都因为他的病而深受折磨。请算命先生为他卜卦，占卜的结果却没有用；请有神通的巫医来驱邪祈福，却没有作用；请有名的医生来给他诊治，也治不好他的病。鲁国的一个先生自我推荐说有办法能治好华子的病，于是华子的妻子和儿子拿出家里一半的财产祈求这位先生的药方。先生说道："这种病不是通过卜卦可以占卜好的，不是依靠祭拜祈祷可以求得安康的，也不是寻常药物可以治疗的。我会试着从心理方面控制他，改变他的思绪，从而改变他的行为，治好他的病。"于是先生故意不给他穿衣，让他因感觉冷而自己寻衣服；故意不给他饭吃，让他因感觉饿而自己去找食物；故意带他到黑暗不见五指的房屋，让他自觉去寻找光亮。如此实验完毕，先生很高兴地告诉华子的儿子说："华子的病是可以治好的。但是我的医治方法是个秘密，只传给自己的子孙而不能告诉其他人。你去将这个房间的四周都隔绝起来，我与你父亲单独在这个房间待上七日即可。"华子的儿子便按照先生所说的去做。没有人知道先生到底使用的什么治疗方法，华子的病竟然在这几天过后真的完全治好了。

华子神智清醒之后，非常生气，休掉妻子，责罚儿子，拿起矛追着先生打，于是宋人将华子抓住问他为什么这么做。华子答道："我以前得健忘症的时候，整日脑袋里空空的，什么都没有，甚至感觉不到天地的存在，更别说什么烦恼了。可是现在呢？我突然恢复了这数十年的记忆，过往的生死存亡、利益得失、喜怒哀乐、喜好厌恶，统统都来烦扰着我，让我不得安宁，心绪烦躁。我怕将来的日子里还会生出生死存亡、利益得失、喜怒哀乐、喜好厌恶的事情来扰乱折磨我的心，我以前得的健忘症，现在还能再得吗？"子贡听说了这件事情后感觉这人非常奇怪，于是把这件事告诉了师父孔子。孔子说："以你现在的阅历是理解不了华子的心情的。"然后回头让学生颜回把这件事记录下来。

【原文】

秦人逄[①]氏有子，少而惠，及壮而有迷罔之疾[②]。闻歌以为哭，视白以为黑，飨香以为朽[③]，尝甘以为苦，行非以为是：意之所之，天地、四方，水火、寒暑，无不倒错者焉。杨氏告其父曰：“鲁之君子多术艺，将能已乎？汝奚不访焉？”其父之鲁，过陈，遇老聃，因告其子之证[④]。老聃曰：“汝庸知汝子之迷乎？今天下之人皆惑于是非，昏于利害。同疾者多，固莫有觉者。且一身之迷不足倾[⑤]一家，一家之迷不足倾一乡，一乡之迷不足倾一国，一国之迷不足倾天下。天下尽迷，孰倾之哉？向使天下之人其心尽如汝子，汝则反迷矣。哀乐、声色、臭味、是非，孰能正之？且吾之此言未必非迷，而况鲁之君子迷之邮[⑥]者，焉能解人之迷哉？荣[⑦]汝之粮，不若遄[⑧]归也。”

【注释】

①逢：姓氏的一种。

②迷罔之疾：一种神经失常、神志不清的病症。

③飨：宴请人来享用。这里用来指邀请客人。朽：通“臭”。

④证：通“症”。

⑤倾：歪倒，倾斜。

⑥邮：通“尤”，特别，尤其。

⑦荣：扔掉。

⑧遄：快，迅速。形容时间非常紧迫。

【译文】

秦国人逢氏有个儿子，小时候聪慧异常，可是长大后却与常人有异。别人听唱歌都非常高兴，只有他泪流满面。大家都认为是白色的物体，他却固执地说是黑色的。人们吃香喷喷的食物，他却觉得腥臭。大家喝着甘甜的水，他却觉得是苦涩的。大家认为他做了错事，他却偏执地认为自己做得是对的。只要他思想所及的地方，无论是天上还是地下，是周边还是遥远的地方，是五行，还是一年四季寒暑交替，在他看来没有一样不是顺序颠倒的。看到这种情况，他父亲的一个姓杨的朋友跟他说：“听说鲁国人才艺双全，其中肯定不乏医术高超的医生，兴许他们能帮你治好你儿子的病，你为何不去拜访一下呢？”

他的父亲听从了朋友的建议，决定到鲁国去寻访名医。中途经过陈国，碰到了老子李耳。二人聊天中，他和盘托出了儿子的病情。李耳听后说：“你有什么好哀叹的呢？你的儿子，他只是思想跟别人不一样，你怎么可以说你的儿子精神错乱呢？依我看，今时今日，天底下的人往往是非观念模糊，利欲熏心，已经不知道哪是对的，哪是错的了。他一个人神志不清，不代表一家人都是这样。就算一家人都是这样，也不足以会传染到一个乡里的人都这样。就算全乡的人都神志不清，也不可能影响到一个国家。就算全国的人都精神错乱，也不会影响到整个天下的大局。如果全天下人都神经失常了，那么谁来指引一条光明大道呢？如果全天下的思想都和你的儿子一样，那么现在精神错乱的人难道不是你吗？痛苦和欢乐，颜色声音，味道，是非观念，这些就没有人能分得清楚了。现在我说的这些话难免就不是神经失常之语。鲁国那些君子，很可能就是精神错乱中最失常的人，他们又怎么能治好别人的神经失常症状呢？我劝告你还是赶紧带上你的干粮，趁早回家去吧！”

【原文】

燕人生于燕，长于楚，及老而还本国。过晋国，同行者诳之；指城曰：“此燕国之城。”其人愀然①变容。指社②曰：“此若里之社。”乃喟然而叹。指舍曰：“此若先人之庐。”乃涓③然而泣。指垅④曰：“此若先人之冢。”其人哭不自禁。同行者哑然大笑，曰：“予昔绐⑤若，此晋国耳。”其人大惭。及至燕，真见燕国之城社，真见先人之庐冢，悲心更微。

【注释】

①愀（qiǎo）然：悲伤严肃的样子。

②社：土地庙。

③涓：细流。

④垅：同“垄”，隆起的土堆，这里是坟墓的意思。

⑤绐：糊弄，欺骗。

【译文】

从前有个燕国人，生在燕国，成长在楚国，老了之后想返回自己的故乡去生活。路过晋国的时候，一起行走的同伴知道他从没见过燕国的样子，于是便骗他，指着晋国的一个城邑开玩笑道：“看，这个城邑就是燕国的，我们到燕国了。”燕国人一听脸色立刻变了，一副悲伤严肃的样子。同伴又指着城里的一座寺庙说道：“这座寺庙就是你们乡里的。”燕国人脸上的悲伤更甚，不禁深深地叹气。过会儿同伴又指着一间茅屋说道：“这就是你的先人住过的地方。”燕国人的眼泪顺着脸颊流了出来。同伴又指着一个土堆说道：“这就是你的先人的坟冢。”燕国人不禁大声哭了出来。他的同伴看到燕国人嚎啕大哭的样子不禁笑道：“刚刚都是骗你的，这里是晋国，燕国还没到呢。”燕国人大感羞愧，心中不是滋味。到了燕国之后，真正见到了燕国的城邑和寺庙，真正见到了先人的茅屋和坟冢，燕国人却没有先前那么悲伤了。

仲尼篇

【原文】

仲尼闲居，子贡入侍，而有忧色。子贡不敢问，出告颜回。颜回援琴而歌。孔子闻之，果召回入，问曰："若奚独乐？"回曰："夫子奚独忧？"孔子曰："先言尔志。"曰："吾昔闻之夫子曰：'乐天知命[1]故不忧'，回所以乐也。"孔子愀然有间[2]曰："有是言哉？汝之意失矣。此吾昔日之言尔，请以今言为正也。汝徒知乐天知命之无忧，未知乐天知命有忧之大也。今告若其实：修一身，任穷达[3]，知去来之非我，亡变乱于心虑，尔之所谓乐天知命之无忧也。曩吾修《诗》、《书》[4]，正《礼》、《乐》[5]，将以治天下，遗来世；非但修一身，治鲁国而已。而鲁之君臣日失其序[6]，仁义益衰，情性益薄。此道不行一国与当年，其如天下与来世矣？吾始知《诗》、《书》、《礼》、《乐》无救于治乱，而未知所以革之之方。此乐天知命者之所忧。虽然，吾得之矣。夫乐而知者，非古人之所谓乐知也。无乐无知，是真乐真知；故无所不乐，无所不知，无所不忧，无所不为。《诗》、《书》、《礼》、《乐》，何弃之有？革之何为？”颜回北面拜手[⑦]曰：“回亦得之矣。”出告子贡。子贡茫然自失。归家淫思七日，不寝不食，以至骨立[⑧]。颜回重往喻之，乃反丘门，弦歌诵书，终身不辍。

【注释】

①乐天知命：愉悦地听从上天的安排，明白自己的命运。最早出自于《易•系辞上》：“乐天知命，故不忧。”这种人生观是消极的，唯上天之命是从。

②愀（qiǎo）然：忧心忡忡的样子。有间（jiàn）：片刻工夫。

③任穷达：在世间随意而安，或穷苦潦倒，或飞黄腾达。

④《诗》：原称《诗经》，传说是由孔子编写而成，是儒家的代表作之一，形成于春秋时期，一共有305篇。是中国历史上最早的诗歌总集。《书》：原名《尚书》，也是儒家的代表作，相传由孔子编写而成，汇集了中国上古时期的历史文献以及一部分古代的事迹、著作。

⑤《礼》：原名《周礼》，制作人周公，修订人孔子。儒家的代表作之一。目的在于保持封建社会严格的等级制度和宗法关系，树立全社会的道德规范和标准。《乐》：原名《乐经》，是乐理方面的著名作品，儒家的代表作之一。现已失传。编制目的在于感化人们的心灵，让人们恬淡安然。

⑥序：君臣、长幼之间严格的尊卑等级。

⑦北面拜手：在古代，老师坐北朝南，学生向老师敬礼，就面向北方叩拜。拜手，意为双膝跪地，双手抱拳，将头低至手的位置，和心脏的位置保持平齐，但也不至于低至地上。也叫“空首”，古代男子向尊敬的人常行这种礼。

⑧骨立：说明一个人瘦到极致。

【译文】

孔子一个人坐在屋里，他的弟子子贡觉得老师太孤单了，便进去陪他。可进去之后看老师神态不好，满面愁容的样子，唯恐他有什么烦心事，不敢打扰，便退了出来，把此事告诉了颜回。颜回听后二话没说，便拿来琴，一边抚琴弹奏，一边高声唱歌。孔子也听到了他的歌声，便召唤他进去，问他："你因何事这么快乐？"颜回反问道："那先生是因为什么而闷闷不乐呢？"孔子说："你先别问我，你先说说你吧！"颜回回答道："那是因为原来先生曾经教导我们说，乐天知命所以不知烦恼为何物，这就是我如今快乐的源泉所在。"孔子听后勃然大怒，平息了一会儿才说："我曾经说过这样的话吗？那是因为你的理解太偏激了。那只是我原来的观点而已，现在看来我有必要进行补充一下。你只知其一，不知其二。你只知道乐于接受上天的安排就可以安于现状，不再烦恼。可是你却不知道另外一方面，乐天知命依然会有忧愁的一面。如今我就告诉你问题的实质所在。修身养性，不管是身处困境还是平步青云，明白人生的变化无常都不能由自身来决定，抛却心中的一切烦恼，这就是你所理解的乐天知命没有忧愁。之前我所编纂《诗》《书》、修订的《礼》《乐》，本来我是准备用它来治国，流芳百世。我所要的并不只是个人的修身养性，治理一个鲁国而已。但现在看来，鲁国的君臣并不严格遵守本身的等级秩序，仁义在慢慢衰退，人与人之间的感情越来越淡薄。我所主张的政治方针在我活着的时候尚且不能在一个国家实行，更别提在我死后福泽于天下了！所以，我现在明白了《诗》《书》《礼》《乐》对于治理乱世并没有作用，但是我又不知道如何改变，所以在知天命的同时，我也会忧愁。但是现在好啦，我已经知道如何改变了。现在我所理解的乐天知命，并不是像古人所说的乐与知。只有不盲目快乐、无知，才能真的快乐无忧愁，所以我们能什么都知晓，没有什么忧愁的。如果可以做到这一步，《诗》《书》《礼》《乐》就没必要抛弃、改变了。"颜回面北对孔子施礼说："我也明白了。"他从屋子里退出来后将孔子的原话告诉子贡，子贡一副茫然无知的样子，于是他回家闭门思考了七天，废寝忘食，以至于形销骨立。颜回听说后又去向他重新解释，他才返回到孔子门下。自此以后，每日弹琴唱歌，诵读诗书，一生都如此。

【原文】

陈大夫聘①鲁，私见叔孙氏②。叔孙氏曰："吾国有圣人。"曰："非孔丘邪？"曰："是也。""何以知其圣乎？"叔孙氏曰："吾常闻之颜回曰：'孔丘能废心而用形。'"陈大夫曰："吾国亦有圣人，子弗知乎？”曰：“圣人孰谓？”曰：“老聃之弟子有亢仓子[3]者，得聃之道，能以耳视而目听。”鲁侯闻之大惊，使上卿厚礼而致之。亢仓子应聘而至。鲁侯卑辞请问之。亢仓子曰：“传之者妄。我能视听不用耳目，不能易耳目之用。”鲁侯曰：“此增异矣。其道[4]奈何？寡人终愿[5]闻之。”亢仓子曰：“我体合于心，心合于气，气合于神，神合于无。其有介[6]然之有，唯[7]然之音，虽远在八荒之外，近在眉睫之内，来干我者，我必知之。乃不知是我七孔四支之所觉，心腹六藏[8]之知，其自知而已矣。”

鲁侯大悦。他日以告仲尼，仲尼笑而不答。

【注释】

①聘：古代各国之间的使者访问。

②叔孙氏：鲁国的一个贵族姓氏。春秋后期，鲁国政权被季孙氏所夺，王室被三分天下，分别是季孙氏、孟孙氏、叔孙氏。

③亢仓子：人名。又称“庚桑楚”、“亢桑子”。据说他是老子的得意门生。有一种说法他是楚国人，也有人说他是吴国人。现在在江苏宜兴东南还存有庚桑洞，传说这是亢仓子早年所居住的地方。现存的《亢桑子》有两卷，但实际上是后人编纂的，该书的基本思想为道家思想。

④道：指亢仓子看东西听东西不用眼睛和耳朵的奥妙。

⑤终愿：非常希望。

⑥介：即“芥”，细小如微的样子。

⑦唯（wěi）：意即应答，在这里指非常细微的声音。

⑧六藏（zàng）：也就是“六脏”的意思。藏，同“脏”。

【译文】

陈国的大夫到鲁国访问，私底下去拜见了叔孙氏。叔孙氏对他说：“我们国家有个圣人。”陈国大夫满不在乎地说：“你说的不就是孔丘吗？”叔孙氏说：“是呀！”陈国大夫质疑道：“凭什么他就是圣贤人物呢？”叔孙氏为他解疑道：“我经常听颜回说：‘孔丘待人接物完全不用考虑，行为上可见一斑。’”陈国大夫说：“我们国家也有圣人，您不知道吧！”叔孙氏问：“你所说的圣人是谁？”陈国大夫说：“老聃有一个叫亢仓子的弟子，他学会了老聃的道术。他可以用耳朵看，用眼睛听。”鲁侯听闻此事后，大感惊奇，派上卿备上厚礼前去陈国邀请亢仓子前来做客。亢仓子受到邀请来到鲁国，鲁侯态度谦恭地向他请教。亢仓子说：“其实我并没有传说中的那么神奇，他们只是以讹传讹而已。我虽然可以看东西听东西不用眼睛和耳朵，可是却不能用眼睛听东西，用耳朵看东西。”鲁侯说：“这就已经非常奇妙了，这是怎么做到的呢？你且说来听一听，我很感兴趣。”亢仓子说：“我的形体都被心智笼罩，元气又覆盖了心智，精神又饱含了元气，虚静又合于精神。即便是像浮尘一样非常细小的东西，只要它发出了非常细微的应答声，就算是远在八荒之外，又或者是近在咫尺，只要是冲我而来，我都能感觉到。其实我自己也不知道是我的五脏六腑感觉到的，还是五官四肢感觉到的，反正我是感觉到了，也不管是从哪个途径知道的。”

鲁侯听说后非常高兴，过了一段时间，他将这件事原原本本地告诉了孔子，孔子听说后，只是微笑了一下，并没有发表任何意见。

【原文】

商太宰[1]见孔子曰：“丘圣者欤？”孔子曰：“圣则丘何敢，然则丘博学多识者也。”商太宰曰：“三王[2]圣者欤？”孔子曰：“三王善任智勇者，圣则丘弗知。”曰：“五帝圣者欤？”孔子曰：“五帝善任仁义者，圣则丘弗知。”曰：“三皇[3]圣者欤？”孔子曰：“三皇善任因时[4]者，圣则丘弗知。”商太宰大骇，曰：“然则孰者为圣？”孔子动容有间，曰：“西方之人，有圣者焉，不治而不乱，不言而自信，不化而自行，荡荡乎民无能名[5]焉。丘疑其为圣。弗知真为圣欤？真不圣欤？”

商太宰嘿然心计[6]曰：“孔丘欺我哉！”

【注释】

①商：历史上称宋国，宋人是商人的后代，传说商人的祖先最早居住在商丘，到了周朝，宋国将商丘作为都城，所以历史上也有将宋称为商的。太宰：古代的一种官名，是君主的辅政大臣，帮助君主处理国家大事。但这里的“商太宰”具体指何人还有待考证。

②三王：这里指的是夏禹、商汤、周文王、周武王。

③三皇：传说中的古代帝王。有多种说法，有指天皇、地皇和秦皇的，也有指伏羲、女娲、神农的，还有指伏羲、神农、共工的，还有指燧人、伏羲、神农的。后者与原始社会的说法相似。

④因时：顺应时势。

⑤名：称呼。

⑥嘿（mò）然心计：心里默默地想。嘿，同“默”。

【译文】

宋太宰看见孔子说：“你是圣人吗？”孔子摆摆手说：“我怎么敢当圣人这个称号，我顶多算是个知识比较渊博的人。”太宰问：“那你说三王当得上圣人这个称呼吗？”孔子说：“我认为三王只能算是个智勇双全的人，至于当不当得上圣人这个称呼我不知道。”太宰又问：“那你觉得五帝是圣人吗？”孔子说：“五帝是个推行仁政的人，他是不是圣人我就不知道了。”太宰不死心，继续问：“那三皇算是圣人吗？”孔子说：“三皇是时势造出来的英雄人物，但他是不是圣人我就不好评价了。”太宰听了非常惊讶，说：“那谁才当得上圣人这个称号呢？”孔子听闻这话后，脸色突然变了，想了一会儿才回答道：“我听说西方有个圣人，他不精心治理国家，国家自然一片太平。不用向人民表衷心，人们自然就爱戴他。不推行教育，而人们自然道德高尚，这种种事迹都多么伟大啊！百姓们根本无法用语言对他歌功颂德。我觉得他应该当得上圣人这个称号。但我不明白的一点就是，他是真的圣人呢，还是根本就不存在？”

宋太宰听了孔子的话后，心中暗自思量，原来孔丘在存心捉弄我。

【原文】

子夏问孔子曰："颜回[1]之为人奚若？"子曰："回之仁贤[2]于丘也。"曰："子贡之为人奚若？"子曰："赐之辨[3]贤于丘也。"曰："子路[4]之为人奚若？"子曰："由之勇贤于丘也。"曰："子张[5]之为人奚若？"子曰："师之庄贤于丘也。"子夏避席而问曰："然则四子者何为事夫子？"曰："居[6]！吾语汝。夫回能仁而不能反[7]，赐能辨而不能讷，由能勇而不能怯[8]，师能庄而不能同[9]。兼四子之有以易吾，吾弗许也。此其所以事吾而不贰也。"

【注释】

①颜回：字子渊，鲁国人。师从孔子，为人仁德且好学。

②贤：更胜于，超过。

③辨：同"辩"，指能言善辩，口才好。

④子路：仲氏，名由，字子路，鲁国人。师从孔子，秉性直爽勇敢，曾任季孙氏的宰，又任卫大夫孔悝的宰，后死于贵族内的争斗。

⑤子张：颛孙氏，名师，字子张。春秋时期陈国人。师从孔子。

⑥居：坐。

⑦反：变通。

⑧怯：胆小。在这里指适时的退让。

⑨同：平易近人，与人随和。

【译文】

子夏问孔子："颜回的为人如何？"孔子回答："颜回比我更加仁爱。"子夏问："子贡的为人如何？"孔子回答："子贡的论辩才能远超于我。"子夏问："子路的为人如何？"孔子回答："子路比我更加勇敢。"子夏又问："子张的为人怎样？"孔子回答："子张谨严庄重我也不及。"子夏站起问道："既然他们的能力都远胜于你，为什么还要拜您为师呢？"孔子说："坐下！听我给你说。颜回虽以仁爱待人却不懂严厉；子贡能言善辩，却不懂应适时保持沉默；子路事事勇敢却不懂适时的退让；子张为人谨严庄重却不够谦同随和。就算是集这四个人的特长一起来交换我，我也不愿意。这就是他们拜我为师而没有外心的原由。”

【原文】

子列子既师壶丘子林，友伯昏瞀人，乃居南郭[①]。从之处者，日数而不及。虽然，子列子亦微[②]焉，朝朝相与辨，无不闻。而与南郭子[③]连墙二十年，不相谒请；相遇于道，目若不相见者。门之徒役[④]以为子列子与南郭子有敌不疑。有自楚来者，问子列子曰：“先生与南郭子奚敌？”子列子曰：“南郭子貌充心虚，耳无闻，目无见，口无言，心无知，形无惕[⑤]。往将奚为？虽然，试与汝偕往。”

阅[⑥]弟子四十人同行。见南郭子，果若欺魄[⑦]焉，而不可与接。顾视子列子，形神不相偶，而不可与群。南郭子俄而指子列子之弟子末行者[⑧]与言，衎衎然若专直而在雄[⑨]者。

子列子之徒骇之。反舍，咸有疑色。子列子曰：“得意者[⑩]无言，进知者亦无言。用无言为言亦言，无知为知亦知。无言与不言，无知与不知，亦言亦知。亦无所不言，亦无所不知；亦无所言，亦无所知。如斯而已。汝奚妄骇哉？”

【注释】

①南郭：位于南面的外城。

②微：精确细微。

③南郭子：南郭是复姓，传说中的隐士。

④徒役：学徒、弟子。

⑤惕：买卖。

⑥阅：筛选。

⑦欺魄：即“颠（qī）丑”，古代向上天祈雨所用的泥人。也称“颠头”，或“魌头”，也传说是古代驱鬼和瘟疫时所用的面具。

⑧末行者：古代是讲究严重的等级秩序的，排在最后的，是新入门的徒弟。

⑨衎衎（kàn）然：耿直的样子。专直：指一心去弄清楚事实。在雄：

指争强好胜。也说“存雄”。在，指占有。雄，是赢的意思。

⑩得意者：了解意图的人。

【译文】

列子尊崇壶丘子林为老师，和伯昏瞀人都做了朋友，一起住在城南外。和他相交的人很多。即便是这样，但由于列子懂得的道术很多，精确细微，可以自如应对，天天和来的人一起谈论，在周围都非常有名。可是，令人疑惑的是，他与南郭子隔墙而居长达二十年，可是两人却从来没有交往。在路上遇到，双方的眼睛好像都没有看见对方一样。他的弟子们猜想，列子一定和南郭子有什么仇恨。一天，从楚国来了个人，他跑去问列子：“先生与南郭子是不是有仇啊？”列子说：“南郭子仪容丰满，内心安静，耳无所闻，眼无所见，口无所言，心无所知，形体无所变易。我去看望他干什么呢？可即使是这样，我还是和你一起去看看吧！”

第二天，列子就精心挑选了四十名随行的弟子。等见到南郭子时，果然和列子所说的一样，他像一尊雕塑一样立在那儿，周围的人根本无法同他交谈。他回头看看列子，让人觉得他的精神和肉体好像是分离的，而别人无法与他相处。过了一会儿，南郭子和列子随行弟子中的最后一位开始说起话来，给人的感觉是相谈甚欢，好像一副渴求真理的样子。

列子的其他弟子都感到非常震惊，回到家后，脸上都露出一副疑惑的神色，觉得南郭子还没有忘记争强好胜之心。列子对他们说道，“真正了解真理的人不会多说什么，不了解真理的人也不需多说什么。用无声作为表示也是说话，用无知作为真理也是有知。但是以不说话作为表示，用无知代表不知道，也是一种说话和有知。所以，他也就没什么可说的，没什么道理可明白的。道理就是这样，你们为什么要觉得大惑不解呢？”

【原文】

子列子学也，三年之后，心不敢念是非，口不敢言利害，始得老商一眄①而已。五年之后，心更念是非，口更言利害，老商始一解颜而笑。七年之后，从②心之所念，更无是非；从口之所言，更无利害。夫子始一引吾③并席而坐。九年之后，横④心之所念，横口之所言，亦不知我之是非利害欤，亦不知彼之是非利害欤，外内进矣。而后眼如耳，耳如鼻，鼻如口，口无不同[5]。心凝形释，骨肉都融；不觉形之所倚，足之所履，心之所念，言之所藏。如斯而已。则理无所隐矣。

【注释】

①眄（miǎn）：斜着眼睛看。

②从（zòng）：音同“纵”，意即放纵，任凭。

③吾：“吾”字为衍生出来的，无意义。

④横（hèng）：肆意的意思。

⑤口无不同：即“无不同”。“口”字是衍生出来的，无意义。

【译文】

列子潜心向学，学习了三年以后，他变得不再像以前一样，对任何事物妄加谈论，心里也不敢思考是非，这时他的先生老商氏只是斜着眼睛看了他一眼。学习了五年以后，他开始侃侃而谈，内心对大是大非也有了自己的见解，这时老商氏才对他笑了笑。过了七年之后，他开始无所顾忌地想，似乎是非观念都开始模糊，嘴里也是一刻不停地说，似乎利害关系已不甚明朗，这时他的先生才和他并肩坐在席子上。过了九年之后，他的心和口更加肆意纵横，不再分辨自身的利害关系，也不了解别人的利害关系。内心了无思虑，就连外物都好像不存在了。从这时开始，他的眼睛能充当耳朵的作用，耳朵能充当鼻子的作用，鼻子的作用像嘴巴一样。这时的他，精神和身体融为一体，身体好像超然物外一样。根本不知道自己心中在想什么，脚下踩的是什么，身体凭什么存活于这个世上，甚至不知道自己都说了些什么。达到这样的境界，任何的道理都无处遁形了。

【原文】

初，子列子好游。壶丘子曰：“御寇好游，游何所好？”列子曰：“游之乐所玩无故[1]。人之游也，观其所见；我之游也，观其所变。游乎游乎！未有能辨其游者。”壶丘子曰：“御寇之游固与人同欤，而[2]曰固与人异欤？凡所见，亦恒见其变。玩彼物之无故，不知我亦无故。务外游，不知务内观[3]。外游者，求备于物；内观者，取足于身。取足于身，游之至也；求备于物，游之不至也。”

于是列子终身不出，自以为不知游。壶丘子曰：“游其至乎！至游者，不知所适；至观者，不知所眂，物物皆游矣，物物皆观矣，是我之所谓游，是我之所谓观也。故曰：游其至矣乎！游其至矣乎！”

【注释】

①故：过去熟悉的事物。

②而：但是，有转折的意思。

③内观：审视自身。

【译文】

列子最早开始学习道理时，喜欢到处跑，欣赏各地的风景。壶丘子有一日问他：“你喜欢游览，那你觉得游览中最快乐的是什么呢？”列子回答说：“游览时，我可以看到各种崭新的事物，这就是游览的快乐。其他人欣赏风景，往往只看到景物的外在，而我游览时，却可以看到景物的变化，这是两种不同的游览境界。”壶丘子说：“你的游览其实和别人都一样，你为什么会觉得和别人不同呢？只要去看，就能看出事物的变化。而你只顾着欣赏事物所发生的变化，却没有意识到自己也是在不断变化的。只顾欣赏外物的变化，不知自身在变化。观赏外物，看到的只是外物的完备。而善于审视自身在变化，才能让自身更加完美。自身修行圆满了，才能称之为最完美的游览。而如果只是依靠外在事物的完备才完善自身，是存在缺憾的游览方式。

列子听闻壶丘子一席教导后，于是这辈子都不再外出游览，因为他认为自己根本还不了解什么才是最完美的游览。壶丘子这时又说了：“其实这就是最完美的游览！明白什么是最完美游览的人，往往不知道自己将去往何处；知道什么才是最深刻游览的人，往往不知道要观赏什么东西为好。任何事物都游览了，欣赏过了，就是我所说的游览，我所说的观赏。所以说这就是最完美的游览啊！这就是最完美的游览啊！”

【原文】

龙叔谓文挚[①]曰："子之术微矣。吾有疾，子能已乎？"文挚曰："唯命所听。然先言子所病之证[②]。"龙叔曰："吾乡誉不以为荣，国毁不以为辱；得而不喜，失而弗忧；视生如死，视富如贫；视人如豕，视吾如人。处吾之家，如逆旅之舍；观吾之乡，如戎蛮之国。凡此众疾，爵赏不能劝，刑罚不能威，盛衰、利害不能易，哀乐不能移。固不可事国君，交亲友，御妻子，制仆隶。此奚疾哉？奚方能已之乎？"文挚乃命龙叔背明而立，文挚自后向明而望之。既而曰："嘻！吾见子之心矣，方寸之地虚[③]矣。几圣人也！子心六孔流通，一孔不达。今以圣智为疾者，或由此乎！非吾浅术所能已也。"

【注释】

①龙叔：据说是春秋时期宋国人，人物事迹已无从考证。文挚：据传是春秋时期宋国著名的医生。也有说法认为他是战国时期的人，齐威王曾经请他治过病。

②证：即"症"，症状的意思。

③方寸之地：指人心。虚：俗世的名誉和情感、忧思、欲望都归于无形，古时称之为得道的表现。

【译文】

龙叔对文挚说："您医术高超，我现在患病，你能帮我治好吗？"文挚说："您先说说您都有哪里不舒服，然后我好对症下药。"龙叔说："我的家乡获得殊荣，可我却一点儿都不高兴。我的国家有了灭顶之灾，我却一点儿都不感到羞辱。我得到了梦寐以求的东西，我却一点儿都高兴不起来。我失去了心爱的东西，也没有一点儿忧愁的意思。我现在活着就像死了一样，虽然有钱，却觉得一贫如洗。看别人觉得都像猪一样，看自己却仿佛在看外人。我住在自己家里，却仿佛是寄宿在旅馆。我看自己长大的家乡，却仿佛是个偏远的野蛮国家。这些病症，几乎无药可医。即使被封赏，也依然不能停止这种思想。再严酷的刑罚也不能令我折服。荣辱盛衰的思想依然未变，喜怒哀乐似乎也不能轻易改变。这样的我根本不能再陪伴国君左右，也不能再结交亲友，管教妻儿，使唤奴仆。这到底是一种什么病呢？要怎样才能治好它呢？”文挚听完后，叫龙叔背对光线站着，他从后面观察。顺着光线看了好一会儿，他才说：“原来如此啊！我看到您的心了，它里面已经空无一物了。您离圣人就只有一步之遥了。就所谓您的心中七窍通了六窍，还有一窍不通。这就是你现在病症的来源所在。其实这是圣人的智慧在作祟，只要那一窍通了，您的病也就好了。请原谅我医术浅薄，这种病我是治不好的。”

【原文】

无所由①而常生者，道也。由生而生，故虽终而不亡，常②也。由生而亡，不幸也。有所由而常死者，亦道也。由死而死，故虽未终而自亡者，亦常也。由死而生，幸③也。

故无用而生谓之道④，用道得终谓之常；有所用而死者亦谓之道，用道而得死者亦谓之常。季梁⑤之死，杨朱望其门而歌；随梧⑥之死，杨朱抚其尸而哭。隶人⑦之生，隶人之死，众人且⑧歌，众人且哭。

【注释】

①由：原因，相当于依据。

②常：通俗的道理，也就是理所当然的道理。

③幸：在这里指某些人虽然没有高尚的品德却依然长命百岁，只是一种幸运而已。

④无用而生谓之道：不依靠任何外在事物而生存良好，意为道。

⑤季梁：生于梁惠王、魏襄王之时，战国初期魏国人，是杨朱的好朋友。

⑥随梧：与杨朱同时代人。

⑦隶人：在古代指因为犯罪而被官家贬为奴隶、从事苦差事的人。在这里是对凡夫俗子的一种蔑称。张湛曾经说过：“隶，犹群辈也。”

⑧且：或者的意思，用作副词。

【译文】

不依靠什么而活得好好的人，是一种本事。根据这一种说法，虽然生命终结了，可是生存的本事不会消亡，永远存在。而根据这一说法应该活着却死去了的人，是非常不幸的。依靠什么而活着，却过早死亡，也是一种生存方式。而凭借这种生存方式活着的人，虽然生命还没有消亡，可是生存的意义却早已经没有。这也是一种活法。有所凭借应该死亡却依然活着的人也应该感谢上苍，是一种幸运。

综上所述，没有任何依靠而活着的人是一种活法，遵从生命的规律而结束生命的是一种常态。有所依靠却死去也是一种活法，遵从生命的规律而死去也是一种必然。季梁死后，他的好朋友杨朱站在他家门口唱歌。随梧死了，杨朱却在他的尸体上泪流满面。平民百姓无论是生了，还是死了，大家有的是唱歌，有的是痛哭。

【原文】

目将眇[①]者，先睹秋毫；耳将聋者，先闻蚋飞；口将爽[②]者，先辨淄渑[③]；鼻将窒者，先觉焦朽；体将僵者，先亟犇佚[④]；心将迷者，先识是非：故物不至者则不反。

【注释】

①眇（miǎo）：一只眼睛看不见了。这里泛指双目失明。

②爽：这里指失去味觉。

③淄：今山东境内的淄河。渑：也是水名，一种说法是指绳水，位于今山东临淄东北。

④亟（jí）：急不可耐、热切的意思。犇佚：指奔跑，速度非常快的跑步。

【译文】

就快双目失明的人，往往能先明察秋毫；耳朵将要失聪的人，往往能先听到蚊子飞行的嗡嗡声；即将失去味觉的人，往往能先辨别出淄水和渑水的区别；鼻子就快要不通气的人，往往能先闻到物体烧焦的气味；身体就快要形同槁木时，往往会首先想着跑步；心神即将不宁的人，往往能先人一步，辨别事物的大是大非。所以说物极必反，事物不发展到极致，往往就不会走向相反的方向。

【原文】

郑之圃泽多贤[①]，东里[②]多才。圃泽之役有伯丰子[③]者，行过东里，遇邓析[4]。邓析顾其徒而笑曰："为若舞[5]，彼来者奚若？"其徒曰："所愿知也。"邓析谓伯丰子曰："汝知养养[6]之义乎？受人养而不能自养者，犬豕之类也；养物而物为我用者，人之力也。使汝之徒食而饱，衣而息，执政之功也。长幼群聚而为牢藉[7]庖厨之物，奚异犬豕之类乎？"

伯丰子不应。伯丰子之从者越次而进曰："大夫不闻齐、鲁之多机乎？有善治土木者，有善治金革[8]者，有善治声乐者，有善治书数[9]者，有善治军旅者，有善治宗庙[10]者；群才备也。而无相位[11]者，无能相使[12]者。而位之者无知[13]，使之者[14]无能，而知之与能[15]为之使焉。执政者，乃吾之所使；子奚矜焉？"

邓析无以应，目其徒而退。

【注释】

①圃泽：古地名。在《天瑞篇》中称为"郑圃"。也称作"圃田泽"、"甫田"。旧址位于现河南中牟西。贤：指有德行的人，在这里指的是信奉清静无为道家学说的隐者。

②东里：古地名。在今河南新郑城内。春秋时郑国大夫子产曾住此地。

③伯丰子：也称百丰，师从列子。

④邓析：郑国人。曾做过郑国的大夫，著有《竹刑》，主张法治，是春秋时期的法家、名家。

⑤舞：嘲弄的意思。

⑥养养：两个"养"分别为被人养与自养。

⑦牢：圈养牲畜的栏。藉：以物衬垫。这里指的是铺垫栏圈的草。

⑧金革：兵器铠甲的总称。

⑨书数：书法和算术。

⑩宗庙：古代帝王、诸侯或大夫、士祭祀祖宗的祠庙。

⑪位（lì）：通"莅"，莅临。

⑫相使：使用或操纵别人。

⑬位之者：地位高于他人的人。无知：与"无为"意思相近，指有知却

不显不露，以无知示外人。伯丰子等人以此自谓，下文“无能”也是此义。

⑭使之者：能使用或操纵他人的人。

⑮知：有学识的人才。之与：同。能：有才能的人。“知”与“能”即指邓析一类人。

【译文】

在郑国圃泽住着很多崇奉无为道学的隐者，而东里住着很多拥有各种才能的人。圃泽的一个叫伯丰子的隐士，一次出门路过东里时，遇见东里的邓析。邓析扭过头对同伴笑着说：“我帮你们嘲讽捉弄一下从那边走过来的人，如何？”同伴答道：“正合我意呀！”于是邓析对伯丰子说：“你可知道被人养和自我养活的含义吗？被人养活而不能自我养活的，就是那猪狗一般的牲畜；养活其他活物供自己所用，才是人拥有的能力。使你们能吃饱穿暖睡好的，正是我们这些有才能的人的功劳。你们这些年幼年老的每天都群居一起，弄些草垫在圈栏里睡觉，烹饪些食物填饱肚子，这和那些猪狗牲畜之类的有什么区别？”

伯丰子并不理会，走在他后面的随从上前答道：“大夫难道不知道齐、鲁两国有很多能人巧匠吗？有的人擅长土木建筑，有的人擅长兵器盔甲的制作，有的人擅长音律舞蹈，有的人精通书法和算术，有的人擅长行军打仗，有的人擅长主持祭祀礼仪，人才众多，样样精通。可是他们却并不相互服从，也没有谁能指使利用谁，反而是没有知识的人领导他们，没有才能的人支使他们，有知识有才能的人都为他所用。你们这些自持有过人才识和本领的执政者，只是供我们使唤的奴仆而已，有什么可骄傲的？”

邓析哑口无言，看着自己的同伴狼狈而退。

【原文】

公仪伯[①]以力闻诸侯，堂谿公[②]言之于周宣王，王备礼以聘之。公仪伯至。观形，懦夫也。宣王心惑而疑曰：“女之力何如？”公仪伯曰：“臣之力能折春螽之股[③]，堪秋蝉之翼。”王作色曰：“吾之力能裂犀兕[④]之革，曳九牛之尾，犹憾其弱。女折春螽之股，堪秋蝉之翼，而力闻天下，何也？”

公仪伯长息退席[⑤]，曰：“善哉王之问也！臣敢以实对。臣之师有商丘子[⑥]者，力无敌于天下，而六亲不知，以未尝用其力故也。臣以死事之，乃告臣曰：‘人欲见其所不见，视人所不窥；欲得其所不得，修人所不为。故学视者先见舆薪[⑦]，学听者先闻撞钟。夫有易于内者无难于外。于外无难，故名不出其一家。’今臣之名闻于诸侯，是臣违师之教，显臣之能者也。然则臣之名不以负其力者也，以能用其力者也，不犹愈于负其力者乎？”

【注释】

①公仪伯：隐者，周朝人。

②堂谿公：隐者，周朝人。

③春螽（zhōng）：又名螽斯。形同蚱蜢，身体为草绿色或褐色，昆虫的一种，翅膀飞行扇动时会发出声音。股：即大腿。

④兕（sì）：古代一种动物的名称，同属于犀牛一类，皮厚，可用于制作革。

⑤长息：深重地叹息。退席：离开自己的座位，又称“避席”。在古代，“避席”用来表示对他人的尊重。

⑥商丘子：虚构的人物，传说是有道术的人，与《黄帝篇》中提到的老商氏为同一人。

⑦视：看，观察。舆薪：指满车的柴火，用来比喻体积较大且显而易见的事物。

【译文】

传说公仪伯力气非常大，在诸侯中都传开了，堂公还把这件事告诉了周宣王。周宣王礼贤下士，于是准备了非常多的礼物去请这个有名之士出山。公仪伯到了周宣王面前，从外貌上来看，倒像是个根本没什么力气的人。周宣王非常疑惑，于是问他：“你觉得你的力气如何？”公仪伯回答道：“我可以掰断春螽的大腿，将秋蝉的翅膀举起来。”周宣王的脸色腾地一下变了，说：“我可以将犀牛的皮撕开，将九头牛的尾巴攥住。可即使是这样，我还觉得我的力气太小。而你却说只能折断春螽的大腿，举起秋蝉的翅膀，可是大家都推崇你，认为你力大

无敌，这是为什么呢？”

公仪伯深深叹了一口气，然后离开座位站起来说：“大王这个问题问得好啊！我就对您据实以告吧！我师从商丘子，他的力气非常大，足可以在天下称霸。可是他的家里人，包括他的父母、妻子、兄弟却都不知道他的力气非常大。那是因为他从来不在家人面前展现自己的大力气。我一直忠心耿耿地跟随他，他才告诉我说：‘如果一个人想看见别人看不见的东西，就必须去观察别人不看的东西。想得到别人没有的东西，就应该去做别人不愿意去做的事情。因此练习看东西的人首先要看满车的柴火，学习听声音的人要先听钟鼓敲起来的巨大响声。如果要想修身养性，就必须要先坚持自己，然后再去把握外面的事物。在外面做得得心应手了，名声就不会传扬出家庭了。’可是现在我的名声已经在诸侯间传开了，原因就在于我违背了老师对我的悉心教诲，在外面显示了我的能力。但是我的名声却并不是因为力气大而得来的，而是由于我善于运用自己的力气而得来的。这样不是远比力气大而自负要好得多吗？”

【原文】

中山公子牟[①]者，魏国之贤公子也。好与贤人游，不恤国事，而悦赵人公孙龙。乐正子舆[②]之徒笑之。公子牟曰：“子何笑牟之悦公孙龙也？”子舆曰：“公孙龙之为人也，行无师，学无友，佞给[③]而不中，漫衍而无家，好怪而妄言。欲惑人之心，屈人之口，与韩檀[④]等肄之。”公子牟变容曰：“何子状[⑤]公孙龙之过欤？请闻其实。”子舆曰：“吾笑龙之绐孔穿，言‘善射者，能令后镞中前括[⑥]，发发相及，矢矢相属[⑦]；前矢造准而无绝落，后矢之括犹衔弦[⑧]，视之若一焉’。孔穿骇之。龙曰：‘此未其妙者。逢蒙之弟子曰鸿超[⑨]，怒其妻而怖之。引乌号之弓，綦卫[⑩]之箭，射其目。矢来[⑪]注眸子而眶不睫，矢隧[⑫]地而尘不扬。’是岂智者之言与？”公子牟曰：“智者之言固非愚者之所晓。后镞中前括，钧后于前。矢注眸子而眶不睫，尽矢之势也。子何疑焉？”

乐正子舆曰：“子，龙之徒，焉得不饰其阙？吾又言其尤者。龙诳魏王[⑬]曰：‘有意不心。有指不至。有物不尽。有影不移。发引千钧。

白马非马[14]。孤犊未尝有母。’其负类[15]反伦，不可胜言也。”

公子牟曰：“子不谕至言而以为尤也，尤其在子矣。夫无意则心同。无指则皆至。尽物者常有。影不移者，说在改也。发引千钧，势至等也。内马非马，形名离也。孤犊未尝有母，非孤犊也[16]。”

乐正子舆曰：“予以公孙龙之鸣皆条也。设令发于余窍，子亦将承之。”公子牟默然良久，告退，曰：“请待余日，更谒子论。”

【注释】

①中山公子牟：原名魏牟，魏国的公子，战国时期人。因为在中山受封，所以又名中山公子牟。与公孙龙交情不错。

②乐正子舆：人名，乐正是一个复姓，其人无考。

③佞：口才好的意思。给（jǐ）：身手好的意思。

④韩檀：又称“桓团”，人名，战国时赵国人士。以能言善辩闻名于世，和公孙龙等一起曾经是平原君的门客。

⑤状：陈列、申诉。在这里指罗列罪状的意思。

⑥括：同“栝”，指箭的末梢。

⑦相属（zhǔ）：连接在一起的意思。

⑧犹衔弦：箭的末端正好搭在弓弦上。

⑨逢（páng）蒙：人名，夏朝时期擅长射箭的人。鸿超：逢蒙的学生，也在射箭上颇有造诣。

⑩綦（qí）卫：古代一种好箭的名称，产于綦地。

⑪矢来：当为“矢末”之误。

⑫隧（zhuì）：当为“坠”，指从高空掉下来。

⑬魏王：指魏襄王，在位时期为公元前318年至前296年。

⑭白马非马：是公孙龙学派著名辩论题目之一。白指的是颜色，而马指的是形态。颜色和形态本是互不相干的两种物质，所以不能说白马就是马。马是各种颜色和形态的马的总称，是指一般意义上的马。而白马只是其中的一种，所以可以说白马不是一般的马。这里他们看到了属概念和种概之间的不同之处以及个体和一般的差别。

⑮负类：没有类别，违背逻辑本身的概念。类，指个体事物汇集到一起，因为具备共有的属性而划分到一起，称为一类。

⑯“孤犊”二句：指孤犊没有母亲。

【译文】

中山公子牟，是魏国时期一个德才兼备的公子，喜欢和有才之人一起沟通、交流，却对国家大事漠不关心。他最喜欢的人是赵国人公孙龙。乐正子舆那一行人总是拿这个来嘲笑他。公子牟觉得很疑惑，问他们：“为什么我喜欢公孙龙，你们要笑话我呢？”子舆说：“公孙龙这人做任何事情都不征询别人的意见，做学问标新立异，没有人赞同他的观点。他还善于诡辩，根本不合乎事实。他的思想漫无边际，没有自己的体系。特立独行而且语言怪异。他总想着用自己的思想收服他人的心，让他人心服口服。他和韩檀等人在一起，天天就研究这些玩意儿。”公子牟脸色变了说：“公孙龙有你说的这么过分吗？你有事实根据吗？”乐正子舆又说道：“公孙龙还欺骗孔穿，说，‘擅长射箭的人，可以将后面的箭头射中前面箭的箭尾，而且接连不断。前面的箭射在靶心上，中间的箭排成一排，最后一支箭的箭尾正好落在弓弦上，远远看去，就像一条直直的线。’孔穿听了觉得非常惊讶。这时公孙龙又说了，‘其实这还不算最奇妙的，夏朝时有个神箭手叫逢蒙，他有个弟子叫鸿超，也善于射箭。一天。他对老婆大动肝火，就准备威胁一下她。于是他拉开黄帝的乌号之弓，用上卫国有名的綦卫箭，让箭直直飞向他老婆的眼睛。可是当箭飞到他老婆眼珠前时，她老婆却连眼皮都没眨一下，箭却直直落到了地面上，连一丝灰尘也没有。’难道你认为这样的话会是从一个智慧的人口中说出来吗？”公子牟说：“智慧的人说话，愚笨的人肯定是无法理解的。那么让我来告诉你吧，后面的箭头之所以能射中前面箭的箭尾，那是因为他射每一支箭所使用的力气和瞄准点都是一样的。箭飞到人的眼前，那人连眼皮都没有眨一下，那是因为箭在到达人的眼睛时，正好力度用尽了。所以这也没什么令人惊奇的。”

乐正子舆又说，“你是公孙龙的门徒，所以你会费尽心思帮他遮盖错误。但是我还要说说他更加让人不可理喻的地方。一天，公孙龙骗魏王说，‘人的意念并不是由本心发出去的；从事物的共有属性中根本看不出事物的本来面目；物体是永远分不完的；影子是不会移动的；头发能吊起千钧重的物体；白马并不是马；孤犊其实根本没有母亲。’他的这些言论都与事物的本质相差千里，与世人所普遍认同的观点大相径庭，类似这样的言论真是太多了！”

公子牟说：“你自己不懂得这些高深的言论，所以你就认为它们是错误的，我看真正让人不可理解的是你吧。我告诉你，意念的消失和本心是一样的；如果去掉事物的共有属性，你就可以看到事物的本来面目；物体无论怎么分割，到最后还是会有客观存在的物体；影子并不是不动，而是由于它们自身在不断的变化；头发丝能钓起千钧的重物，那是因为受力均匀；白马并不是马，那是因为实物和名称存在差异；孤犊确实没有母亲，要不然，他就不叫孤犊了。”

乐正子舆说：“公孙龙无论说什么，你都认为是对的。你将他奉若神明，即使他放个屁，你也会去阿谀奉承的。”公子牟沉默了好久，然后起身离开时说：“请你等我几天，我还会找你辩论的。”

【原文】

尧治天下五十年，不知天下治欤，不治欤？不知亿兆①之愿戴己欤？不愿戴己欤？顾问左右，左右不知。问外朝，外朝不知。问在野，在野不知。尧乃微服游于康衢②，闻儿童谣曰：“立③我蒸民，莫匪尔极④。不识不知⑤，顺帝⑥之则。”尧喜问曰：“谁教尔为此言？”童儿曰：“我闻之大夫。”问大夫，大夫曰：“古诗也。”尧还宫，召舜，因禅⑦以天下。舜不辞而受之。

【注释】

①亿兆：平民百姓。

②康衢：便利的交通，指道路纵横交错。《尔雅•释宫》：“四达谓之衢，五达谓之康。”

③立：通“粒”，指米饭。这里名词用作动词，指有粮食可以吃。

④匪：同“非”。极：公平的原则。

⑤知：同“智”，计谋。

⑥帝：指上天，古人常用来指主宰天下万物的神灵。这里指“自然”。

⑦禅：禅让。尧为部落首领时，四方部落举荐舜作为继承人。于是尧对舜进行三年的考核，考核期满后，就开始让舜开始协助他处理国事。这样在尧死后，舜就理所当然地即位了。在舜死后，禹又以同样的方式继承了其首领的位置。这种原始的首领继任方式，称为“禅让”。

【译文】

尧治理天下五十年，如今国家是否一片太平？也不知道百姓是否拥戴自己？于是，他问在朝的大臣，可大臣都表示不知道。他于是又问外面州县的官员，可是这些官员也说不知道。他又继续问一些能人志士，可这些人也纷纷表示不知道。后来，尧想了个办法，开始到四通八达的道路上进行暗访。在路上，他听见小孩子们在唱一首歌谣，“要想使百姓安居乐业，就一定要拥有高尚的品德。除开那些计谋和取巧，就是要顺应自然”。尧听到这首童谣，对里面的内容非常赞同，于是问他们谁教他们唱的。孩子们回答说：“是大夫告诉我们的。”于是尧又去问大夫，大夫说：“这是一首古诗。”尧认为舜是一个有才之人，回到宫里以后，便马上下令将舜招进宫来，将王位让给他。而舜也没有多加谦让就接受了。

【原文】

关尹喜曰：“在己无居[①]，形物其著[②]，其动若水，其静若镜，其应若响。故其道若[③]物者也。物自违道，道不违物。善若道者，亦不用耳，亦不用目，亦不用力，亦不用心。欲若道而用视听形智以求之，弗当矣。

“瞻之在前，忽焉在后；用之弥满六虚[④]，废之莫知其所。亦非有心者所能得远，亦非无心者所能得近。唯默而得之而性成之者得之。

“知而忘情，能而不为，真知真能也。发无知，何能情？发不能，何能为？聚块也，积尘也，虽无为而非理也。”

【注释】

①居：固执。

②形物：指事物存在的道理。其：又为“自”。《庄子•天下篇》即作“形物自著”。

③若：领悟

④用：指道理产生效能。六虚，即六合，指上下四方。

【译文】

关尹喜说：“如果自己能做到不固执己见，不认死理，那么外界事物所存在的道理也就了然于胸了。行动时能像流水一样，安静时能如镜子一般，反映外在事物时能够像回音一样还原其本来面貌。所以说，只有这样才是顺从事物存在的本性。只有事物会去违反道，而道是不会反过来作用于事物的。擅长领悟道的人，不是用耳朵去听，也不是用眼睛去看，更谈不上使蛮力，也不用心智去体会。领悟道，想调动自己的五官和智慧的力量去获得，是不可取的。

“有时我们明明领悟了道，可是眨眼之间它又不见了。当它发挥作用时，它往往将空间都填塞满了；当它不起作用时，它又消失得无影无踪。并不是说用心去领悟的人，道反而会离它远去；也不是说无心去领悟的人，道反而同它亲近。只有虚心向学，用自己所有的力量去顿悟它，我们才能最终拥有它。

“了解事物的道理而将情感置之度外，道理上十分行得通却没有去实行，这才是真正的悟道，真正的能干。将那些没有什么价值的事物挖掘出来，又怎么会赋予情感？将那些无所作为的事物聚集起来，又何谈价值？像将土块堆积在一起啊，灰尘集中在一起啊，虽然也没有什么价值可言，可是这却不是无所作为的本质。”

汤问篇

【原文】

殷汤问于夏革[①]曰："古初有物乎？"夏革曰："古初无物，今恶得物？后之人将谓今之无物，可乎？"殷汤曰："然则物无先后乎？"夏革曰："物之终始，初无极已。始或为终，终或为始，恶知其纪？然自物之外，自事之先，朕[②]所不知也。"

殷汤曰："然则上下八方有极尽乎？"革曰："不知也。"汤固问。革曰："无则无极，有则有尽[③]，朕何以知之？然无极之外复无无极，无尽之中复无无尽。无极复无无极，无尽复无无尽。朕以是知其无极无尽也，而不知其有极有尽也。"汤又问曰："四海之外奚有？"

革曰："犹齐州也。"汤曰："汝奚以实之？"革曰："朕东行至营[④]，人民犹是也。问营之东，复犹营也。西行至豳[⑤]，人民犹是也。

问豳之西，复犹豳也。朕以是知四海、四荒、四极之不异是也。故大小相含，无穷极也。含万物者，亦如含天地；含万物也故不穷，含天地也故无极。朕亦焉知天地之表不有大天地者乎？亦吾所不知也。然则天地亦物也，物有不足，故昔者女娲氏炼五色石以补其阙；断鳌之足以立四极。其后共工氏与颛顼争为帝，怒而触不周之山[6]，折天柱，绝地维；故天倾西北，日月辰星就焉；地不满东南，故百川水潦归焉。”

汤又问：“物有巨细乎？有修短乎？有同异乎？”革曰：“渤海之东不知几亿万里，有大壑焉，实惟无底之谷，其下无底，名曰归墟[7]。八纮九野之水，天汉之流，莫不注之，而无增无减焉。其中有五山焉：一曰岱舆[8]，二曰员峤[9]，三曰方壶，四曰瀛洲[10]，五曰蓬莱。其山高下周旋三万里，其顶平处九千里。山之中间相去七万里，以为邻居焉。其上台观皆金玉，其上禽兽皆纯缟。珠玕[11]于之树皆丛生，华实皆有滋味，食之皆不老不死。所居之人皆仙圣之种，一日一夕飞相往来者，不可数焉。而五山之根无所连著，常随潮波上下往还，不得暂峙焉。仙圣毒之，诉之于帝。帝恐流于西极，失群仙圣之居，乃命禺疆[12]使巨鳌十五举首而戴之。迭为三番，六万岁一交焉。五山始峙而不动。而龙伯之国[13]有大人，举足不盈数步而暨五山之所，一钓而连六鳌，合负而趣归其国，灼其骨以数焉。于是岱舆、员峤二山流于北极，沉于大海，仙圣之播迁者巨亿计。帝凭怒，侵减龙伯之国使阨，侵小龙伯之民使短。至伏羲、神农时，其国人犹数十丈。

“从中州以东四十万里得僬侥国。人长一尺五寸。东北极有人名曰诤人[14]，长九寸。荆之南有冥灵[15]者，以五百岁为春，五百岁为秋。上古有大椿者，以八千岁为春，八千岁为秋。朽壤之上有菌芝者，生于朝，死于晦。春夏之月有蠓蚋者，因雨而生，见阳而死。终北之北有溟海者，天池也，有鱼焉，其广数千里，其长称焉，其名为鲲。有鸟焉，其名为鹏，翼若垂天之云，其体称焉。世岂知有此物哉？大禹行而见之，伯益[16]知而名之，夷坚闻而志之。

“江浦之间生麽虫，其名曰焦螟[17]，群飞而集于蚊睫，弗相触也。栖宿去来，蚊弗觉也。离朱、子羽方昼眦眥眉而望之，弗见其形；觹俞、师旷方夜擿耳[18]俛首而听之，弗闻其声。唯黄帝与容成子居空峒之上，同斋三月，心死形废；徐以神视，块然见之，若嵩山之阿；徐以气听，砰然闻之，若雷霆之声。

“吴、楚之国有大木焉，其名为櫾[19]。碧树而冬生，实丹而味酸。食其皮汁，已愤厥之疾。齐州珍之，渡淮而北而化为枳焉。鸜鹆不逾济[20]，貉逾汶则死矣，地气然也。虽然，形气异也，性钧已，无相易已。生皆全已，分皆足已。吾何以识其巨细？何以识其修短？何以识其同异哉？”

【注释】

①殷汤：又名成汤、汤武、天乙。姓子，名履，曾经是商族部落的一个领袖，后来不断出征，将部落发展成当时实力最强大的国家，将当时的夏桀一举消灭，建立了商朝。夏革：字子棘，汤武时期的大夫。

②朕：我。秦以前指“我的”或“我”，自秦始皇起专用作皇帝的自称。

③有尽：和下文相呼应，应该是“无尽”。

④营：即营州，古代十二州中的一州，在今辽宁一带。

⑤豳（bīn）：古地名，在今陕西省境内。

⑥不周之山：古时候的山名。不周，意思是有缺口。

⑦归墟：也称“归塘”，意思是众望所归，在这里指大海最深处。

⑧岱舆：古代的仙山，传说中的山名。

⑨员峤：传说中的神山。峤，指不仅高而且陡峭，山名因其形而得名。

⑩瀛洲：海上的神山，传说中的山名。

⑪玕（gān）：外表好看，形同玉的一种石头。

⑫禺彊：传说中的人面鸟身的北方之神。

⑬龙伯之国：神话故事中的大人国。

⑭诤人：传说中的小人。《山海经•大荒东经》作“靖人”，称“东海之外，大荒之中有小人国，名靖人”。

⑮荆：即荆州，古代九州之一。《尚书•禹贡》：“荆及衡阳惟荆州。”

指的就是荆山与衡山之间的地域。冥灵：一种树名，来源于神话传说。

⑯伯益：嬴姓的祖先。传说擅长打猎和放牧，舜统治时期，被任命为“虞”，专门负责管理山泽。

⑰焦螟：传说中一种个体非常小的虫。

⑱师旷：春秋时期晋平公所请的乐师。他双眼失明，却擅长弹奏七弦琴，辨别不同的音阶。传说《阳春》《白雪》就是他所作。擿（zhì）耳：指挠耳朵。

⑲櫾（yòu）：同“柚”，一种常绿乔木，属芸香料，果大，可以食用。

⑳鸜鹆（qú yù）：即“八哥”鸟。雄鸟能模仿人说话。济：济水，古代四渎之一。

【译文】

殷汤问夏革：“你说在太古之初，有没有物体存在啊？”夏革回答说：“如果太古之初没有物体存在，那我们如今又怎么会有物体存在呢？如果我们以后的人也说现在没有物体存在，那能行吗？”殷汤又问：“那照你这样说，事物的产生就没有先后次序了吗？”夏革回答说：“事物从一开始出现到最后结束，本身就没有固定规律。也许开始就是结束，结束又是新的开始，你如何能将他们区分开呢？但如果说物体存在之外还有什么，事情发生之前又发生过什么，那我就不知道了。”

殷汤又问：“那么天地八方有极限与尽头吗？”夏革回答说：“这个我不知道。”殷汤不死心，反复地问。这时夏革才回答道：“既然是虚空，就无所谓极限。如果是有物，就没有尽头。那我怎么知道呢？因为虚空在无极限外连‘无极限’也没有，有物在无穷尽中连‘无穷尽’也没有。无极限又连‘无极限’也没有，无穷尽又连‘无穷尽’也没有，那么我明白虚空是无极限的，有物是无穷尽的，而不明白它们是有极限有穷尽的。”

殷汤听后又问：“那么四海之外有什么呢？”夏革回答道：“和四海之内一样。”殷汤又继续问道：“你拿什么来证明？”夏革说：“我到过东边的营州，那里的人民就跟我们这里的人民一样。我问他们营州更东边的情况，他们告诉我说和营州一样。我到过西边的豳州，看到那里的人们也和我们这里的一样。我问他们豳州以西的地方如何，他们告诉我说和豳州一样。由此我推断四海之外、西边的蛮荒之地、全国各地都没有什么区别。因此我知道事物之间是互相包容的，没有极限和尽头。囊括万物的大地，就像包容万象的天地一样。因为包罗万象所以没有尽头，包容天地所以没有极限。我又如何能知道天地之外，没有比天地更大的东西呢？这也是我力所不能及的。但是天地也属于事物，是事物就会有缺憾，所以亘古时期就有女娲烧炼五色石来补天地之间的空缺，将大龟的脚斩断来支撑天地四极。后来共工氏和颛顼争帝王的位置，一时气愤，撞上了不周山，支撑天空的大柱轰然倒塌，将维系大地的绳子也折断了。于是天空向西北方倒下，日月星辰就在那里安家；大地沉向东南方，所以山河湖泊就汇聚在那里。”

殷汤又问他：“那么事物有大小之分吗？长短一样吗？有什么相同点和不同点吗？”夏革说：“渤海的东面，几亿万里的地方，是大海的最深处，深不见底，名为‘归墟’。四面八方的河流都汇聚于此。但它的水位却成年不变，不见上升也不见下降。大海最深处有五座大山，分别是岱舆、员峤、方壶、瀛洲、蓬莱。每座山都绵延三万里，海拔九千米。山与山之间，相隔七万里，彼此就像兄弟并肩站立。山上的亭子都是非常好看的石头建成的，飞鸟走兽都是清一色的白色羽毛。到处是漂亮的树木和遍地的丛林。各种珍奇的花卉和果树百里飘香，吃了据说可以延年益寿，长生不老。山上还居住着一群仙圣，他们每逢早晚都在山上飞，互相交流，数不胜数。但五座山底下的根基却不在海底，而是随着潮水的涌动而不停地颠簸，不停地晃动，一刻也不得安宁。仙圣们为此非常头疼，于是向天帝诉苦。天帝害怕这五座山流向了最西边，这样仙圣们就会流离失所，于是派北方之神禺疆找来十五只巨大的海龟，让它们把大山顶着。它们轮班顶着，一共分为三批，每六万年轮换一次。这样一来，五座山就稳稳当当地矗立在那儿了。但是后来，在‘龙伯之国’有个巨人，他走了没几步路就来到了五座山前，他放下钓钩开始垂钓，一共钓到了六只海龟，将它们负在肩上，带到自己的国家了。他将它们用火焚烧，然后取它们的甲骨来算卦。这样一来，岱舆和员峤这两座山便没有了支撑，漂到了北极，沉入了大海。仙圣们被迫搬家，流亡的人数不胜数。天帝听说了非常气愤，于是将‘龙伯之国’的版图削减了，让他们的地域变得非常小，将龙伯国民的身材也都变得矮小。到了伏羲、神农的时代，这个国家的人仍然有数十丈高。

“中国东边四十万里的地方有一个僬侥国，那里的人身高一尺五寸。东北最边上有个小人国，人均身高只有九寸。荆州南面有一种叫冥灵的大树，它的春秋季各有五百年。远古时期有一种大椿树，春秋季各有八千年。朽木和粪土上面生长的野菌和灵芝，早晨获得新生，傍晚则死去。春夏时节有小虫叫蠛蠓和蚊蚋，下雨时焕发新生，太阳一出就宣告死亡。终北国的北边有个叫天地的溟海，生长一种鱼类，名为鲲，它身长体宽都达几千里。这里还生长着一种鸟，叫鹏，它的翅膀呼扇开来，就像天上的云彩一样。普天下的人们都知道这些吗？大禹在出游时看到了它，后来伯益知道后，就给它命了名。夷坚听说后，就将它载入了史书。

“长江水里生活着一种体积非常小的昆虫，名为焦螟。它们大多成群结队落在蚊子的睫毛上，而且彼此都不相碰撞。它们来去自如，蚊子根本感觉不到。视力非常好的离朱和子羽在白天光线非常好时擦亮双眼，认真去观察，都看不见它们的身体。听力非常好的觚俞和师旷在夜深人静时竖起耳朵来仔细听，也听不到它们丝毫的声音。只有黄帝和容成子住在空峒山上，一起斋戒三月，心如死灰，形同枯木，慢慢用精神来审视，才看见它们小小的身体，就像高耸的大山一样屹立在那儿；慢慢用心神元气来聆听，可以听到它们发出的巨大声响，就像打雷一样。

“吴国、楚国生长着一种叫柚的高大树木。它们的树叶绿油油的，到冬天依然是青色的。结的果实是朱红色的，酸甜酸甜的。它的果皮和果汁还可以入药，可以治疗因为体气郁结而发生的昏厥。中原地区的人都将它看作宝贝。但如果过了淮河来到北方种植，它就变成了不能吃的枳实。八哥不能飞过济水，狗獾只要一渡过汶水就会死，这是由于一方的水土所决定的。虽然事物本身的形态都不相同，可是它们的生长习性决定了它们应该有不同的生长环境，只有环境适合，它们才能生长良好，不能进行调换。如果它们各自的生理都已完备，天分也都充足，那么我凭什么判断它们的大小，分辨它们的长短和差别呢？”

【原文】

太形、王屋①二山，方七百里，高万仞，本在冀州②之南，河阳③之北。北山愚公④者，年且九十，面山而居。惩⑤山北之塞，出入之迂⑥

也，聚室而谋，曰：“吾与汝毕力平险，指通豫南[7]，达于汉阴[8]，可乎？”杂然相许。其妻献疑曰：“以君之力，曾不能损魁父[9]之丘，如太形、王屋何？且焉置土石？”杂曰：“投诸渤海之尾[10]，隐土[11]之北。”遂率子孙荷担者三夫，叩石垦壤，箕畚运于渤海之尾。邻人京城氏[12]之孀妻有遗男，始龀[13]，跳往助之。寒暑易节，始一反[14]焉。

河曲智叟[15]笑而止之，曰：“甚矣，汝之不惠！以残年余力，曾不能毁山之一毛，其如土石何？”北山愚公长息曰：“汝心不固，固不可彻，曾不若孀妻弱子。虽我之死，有子存焉。子又生孙，孙又生子，子又有子，子又有孙；子子孙孙，无穷匮也；而山不加增，何苦而不平？”河曲智叟亡以应。

操蛇之神[16]闻之，惧其不已也，告之于帝。帝感其诚，命夸蛾氏[17]二子负二山，一厝朔[18]东，一厝雍[19]南。自此，冀之南、汉之阴无陇断[20]焉。

【注释】

①太形：即今太行山。王屋：在今山西阳城、垣曲之间。都是山名。

②冀州：古代九州之一，主要包括现在河北、山西、河南的黄河以北等地域。

③河阳：古代的县名，位于今河南孟县以西。

④愚公：神话故事中虚构的人物。这里指的是大智若愚的“愚”，乃是具有大智慧的人。

⑤惩：碍于。

⑥迂：曲折，远。这里指来回都要走很远的路。

⑦指通：直通。豫南：豫州的南部。在今河南南部一带。

⑧汉阴：这里指汉水南面。汉水也叫汉江，源头在陕西西南部，经过武汉，最后汇入长江。

⑨魁父：小土山的名字。位于今河南开封境内。

⑩渤海之尾：渤海最边上。

⑪隐土：古地名，位于中原的东北面。

⑫京城氏：姓氏。

⑬龀（chèn）：指人的童年时期。当儿童换掉乳齿，长出恒齿，也就是在七八岁时。

⑭一反：指一去一回。

⑮智叟：神话传说中虚构的人物。

⑯操蛇之神：传说中的山神。他手里拿着蛇，所以称为操蛇之神。

⑰夸蛾氏：也称“夸蚁氏”，传说中的大力天神。

⑱厝（cuò）：安排。朔：朔方，位于今山西北部、内蒙古自治区一带。

⑲雍：雍州，古代九州之一，位于今山西、陕西一带。

⑳陇：即“垄”，小山包。断：阻隔。

【译文】

太行、王屋这两座大山，盘桓近七百里，高达几千丈。本来它们位于冀州的南面，河阳的北面。北山有一位老人，他名叫愚公，已经快九十岁了，住在两座山的对面。苦于每次出门都要面临艰险的路途，来回都要绕很远的路，于是他将全家人都召集起来，他说：“我打算和你们一起，竭尽全力将我们门前的两座大山搬走，让这条道路直接到达豫州南部，汉水南边，你们觉得怎么样？”大家一听，都点头表示同意。可是他的妻子却提出了自己的疑问：“你都这么老了，而且力气也不比从前了，连挖掉那个叫魁父的小土丘都困难不已，怎么可能搬得动太行、王屋这两座大山？再说，挖掉的这些泥土和石块要运到哪里去呢？”大家听完，都说：“将它们扔到渤海岸边，隐土的北面去。”就这样，愚公带领他的子孙中能挑担子的三个人，砸石头，挖泥土，用筐子将这些泥土和石头挑到渤海岸边。他们的邻居有个叫京城氏的寡妇，她有一个七八岁的儿子，每天都蹦蹦跳跳去帮忙。他们从冬天到夏天才能往返一次。

河曲有个叫智叟的老汉，他嘲笑愚公说：“你也真是傻得可以，就凭你这点儿力气，恐怕连拔掉山上的一棵小草都费力，怎么搬得动这些泥土石头呢？”愚公仰天长叹一声，然后说道：“你也太死脑筋了，偏执得可笑，连那个寡妇和不懂事的小孩都不如。就算我死了，我还有儿子，儿子生孙子，孙子又生儿子；孙子的儿子又有儿子，他的儿子又有孙子；子子孙孙，没有穷尽，但是山不会再增高了，还怕挖不平它吗？”河曲智叟听了，无语以对。

山神听到愚公的这番话，害怕愚公他们一直挖下去，便跑去告诉天帝。天帝听闻此事后，被愚公的诚心所感动了，于是派大力神夸娥氏的两个儿子去将这两座大山背走，一座放在朔方的东部，一座放在雍州的南部。自此以后，冀州的南部直达汉江的南边，道路畅通无阻。

【原文】

夸父[①]不量力，欲追日影，逐之于隅谷[②]之际。渴欲得饮，赴饮河、渭[③]。河、渭不足，将走北饮大泽。未至，道渴而死。弃其杖，尸膏肉所浸[④]，生邓林[⑤]。邓林弥广数千里焉。

【注释】

①夸父：神话传说中的人物。《山海经》中记载了他的事迹。

②隅谷：也称“虞渊”，传说太阳落下的地方。

③河：黄河。渭：渭河，位于今陕西省内，是黄河的一大支流。

④膏肉：皮肉和筋骨。浸：滋润。

⑤邓林：即桃林。古代神话传说中的树林。

【译文】

夸父自认为自己能力无限，一心想要追上太阳的影子，他追呀追，一直追到太阳落下的隅谷旁边。他口干舌躁，非常想喝水，于是跑去喝黄河和渭河的水。黄河、渭河的水被他喝干了，于是他又跑去北边喝大湖里的水。可是才跑到一半的路程，他就渴死在路上了。他丢弃掉的手杖，被尸体的脂膏和肌肉所浸润，变成一片茂密的树林，后人给它取名叫桃林。桃林占地面积达几千里。

【原文】

大禹曰：“六合之间，四海之内，照之以日月，经[①]之以星辰，纪[②]之以四时，要之以太岁[③]。神灵所生，其物异形，或夭或寿，唯圣人能通其道。”夏革曰：“然则亦有不待神灵而生，不待阴阳而形，不待日月而明，不待杀戮而夭，不待将迎[④]而寿，不待五谷而食，不待缯纩[⑤]而衣，不待舟车而行。其道自然，非圣人之所通也。”

【注释】

①经：计算，测量。

②纪：整理。这里指安排顺序。

③要（yāo）：约定。太岁：也称岁星，指木星。木星围绕太阳转一圈为十二年，古人就以此为依据将黄道分为十二等分。每经过一格，就表示一年过去了。

④将迎：指保养。

⑤缯（zēng）：统称丝织品。纩（kuàng）：棉花。

【译文】

大禹说：“天地之间，四海之内，大自然用日月的光芒来普照，用星辰为标志划分成不同的天区和地域。用一年四季来安排顺序，用岁星的更迭来表示它的纪年。神灵所幻化出的天地万物，都有自己独特的形态，有的寿命短，有的寿命长，只有圣人才能参透其中的规律。”夏革说：“除此以外，也有不依靠神灵之气所产生的，不凭借阴阳运动而自然成形的，不依赖日月的光辉而自身发亮的，不因为杀戮就自然寿命短的，不依靠保养而自然长寿的，不吃五谷杂粮而肚子饱的，不依靠棉帛就能取暖的，不坐车船等交通工具就能出行的，它的一切都是顺应自然而产生，连圣人都不了解其中的奥秘。”

【原文】

禹之治水土也，迷而失涂[①]，谬之一国。滨北海之北，不知距齐州几千万里，其国名曰终北，不知际畔之所齐限[②]。无风雨霜露，不生鸟兽、虫鱼、草木之类。四方悉平，周以乔陟[③]。当国之中有山，山名壶领，状若甔甀[④]。顶有口，状若员环[⑤]，名曰滋穴。有水涌出，名曰神瀵，臭[⑥]过兰椒，味过醪醴[⑦]。一源分为四埒，注于山下。经营[⑧]一国，亡不悉遍。

土气和，亡札厉。人性婉而从物，不竞不争；柔心而弱骨，不骄不忌；长幼侪居[⑨]，不君不臣；男女杂游，不媒不聘；缘水而居，不耕不稼；土气温适，不织不衣；百年而死，不夭不病。其民孳阜亡数，有喜乐，亡衰老哀苦。其俗好声，相携而迭谣[⑩]，终日不辍音。

饥惓则饮神瀵，力志和平。过则醉，经旬乃醒。沐浴神瀵，肤色脂泽，香气经旬乃歇。

周穆王北游过其国，三年忘归。既反周室，慕其国，惝然自失⑪。不进酒肉，不召嫔御者，数月乃复。

管仲勉齐桓公⑫因游辽口，俱之其国。几剋⑬举，隰朋谏曰："君舍齐国之广，人民之众，山川之观，殖物之阜，礼义之盛，章服⑭之美，妖靡盈庭⑮，忠良满朝。肆咤则徒卒百万，视㧑则诸侯从命，亦奚羡于彼而弃齐国之社稷，从戎夷之国乎？此仲父之耄，奈何从之？"桓公乃止，以隰朋之言告管仲。仲曰："此固非朋之所及也。臣恐彼国之不可知之也。齐国之富奚恋？隰朋之言奚顾？"

【注释】

①涂：即"途"，道路的意思。

②齐限：极限。

③周：围绕。乔：高大。陟（zhì）：层峦叠嶂的山。

④甔甀（dān zhuì）：小口的水缸。

⑤员环：圆环。员，即"圆"。

⑥臭（xiù）：气味。

⑦醪醴（láo lǐ）：芳香四溢的美酒。

⑧经营：即往来，指流水盘桓于此，经久不息。古人称南北方向为"经"，东西方向为"营"。

⑨侪（chái）居：同辈共同生活在一起。

⑩迭谣：轮流唱歌。

⑪惝（chǎng）然自失：精神恍惚，指人不得志。

⑫管仲：春秋时期著名的政治家，曾辅佐齐桓公为相，使齐桓公成为春秋时期的第一个霸主。齐桓公，公元前685年至前643年在位。

⑬剋：能够独当一面，胜任。

⑭章服：指礼服，上面绘有不同的图案，以示身份，有日、月、星辰、龙、蟒、鸟、兽等。

⑮妖靡：妖艳的美女。

【译文】

大禹在治水时，不小心走错了路，闯入了另一个国家。这个国家位于北海的北面，距中国不知道有几千万里，名为终北国。它没有边界，没有风霜雪露，没有飞禽走兽，不生长花草树木。一眼望过去，全是平原，四周围绕着层层叠叠的高山。在平原的正中间有一座名叫壶岭的山，看起来就像一个口小腹大的陶罐。山顶上有个洞口，形状像圆环，名为滋穴。洞口不断有清水流出，名为神瀵。泉水气味清香胜过兰椒，喝到嘴里甘甜无比，比美酒还让人陶醉。这泉水分为四股水流，都向山下流去。全国随处都可见它的踪迹。

这里气候宜人，没有瘟疫。民众的性格普遍温婉，没有好胜之心，不去刻意追名逐利。品格普遍谦和，不嫉恨他人。老幼住在一起，没有上下尊卑之分。男女通婚，不需要媒妁之言，也不需要下聘礼。人们大多住在水边，不种庄稼和田地。气候舒适，不用织布，也不用穿衣服。人们大多活过百年，没有人短命，也没有人生病。这里人口密集，繁衍兴旺。这里只有喜悦和快乐，没有忧愁和穷苦。人们喜欢唱歌，常很多人聚集在一起，轮流唱歌，歌声从白天到晚上都没有停歇过。饿了、累了，就喝点神瀵泉水，马上就恢复到精力充沛的样子。喝多了就醉倒了，常常十天半个月才苏醒过来。这里的人用神瀵的泉水洗澡，皮肤光洁靓丽，香气萦绕，十几天才会消散。

周穆王有一次到北方巡游时经过这个国家，一下子就喜欢上了这里，而且一住就是三年，乐不思蜀。回到自己的国家以后，还念念不忘这个“终北之国”，常常恍惚走神，就像失去了什么很心爱的宝贝一样。他不喝酒，不吃肉，不亲近嫔妃，过了好几个月才恢复到他原来的样子。

管仲进谏齐桓公借巡游辽口的时机，一同到那个国家去看看。马上就要起程了，隰朋在一旁劝阻道：“大王拥有宽阔的疆土、无数的子民、秀美的河山、丰富的资源、完备的礼义、美丽衣服饰、众多的美女、满朝的大臣。您一声令下就可以召集数百万兵马，您一句话就可以让所有诸侯都俯首听命，那么您为什么还要羡慕别的国家而舍弃自己的大好河山，到那些野蛮未开化的国家去呢？管仲根本就是老糊涂了才会说这样的话，你怎么能听他的呢？”于是齐桓公便放弃了这次出游。后来他把隰朋的话原原本本地告诉了管仲。管仲听后，说：“隰朋是无法理解我的意思的。我可能有生之年也没机会了解那个国家了。倘若真的可以去，那么齐国再富庶，我也不会留恋的。所以我没必要去在意隰朋的话。”

【原文】

南国之人祝发[①]而裸，北国之人鞨巾[②]而裘，中国之人冠冕而裳。九土所资[③]，或农或商，或田或渔；如冬裘夏葛[④]，水舟陆车，默而得之，性而成之。

越之东有辄沐之国[⑤]，其长子生，则鲜而食之，谓之宜弟[⑥]。其大父死，负其大母而弃之，曰：“鬼妻不可以同居处。”

楚之南有炎人之国[⑦]，其亲戚死，死[⑧]其肉而弃之，然后埋其骨，乃成为孝子。

秦之西有仪渠[⑨]之国者，其亲戚死，聚柴积而焚之。熏则烟上，谓之登遐，然后成为孝子。

此上以为政，下以为俗，而未足为异也。

【注释】

①祝发：剪掉头发。

②鞨（mò）巾：头巾，古代男子结发所用。此处的“鞨”作动词用，相当于“裹”。

③九土：九州土地。资：指供给资源。

④葛：一种蚕制品，这里指葛衣。

⑤越：越国。辄沐之国：古代对中国的称呼。也有说法是“儋耳”，位于今海南岛。

⑥宜弟：多生儿子。

⑦炎人之国：炎人，也称“啖人”（瞰人）。据《墨子•鲁问》孙诒让注引《后汉书•南蛮传》云：“交其西有瞰人国，生首子辄解而食之。”

⑧死（guǎ）：将肉割下与骨分离。

⑨仪渠：又称“义渠”，西戎之一，位于岐山、泾水之北，今甘肃庆阳、泾川一带。春秋时靠近秦国。

【译文】

居住在南方的人剪掉头发，赤身裸体。居住在北方的人用布巾裹住头发，穿上皮袄。居住在中原的人则头上戴着帽子，穿着衣裙。九州土地拥有各种各样丰富的资源，人们有的以务农为主，有的以经商为主，有的以打猎为主，有的以打渔为主。这就跟冬天穿皮袄、夏天穿蚕衣、到水里坐船、到陆地上坐车一样，不学自然就会，是靠人先天的本能而形成的。

在越国的东边，有个国家叫辄沐。这里的人生下头一个婴儿，会开膛破肚进行肢解，然后吃掉。说这样以后可以多生儿子。一个家庭中的祖父死了，祖母会被背到野外扔掉。说是不能同鬼的老婆居住在一起。

在楚国的南边，有个叫炎人的国家。他们的双亲过世后，家里的人会将尸体上的肉剜下来扔掉，只将骨骼埋起来。这样做才成为孝子。

秦国西边有个叫仪渠的国家。他们的亲戚死后，就架上柴火堆，将尸体烧掉。看见火焰烧得旺，烟雾缭绕，就说是死人得道成仙，这样才算是大孝之举。

以上种种做法，在当地官府当做政事来办，民间也形成了这种风俗习惯，所以没有人会感到奇怪。

【原文】

孔子东游，见两小儿辩斗。问其故，一儿曰：“我以日始出时去人近，而日中时远也。”一儿以日初出远，而日中时近也。

一儿曰：“日初出大如车盖①，及日中，则如盘盂，此不为远者小而近者大乎？”

一儿曰：“日初出沧沧凉凉，及其日中如探汤，此不为近者热而远者凉乎？”

孔子不能决也。两小儿笑曰：“孰为②汝多知乎？”

【注释】

①车盖：古代车子上的圆形伞盖，晴天遮阳，雨天蔽雨。

②为：即“谓”，说的意思。

【译文】

孔子到东方出游，听到路边有两个小孩正在高声争吵。于是孔子停下来询问他们争吵的原因。一个小孩说："我认为太阳刚出来时离我们最近，到了中午离我们最远。"另一个小孩马上反驳道："我认为早上太阳离我们最远，到了中午离我们最近。"

"早上我们看到的太阳像车盖那样大。到了中午，却变得只有盘子那么大了。这不是远的看起来小而近的看起来大吗？"前一个小孩说。

另一个小孩说："早上太阳刚出来时，天气凉凉的，我们还会觉得冷。可是到了中午我们就觉得很热，就像把手伸到热水里一样。这不是离得近才热，离得远才冷吗？"

孔子无法断定谁对谁错。两个小孩笑着说："谁说你懂的知识最多呢？"

【原文】

均，天下之至理也，连于①形物亦然。均发均县，轻重而发绝，发不均也。均也，其绝也，莫绝。人以为不然，自有知其然者也。

詹何以独茧丝为纶②，芒针③为钩，荆筱④为竿，剖粒为饵，引盈车之鱼于百仞之渊、汩流⑤之中，纶不绝，钩不伸，竿不挠。楚王闻而异之，召问其故。詹何曰："臣闻先大夫之言，蒲且子之弋⑥也，弱弓纤缴⑦，乘风振之，连双鸧⑧于青云之际。用心专，动手均也。臣因其事，放而学钓，五年始尽其道。当臣之临河持竿，心无杂虑，唯鱼之念；投纶沉钩，手无轻重，物莫能乱。鱼见臣之钩饵，犹沉埃聚沫，吞之不疑。所以能以弱制强，以轻致重也。大王治国诚能若此，则天下可运于一握，将亦奚事哉？"楚王曰："善。"

【注释】

①连于：从属于。

②詹何：楚国人，战国时期著名的哲学家。他秉承杨朱的"为我"思想，这种思想和道家思想相仿。纶：指钓鱼的线。

③芒针：细而长的针。形状像麦芒，因此而得名。

④荆筱（xiǎo）：细荆条。筱，细小的竹子。

⑤汩（gǔ）流：激流。

⑥蒲且子：古代楚国擅长射鸟的人。弋：指用一根细小的绳子拴在箭上进行射击。

⑦缴（zhuó）：拴在箭上的绳子，用于射鸟。

⑧鸧（cāng）：又称“黄鹂”，鸣声悦耳。

【译文】

天下最公允的道理非均衡莫属。有形的事物也是如此。比如头发，别看它小，可是如果受力均匀，即使悬挂重物，它也不会断掉。但如果轻重不匀，头发丝就很容易断掉。这就是受力不均衡的缘故。当然如果受力均匀，原来该断的也不会断了。很多人可能认为事实不是这样。但是明白这个道理的人总是有的。

詹何用一根头发丝作为钓鱼的线，用非常细的芒针作为钓钩，用纤细的荆条作为钓鱼竿，将米饭切开作为鱼饵，从奔腾不息的河流中和深达几十丈的深渊中，用这样一根鱼竿就可以钓满一大车的鱼，而且鱼线还是好好的，鱼钩也没有弯，钓竿也是直直的。楚王听说这件事后，大感震惊，于是将詹何叫来，问他这是为什么。詹何说：“我记得我的父亲曾经说过，蒲且子射鸟的时候，用的是一把非常柔软的弓箭，箭尾上拴着细细的绳子，等到起风时拉弓射箭，一下子就可以射中高空中的两只黄鹂。这是因为他注意力集中，而且用力均衡的原因。我以这件事为启发，就模仿他的样子，开始学习钓鱼，我一共苦心钻研了五年才领会其中的真谛。当我坐在河塘边开始钓鱼的时候，心无旁骛，一心只想着鱼。我放出钓鱼的线，让鱼钩沉下去，我手中的力度都一直保持一个样，任何外界的事物都不能干扰到我。就这样，当鱼看见我投下的鱼饵时，就好像看见一块下沉的泥土，无数泡沫集中在一起一样，会毫不迟疑地咽下去。这就是我能用微小的力量降服强大的力量，用比较轻的物体将比较重的物体招来的道理。大王治理国家如果也能这样，就可以让全天下尽在掌握中，还用得着干其他太多的事情吗？”楚王听后连声叫好。

【原文】

鲁公扈、赵齐婴①二人有疾，同请扁鹊②求治。扁鹊治之。既同愈。

谓公扈、齐婴曰："汝曩之所疾，自外而干府藏[③]者，固药石之所已。今有偕生之疾，与体偕长，今为汝攻之，何如？"二人曰："愿先闻其验[④]。"扁鹊谓公扈曰："汝志强而气弱，故足于谋而寡于断。齐婴志弱而气强，故少于虑而伤于专。若换汝之心，则均于善矣。"扁鹊遂饮二人毒酒[⑤]，迷死三日，剖胸探心，易而置之；投以神药，既悟如初。

二人辞归。于是公扈反齐婴之室，而有其妻子，妻子弗识。齐婴亦反公扈之室，有其妻子，妻子亦弗识。二室因相与讼，求辨于扁鹊。扁鹊辨其所由，讼乃已。

【注释】

①鲁公扈、赵齐婴：一说两人是鲁国人，一说是赵国人。历史上没有事迹记载。

②扁鹊：姓秦，名越人，战国时期有名的医生。

③府藏：腑脏。

④验：症候，预兆。

⑤毒酒：用于对病人进行麻醉的药酒。

【译文】

鲁国的公扈和赵国的齐婴都患了疾病，一起去找当时的名医扁鹊看病。没过多久，扁鹊就将二人的病治好了。这时扁鹊对他们二人说："你们之前之所以生病，是因为外界的病菌进入到你们身体内部，干扰你们的脏器正常工作所造成的。用针灸和药物是可以治愈的。可是我发现你们还有一种先天的疾患，是随同身体一起生长的，现在我将这种病也替你们一起根治了如何？"公扈和齐婴说："你能先说说这种病都有什么症状吗？"扁鹊指着公扈说："你有滔天的谋略，可是气息比较弱，因此你善于谋划，却缺乏决断的勇气。而齐婴呢，气息强大，可是谋略性却很差。所以遇事过于独断专行，缺乏谋略。如果你们俩将心互换一下，你们两个人就都圆满了。"两人纷纷点头表示同意。于是扁鹊给他们二人服下麻醉汤药，让他们保持昏迷状态，然后他开始治疗。他切开两个人的胸膛，将心脏取出来进行互换。然后再给他们服用了一种灵丹妙药。两人苏醒过来以后，还和以前一样活蹦乱跳。

两人向扁鹊辞行，然后高高兴兴地回家。可是公扈回了齐婴的家，而且占有了他的妻子和儿女，齐婴的妻子和儿女却并不认识他；齐婴则到了公扈的家里，同样占有了他的妻子和儿女，公扈的妻子和儿女也不认识他。最后两家人发生了激烈的争吵。他们一起找到扁鹊，请他来评评理。扁鹊告诉了他们事情的来龙去脉，两家人才停止了争吵，各回各家。

【原文】

匏巴①鼓琴而鸟舞鱼跃。郑师文②闻之，弃家从师襄③游。柱指钧弦④，三年不成章。师襄曰："子可以归矣。"师文舍其琴，叹曰："文非弦之不能钩，非章之不能成。文所存者不在弦，所志者不在声。内不得于心，外不应于器，故不敢发手而动弦。且小假之，以观其后。"

无几何，复见师襄。师襄曰："子之琴何如？"师文曰："得之矣。请尝试之。"于是当春而叩商弦以召南吕⑤，凉风忽至，草木成实。及秋而叩角弦以激夹钟⑥，温风徐回，草木发荣。当夏而叩羽弦以召黄钟⑦，霜雪交下，川池暴沍⑧。及冬而叩徵弦以激蕤宾⑨，阳光炽烈，坚冰立散。将终，命宫⑩而总四弦，则景风翔⑪，庆云浮，甘露降，澧泉⑫涌。

师襄乃抚心高蹈⑬曰："微矣子之弹也！虽师旷之清角，邹衍之吹律⑭，亡以加之。被将挟琴执管而从子之后耳。"

【注释】

①匏（páo）巴：有名的乐师，擅长打鼓、弹琴。

②师文：春秋时期郑国有名的乐师，善弹琴瑟。

③师襄：春秋时鲁国的乐师，擅长弹琴、击磬。孔子曾拜他为师。

④柱指：确定音位。柱，又称"品"，指的是琴、瑟等需要拨弦的乐器指板上面的弦枕，有确定音位的作用。钧弦：调琴弦。钧，即"均"，指调节。

⑤商：中国古代五音之一。商为其中的金音，用以表现萧条的秋色。召：召来。这里指的是拨动琴弦，发出有旋律的曲调。南吕：十二律中的

第十律，与农历八月份相对应，将秋声与商弦结合在一起演奏。十二律是中国传统的律制，如果是偶数称为“吕”，奇数则称为“律”。

⑥角：五间的一种，它属于木音，表现的是春天。激：引起。与“召”的意思相同，表示拨动琴弦，奏出和谐的旋律。夹钟：十二律中的第四律，对应的是农历二月份，与角弦结合在一起演奏。

⑦羽：五音的一种，它属于水音，对应的是冬天。黄钟，十二律中的第一律，对应的是农历十一月份，与羽弦结合在一起演奏。

⑧暴：忽然。冱（hù）：冰冻。

⑨徵（zǐ）：五音的一种，它属于火音，表现的是夏天。蕤（ruí）宾：十二律中的第七律，与农历五月份相对应，与徵弦结合在一起演奏。

⑩宫：五音的一种，它属于土音，与四季相对应。这里指宫调，调式以七声之一的宫声为主。七声指的是宫、商、角、变徵、徵、羽、变宫，再配上十二律，可以演奏出八十四宫调。

⑪景风：和煦、安谧的风。翔：来回地飞。

⑫澧泉：甘甜的泉水。澧，即“醴”。

⑬抚：敲打。高蹈：手舞足蹈，表示非常高兴的样子。

⑭邹衍：战国末期齐国人，著名哲学家、阴阳家。吹律：用乐器笙、竽、管演奏。这里的律指的是十二律中的奇数律，分别是姑洗、夷则、黄钟、无射、太簇、蕤宾。传说邹衍吹律时，可以使北方不毛之地温暖如春，五谷都得到滋养。

【译文】

匏巴弹奏时，鸟儿高兴得在空中舞蹈，鱼儿欢快地在水里翻腾。郑国的乐师师文听说此事后觉得非常佩服，于是离家出走，请求拜师襄为师学习弹琴。他学习确定音位，拨动琴弦，可是如此过了三年依然不成曲调。师襄看到这种情况，认为他是学无所成，于是劝他回去算了。师文叹了一口气，然后放下琴对师父说，“我并不是不会拨动琴弦，也不是学不会弹奏曲调。最根本的原因在于我心里所想的根本不是琴弦，我的理想也不在声乐方面。人常说内因决定外因，我现在尚且不能对自己的心意把握好，乐器演奏时当然不能和我的心意相配合好，所以我畏惧，不敢大胆去拨动琴弦。请你再给我几天时间，看看效果如何吧！”

没过多长时间，师文再一次去见师襄。师襄问他现在练习得如何了，师文说：“我现在已经掌握了其中的奥秘，非常熟练啦，我弹一曲给您听听看。”当时正值春暖花开的季节，他拨动琴弦，弹奏了与秋天相对应的金间的商弦，它代表的是农历八月，金秋时节的南吕乐律，当萧瑟的琴声响起时，耳边似乎凉风阵阵，花草树木都硕果累累。当秋意正浓时，他又拨动代表春天的木间角弦，初春二月的夹钟乐律响起，温柔的春风拂过人的脸庞，树叶和青草都开始发芽，开花。当炎炎夏日来临时，他又拨动代表冬天的水音羽弦，演奏出农历十一月的黄钟乐律，激昂的琴声，顿时风雪交加，河水上冻。当冰冻的冬天来临时，他再次拨动代表夏天的火音徵弦，弹奏出代表缤纷五月的蕤宾乐律，热烈的琴声响起，烈日当头照，河里的坚冰开始融化。一曲终了，他就利用宫调来总括四弦，一时之间，大地一派祥和，和煦的风不断吹过人的脸庞，白白的云朵若隐若现，纯净的雨水从高空坠落，甘甜的泉水从地底下奔涌而出。

师襄听完后高兴得不知所以，说：“你演奏得太好啦！即便是师旷演奏的清角之曲、邹衍吹奏的笙管乐律，跟你一比，都逊色啦！不久以后，他们一定会带着琴瑟和笙管来找你拜师学艺啦！”

【原文】

薛谭学讴于秦青[1]，未穷青之技，自谓尽之，遂辞归。秦青弗止。饯于郊衢，抚节[2]悲歌，声振林木，响遏行云[3]。薛谭乃谢求反，终身不敢言归。

秦青顾谓其友曰：“昔韩娥[4]东之齐，匮粮，过雍门[5]，鬻歌假[6]食。既去而余音绕梁欐[7]，三日不绝，左右以其人弗去。”

“过逆旅，逆旅人辱之。韩娥因曼声哀哭[8]，一里老幼悲愁，垂泪相对，三日不食。遽而追之。娥还，复为曼声长歌，一里老幼喜跃抃舞[9]，弗能自禁，忘向之悲也。乃厚赂发之。故雍门之人至今善歌哭，放娥之遗声。”

【注释】

①薛谭、秦青：传说秦国两名擅长唱歌的人。

②抚：击打。节：用竹子制成的一种古代乐器，上面是合上的，下面是开口的，很像家里用的簸箕，用手拍打，可以发出悦耳的声音，用于唱歌时的一种伴奏乐器。

③响遏行云：比喻人唱歌的声音很响亮，直入云霄，连移动的云朵都被迫停了下来。遏：遏止。

④韩娥：传说中韩国非常擅长唱歌的人。

⑤雍门：齐国的城门。

⑥鬻（yù）：卖。假：借。

⑦梁欐：支柱、栋梁。

⑧ 曼声哀哭：很长时间的痛哭。

⑨抃（biàn）舞：因为高兴而手舞足蹈。抃，两手拍打。

【译文】

薛谭拜秦青为老师，学习唱歌，一段时间以后，他自认为自己已经掌握了秦青全部的唱歌技巧，就向秦青辞行，准备回家。秦青也不多说什么，就在城外的大路旁为他设宴饯行。吃饭时，秦青敲起拍板，大声唱起了歌。他的歌声响入丛林，直入云端，把天上移动的浮云都拦住了。薛谭顿时呆住了，觉得自己学的简直是九牛一毛。于是他向秦青道歉，请求老师收留他重新学习，再也不提回家的事情了。

秦青对在座的朋友说：“我给你们讲一个故事吧，说的是历史上一个有名的人物，她叫韩娥。有一次她去往东边的齐国，到达雍门时，她的干粮吃完了。于是她通过唱歌来换得食物。可是即便她离开了，她的歌声还久久盘桓在房梁上，真所谓是余音绕梁，三日不绝。住在这附近的人还以为她一直在这唱歌呢！

“后来，她又路过一家旅馆，里面的人出言羞辱她。她便失声痛哭。周围的人听到后无不替她哀伤，泪流满面，三天三夜进不了食，赶忙去把她追赶回来。韩娥回来以后，又开始高声唱歌，周围的乡亲们都高兴得手舞足蹈，将之前的悲痛都忘得一干二净了。大家还送给她许多财物，送她回家。这就是为什么齐国雍门一带的人一直到现在都善于唱歌和悲哭了，原来他们都是模仿了韩娥留下来的声音。”

【原文】

伯牙[1]善鼓琴，钟子期[2]善听。伯牙鼓琴，志在登高山。钟子期曰："善哉！峨峨兮若泰山！"志在流水，钟子期曰："善哉！洋洋[3]兮若江河！"伯牙所念，钟子期必得之。

伯牙游于泰山之阴，卒[4]逢暴雨，止于岩下；心悲，乃援琴而鼓之。初为霖雨之操[5]，更造崩山之音。曲每奏，钟子期辄穷其趣。伯牙乃舍琴而叹曰："善哉！善哉！子之听夫！志想像犹吾心也。吾于何逃声哉？"

【注释】

①伯牙：春秋时期的人，擅长弹琴。

②钟子期：春秋时代人，擅长倾听和欣赏音乐。

③洋洋：声势浩大的样子。

④卒：同"猝"，意料之外。

⑤霖雨：连绵不绝的大雨。操：一种琴曲，曲调哀怨，用以表达内心的忧愁，一般是处境艰难时所作。

【译文】

伯牙的琴弹得非常好，钟子期非常擅长欣赏弹琴。伯牙弹琴，内心里想的是巍峨的高山，钟子期听到他弹的琴声后说："真是妙极了！就像看到高耸的泰山一样。"伯牙又转换曲风，心里想的是波涛汹涌的流水，钟子期闻声又赞叹道："妙极了！那气势就像长江在奔腾一样。"无论伯牙在弹琴时想什么，钟子期都能从他的琴声中听出来。

有一次，伯牙到泰山北麓巡游，路上突然遇到大雨，他被困在了山石的下面。一时悲从中来，他就拿过琴演奏起来。最开始他弹的是表现连绵大雨的曲子，然后又弹奏出大山即将垮塌的情形。他每演奏一曲，钟子期都能听出其中的意趣。于是，伯牙只好放下琴，感叹道，"你真是能人啊，在鉴赏力方面，太神了！我心里想的都能被你看出来，我想隐藏自己的心声都不可能了！"

【原文】

周穆王西巡狩，越昆仑，不至弇山[①]。反还，未及中国，道有献工人名偃师[②]。穆王荐之，问曰："若有何能？"偃师曰："臣唯命所试。然臣已有所造，愿王先观之。"穆王曰："日以俱来，吾与若俱观之。"翌日偃师谒见王。王荐之，曰："若与偕来者何人邪？"对曰："臣之所造能倡[③]者。"穆王惊视之，趋步俯仰，信人[④]也。巧夫顉[⑤]其颐，则歌合律；捧其手，则舞应节。千变万化，惟意所适。王以为实人也，与盛姬[⑥]内御并观之。技将终，倡者瞬其目而招王之左右侍妾。王大怒，立欲诛偃师。偃师大慑，立剖散倡者以示王，皆傅会革、木、胶、漆、白、黑、丹、青[⑦]之所为。王谛料[⑧]之，内则肝胆、心肺、脾肾、肠胃，外则筋骨、支节、皮毛、齿发，皆假物也，而无不毕具者。合会复如初见。王试废其心，则口不能言；废其肝，则目不能视；废其肾，则足不能步。穆王始悦而叹曰："人之巧乃可与造化者同功乎？"诏贰车[⑨]载之以归。

夫班输之云梯[⑩]，墨翟之飞鸢[⑪]，自谓能之极也。弟子东门贾、禽滑釐[⑫]闻偃师之巧以告二子，二子终身不敢语艺，而时执规矩。

【注释】

①不至弇山：弇山，即崦嵫山，在今甘肃省天水西境。古代用它来指太阳落下的地方。这里的"不"字是衍生出来的。

②献工：指表演技艺。偃师：传说中的人物。

③倡：倡优，古代以表演歌舞为生的人。这里指的是表演歌舞、玩笑嬉戏，用作动词。

④信人：真人。

⑤顉：通"揿"（qìn），向下压。

⑥盛姬：周穆王的宠姬。

⑦傅会：即"附会"，勉强凑合。丹、白、青、黑，可以用于做颜料的矿物质，像丹砂、白垩、青雘（huò）和黑炭。

⑧谛：认真。料：检点，计算。

⑨贰车：从车。古代帝王坐车外出时后面跟着的车。

⑩班输：即鲁班，姓公输，名般。春秋时期鲁国人。中国历史上最负盛名的建筑工匠。云梯：古代打仗攻城时翻越城墙用的长梯子。据说是鲁班设计出来的。

⑪墨翟：春秋末期鲁国人，善于守城。墨家学派就是由他创立的。飞鸢：据说是墨翟用木头做成的飞鸟，可以飞起来。

⑫东门贾：鲁班的弟子。禽滑釐：最初拜师于子夏，后来到墨子门下学习，墨子将平生所学都教授给了他，精研攻防城池的战术。

【译文】

周穆王到西边去查看，路过昆仑山，登上了弇山。在回来的路上，还没到达国界，在路上碰到一个愿意向大王献艺的人，他叫偃师。穆王叫他上前来，问他："你有什么技艺可以展示？"偃师回答道："只要大王有需求，我一定全力以赴。可是在这之前，我自己制作了一样东西，烦请大王先看一下。"穆王说："那好吧，明天你把它带来，我们一起观看。"第二天，偃师依约来拜见周穆王，和他同行的还有一个人，于是穆王开口问道："和你同行的是谁呀？"偃师回答道："他是我自己制作的一个可以以假乱真的歌舞艺人。"穆王闻声惊讶地看了那人一眼，只见那个艺人脚步轻挪，一俯一仰之间和真人没有两样。真的是太精妙了。只见它抬起下巴就开始唱歌，节奏也非常合乎旋律。它将双手举起来就开始跳舞了，舞步都全部在节拍上。这人的动作富于变化，非常巧妙。穆王已经看花了眼，认为他就是个真人，于是叫来自己的宠姬盛姬和其他妃嫔们一起观看。就快要结束时，那个歌舞艺人突然眨巴眨巴眼睛去撩拨穆王身边的妃嫔。穆王勃然大怒，当场下令杀死偃师。偃师吓得双腿发软，心惊胆颤，连忙动身将歌舞艺人拆卸了，展示给穆王看。众人一看，才知道这个人是用木头、皮革、树脂、黑炭、青雘、丹砂、漆和白垩之类的材料制成的。穆王又仔仔细细检查了一遍，发现它的身体里面有心肺、脾脏、肾、肠胃、肝胆，外面则是由筋骨、皮毛、牙齿、肢节包裹而成的，没有一样东西是真的，但是非常齐全。当偃师将这些东西拼凑到一起，歌舞艺人就又活了。穆王尝试着将它的心脏取下来，它的嘴巴立刻就不能言语了。穆王又取下它的肝脏，它的眼睛就失去了看物的功能。穆王拿掉他的肾脏，它的双脚也马上失去作用了。穆王这下才真正相信了偃师所说的话，不禁感叹道："人的技艺竟然已经高超到这个地步，与天地自然可媲美了。"于是，离开的时候，他下令仆从将这个歌舞艺人放上马车，一起带回了自己的国家。

鲁班所制作的云梯，墨翟所制作的木鸢，本来他们以为自己的技艺已经是天下无敌，达到了最高境界。他们的学生东门贾和禽滑釐听说了偃师的事迹以后，就分别将这件事告诉了自己的老师。他们的老师听后不禁面露羞愧，并表示终身不再阔谈自己的技能，只是本本分分地拿着自己木工所用的圆规和直尺做着自己份内的事情，不断提高自己的水平。

【原文】

甘蝇①，古之善射者，彀弓②而兽伏鸟下。弟子名飞卫③，学射于甘蝇，而巧过其师。

纪昌④者，又学射于飞卫。飞卫曰："尔先学不瞬，而后可言射矣。"纪昌归，偃卧其妻之机下⑤，以目承牵挺⑥。二年之后，虽锥末倒眦⑦，而不瞬也。以告飞卫。飞卫曰："未也，必学视而后可。视小如大，视微如著，而后告我。"昌以氂⑧悬虱于牖，南面而望之。旬日之间，浸大也；三年之后，如车轮焉。以睹余物，皆丘山也。乃以燕角之弧、朔蓬之簳⑨射之，贯虱之心，而悬不绝。以告飞卫。飞卫高蹈拊膺曰⑩："汝得之矣！"

纪昌既尽卫之术，计天下之敌己者，一人而已，乃谋杀飞卫。相遇于野，二人交射，中路矢锋相触，坠于地，而尘不扬。飞卫之矢先穷，纪昌遗一矢。既发，飞卫以棘刺之端扞⑪之，而无差焉。

于是二子泣而投弓，相拜于涂，请为父子。尅臂⑫以誓，不得告术于人。

【注释】

①甘蝇：传说中擅长射箭的人。

②彀（gòu）弓：将弓弦拉满。

③飞卫：传说中擅长射箭的人。

④纪昌：传说中的射箭能手。

⑤偃卧：仰面平躺着。机：指织布的机器。

⑥牵挺：织布机的一个部位，用于提综的踏脚板。它连续不断地上下动作，可以用来训练眼睛的关注。

⑦锥末：锥尖。眦（zì）：眼角。靠近鼻子的为内眦，另一侧的则为外眦。

⑧氂（máo）：牛尾毛。

⑨燕角之弧：用牛角做成的弓，牛角是燕国生产的。朔蓬之簳（gǎn）：用楚国蓬梗做成的箭。朔，“荆”字之误。荆，楚国，盛产好的竹子。蓬，一种草，杆可用来做箭。簳，箭杆。

⑩膺（yīng）：胸膛。

⑪棘刺：荆棘上尖尖的刺。扞：与“捍”同义，指防护。

⑫尅臂：在胳膊上刻下印迹。尅，即“刻”。

【译文】

甘蝇是古代一个非常有名的射箭能手。只要他一开弓，弓声响起，野兽就吓得倒地，飞鸟就吓得掉下。他有一个弟子叫飞卫，向他潜心学习射箭，没过多久，他已经青出于蓝胜于蓝，超过了自己的老师。

纪昌听说飞卫是个射箭能手，于是向他拜师学艺。飞卫说：“你首先要学习的是专注，死盯一个目标不放松，而且眼睛不要眨，这项技能练成了，你才能来学习射箭。”纪昌回到家就仰躺在他妻子的织布机下面，眼睛一刻不停地盯着织布机的脚踏板。两年以后，就算锋利的锥尖刺到他的眼眶边，他都依然不眨眼。他觉得自己练成了，于是飞奔去告诉飞卫。飞卫听他说完后，说：“你这样还不行，你还必须继续练，将眼力练得足够好才能学习射箭。当你练到极小的物体在你眼里却变得很大，极模糊的物体你却能看得清清楚楚时，你再来告诉我。”回到家后，纪昌在牛尾巴毛上系上一只虱子，挂在窗口。每天，他都一眨不眨地盯着它看。十几天以后，他发现小小的虱子在他眼中变得越来越大。又过了三年，那只小虱子在他眼里竟变得像车轮子般大小。他再看其他的物体，发现它们的体积都变大了，就好像一座座小山包一样。于是他便用燕国牛角做成的弓，楚国蓬杆做成的箭，拉弓向虱子射去，箭穿透了虱子的心，而牛尾巴毛却没有断掉。他觉得自己成功了，于是又跑去告诉飞卫。飞卫听说后也非常高兴，一蹦三尺高，并告诉纪昌："你现在已经真正掌握射箭的秘诀了。"

纪昌将飞卫的箭术全部学到手以后，就在心里想，这个天下，能同我势均力敌的，恐怕也只有一个人，而那个人就是飞卫。于是他便有了谋杀飞卫的想法。有一次，两人在野外不期而遇，就拉弓开始进行对射。只见两只箭头在飞行的过程中碰到了一起，然后双双落到了地上，却没有扬起一丝灰尘。飞卫的箭首先告罄，纪昌还剩下最后一只箭。纪昌毫不迟疑，继续搭弓射箭，只见飞卫随手拿起棘刺的尖端挡住了迎面而来的箭，没有丝毫差池。

两个人激动得哭着扔下弓，拥抱在一起，并决定结为父子。他们还分别在手臂上刻下印记，以示盟约，坚决不将射箭的窍门告诉其他人。

【原文】

造父之师曰泰豆氏[①]。造父之始从习御也，执礼甚卑，泰豆三年不告。造父执礼愈谨，乃告之曰："古诗言：'良弓之子，必先为箕；良冶[②]之子，必先为裘。'汝先观吾趣[③]。趣如吾，然后六辔[④]可持，六马[⑤]可御。"造父曰："唯命所从。"泰豆乃立木为涂，仅可容足；计步而置，履之而行。趣走往还，无跌失也。

造父学之，三日尽其巧。泰豆叹曰："子何其敏也？得之捷乎！凡所御者，亦如此也。曩汝之行，得之于足，应之于心。推于御也，齐辑乎辔衔[⑥]之际，而急缓乎唇吻之和；正度乎胸臆之中，而执节乎掌握之间。内得于中心，而外合于马志，是故能进退履绳而旋曲中规矩[⑦]，取道致远而气力有余，诚得其术也。

"得之于衔，应之于辔；得之于辔，应之于手；得之于手，应之于心。则不以目视，不以策驱；心闲体正，六辔不乱，而二十四蹄[⑧]所投无差；回旋进退，莫不中节[⑨]。然后舆轮之外可使无余辙，马蹄之外可使无余地；未尝觉山谷之险，原隰之夷[⑩]，视之一也。吾术穷矣，汝其识之！"

【注释】

①泰豆氏：传说中擅长赶马车的人。泰豆，也称“大（tài）豆”。

②良冶：擅长铸造金属器具的人。

③趣（qū）：快步行走。

④六辔（pèi）：古代的马车一般配四匹马，共有八根缰绳，但最外面两匹马的缰绳是系在车身上的，这样驾车者的手中就只有六根缰绳。辔，缰绳。

⑤六马：古代皇帝的马车配六匹马拉车。

⑥齐：协调。辑：本来指车舆，在这里指拉车的马。衔：放在马嘴巴里用来驾驭马的铁片。

⑦履绳：按照规矩来。绳，正，直。旋曲中规矩：指车马的驾驭也要合乎社会规则。规矩：即制度，准则。

⑧二十四蹄：指天子车舆由六匹马拉车，所以有二十四蹄的说法。

⑨中节：合乎节度。

⑩夷：光滑，平整。

【译文】

造父拜泰豆氏为师，向他学习赶车的技术，他对老师的态度一直都非常尊敬。可是转眼间三年过去了，老师泰豆却没有教给他一丁点儿驾车的技术。造父没有气馁，依然非常恭敬地对待老师。泰豆这时才对造父说：“古诗说的好，制弓能手的儿子，首先学会的是制作簸箕；打铁能手的儿子，首先学会的是如何缝补皮袄。现在你就来观察我是如何走路的。只要你能像我一样走路，你就可以手握六根缰绳，开始驾驭六匹马了。”造父说：“我谨遵师父的教诲。”于是泰豆在道路上竖立起一根根木桩，每根木桩上只能踏下一只脚，他又按照人走路步伐的长短来决定木桩之间的间距，然后自己踩在木桩上行走。只见他健步如飞地在木桩上行走，既没有摔下来，也没有走错一步。

造父非常佩服，于是回家勤学苦练，只用了短短三天时间，他就学会了如何在木桩上行走。泰豆看到这种情形对造父大加赞赏，说：“你真是太聪明了，学东西太快了。一般人赶马车，原理也和这是一样的。刚刚你在木桩上行走时，已经做到了落脚稳，与心的节拍一致。以此类推，你如果赶马车，你手里要控制的东西只有两样，一个是缰绳，一个是衔铁，只要你将这两样控制好了，嘴里再有节奏有轻重地吆喝，你就可以自如地控制马车行走的速度。你要在自己心中把握正确的驾车方法，配合手里适度的节奏。内你可以控制自己的心，外可以契合马的脾性。这样驾车，前进和倒退就像沿着一根准绳一样直，转圈就像照着圆规一样精确。这样不仅走得远而且游刃有余。这也表示你真正掌握了驾车的技术。

“衔铁要做到运用自如，就要与缰绳保持一致；缰绳要想收放有度，就必须与人的手相对应。而人的手掌要想控制有度，就必须与人的心智相对应。要是能做到这样，你就不需要依赖眼睛来观察，不需要依赖马鞭来驱赶。心神俱宁，身体端正，缰绳不乱，而且二十四只马蹄落地没有丝毫差池，前进后退都在节点上。然后你就可以在只容下车轮宽的小路上行驶了，也可以在只容下马蹄的险峻山路上行驶。这时，你根本不会感觉到高山峡谷的危险，也感觉不到平原洼地的平整，你会觉得走在哪儿都一样了。这些就是我全部的技术，现在我全部传授给你了，你好好记住就行了。”

【原文】

魏黑卵以暱嫌杀丘邴章[①]。丘邴章之子来丹谋报父之仇。丹气甚猛，形甚露，计粒而食，顺风而趋。虽怒，不能称兵以报之。耻假力于人，誓手剑以屠黑卵。黑卵悍志绝众，力抗百夫，节骨皮肉，非人类也。延颈承刃，披胸受矢，铓锷摧屈[②]，而体无痕挞。负其材力，视来丹犹雏鷇[③]也。来丹之友申他[④]曰：“子怨黑卵至矣，黑卵之易[⑤]子过矣，将奚谋焉？”来丹垂涕曰：“愿子为我谋。”申他曰：“吾闻卫孔周其祖得殷帝[⑥]之宝剑，一童子服之，却三军[⑦]之众，奚不请焉？”

来丹遂适卫，见孔周，执仆御之礼[⑧]，请先纳[⑨]妻子，后言所欲。孔周曰：“吾有三剑，唯子所择；皆不能杀人，且先言其状。一曰含光，视之不可见，运之不知有。其所触也，泯然无际[⑩]，经物而物不觉。二曰承影，将旦昧爽之交，日夕昏明之际，北面而察之，淡淡焉[⑪]若有物存，莫识其状。其所触也，窃窃然[⑫]有声，经物而物不疾也。三曰宵练，方昼则见影而不见光，方夜见光而不见形。其触物也，騞然[⑬]而过，随过随合，觉疾而不血刃焉。此三宝者，传之十三世矣，而无施于事。匣而藏之，未尝启封。”来丹曰：“虽然，吾必请其下者。”

孔周乃归其妻子，与斋七日。晏阴之间[⑭]，跪而授其下剑，来丹再拜受之以归。

来丹遂执剑从黑卵。时黑卵之醉偃于牖下，自颈至腰三斩之。黑卵不觉。来丹以黑卵之死，趣而退。遇黑卵之子于门，击之三下，如投虚[15]。黑卵之子方笑曰：“汝何蚩[16]而三招予？”来丹知剑之不能杀人也，叹而归。黑卵既醒，怒其妻曰：“醉而露我，使我嗌疾而腰急[17]。”其子曰：“畴昔[18]来丹之来，遇我于门，三招我，亦使我体疾而支疆[19]，彼其厌[20]我哉！”

【注释】

①黑卵、丘邴章：春秋时期的人。暱嫌：私底下的仇恨。

②铓（máng）锷摧屈：刀箭的尖锋弯曲。铓、锷，都是指刀剑等尖锐器具的刃端。

③雏鷇（kòu）：雏鸡和小鸟。鷇：指还需要母鸟喂食的小鸟。

④申他：传说中春秋时期人。

⑤易：轻视，小看。

⑥孔周：传说春秋时期卫国人。殷帝：名成汤，是商朝的第一个帝王。

⑦三军：春秋时期，大国一般设三支军队，分别为左军、中军、右军。

⑧仆御之礼：马夫、仆从等人应该遵守的礼节。

⑨纳：进贡。这里有做抵押物的意思。

⑩泯然：比喻事物消失得无影无踪的样子。泯，没有了。际：缝隙，原指墙与墙之间的缝隙。

⑪淡淡（yàn）焉：若隐若现，就像有水在晃动的样子。

⑫窃窃然：窸窸窣窣的声音，指声音很小可是听着很清楚的响声。

⑬騞（huō）然：用刀劈开物体的声音。

⑭晏阴之间：指半晴半阴。晏，指天清无云。

⑮投虚：投放进虚无里。

⑯蚩：即“嗤”，嘲笑。

⑰嗌（yì）疾：咽喉疼。嗌，指咽喉部位。腰急：腰部疼痛。

⑱畴昔：刚刚，日前。

⑲支疆：四肢僵直。支，同“肢”。疆，通“僵”，僵直。

⑳厌（yā）：即“厌胜”。古代的一种巫术。用诅咒的方法降服人和物。

【译文】

魏黑卵因为私下里和丘邴章结仇，一怒之下杀了丘邴章。丘邴章的儿子来丹想替父亲报仇。虽然他来势凶猛，可是他的身体太羸弱了，吃饭基本上可以数清多少粒米，起风时必须顺着风走，不然就会被风吹走。虽然他满腔怒火，可是却手无缚鸡之力，拿不起来兵器报仇。可是他又以借助别人的力量帮助自己为耻，暗暗立誓要自己亲手用剑杀死黑卵。可是黑卵身强体壮，彪悍凶猛，比一般人都强势，可以以一抵百。他的筋骨皮肉也和一般人不一样。他经常将脖子伸去给别人砍，将胸膛敞开让箭射，刀箭的锋刃都折断变弯了，可是他却毫发无伤。黑卵自恃自己强壮，认为来丹只不过是一只瘦弱的小鸟而已，根本没将他放在心上。来丹的朋友申他说：“你对黑卵的仇恨已达到极致，而黑卵也太小瞧你了。你有什么打算呢？”来丹一边流泪一边说：“你能帮我想想办法吗？”申他说：“我听人说卫国人孔周的祖先曾经被商朝大王赐予一把宝剑，即便是一个小孩子佩戴上它也能将三军人马吓走。你为什么不去请求孔周借你一用呢？”

听完申他的话，来丹就启程来到卫国。他专程找到孔周，对孔周行了仆人的礼节。他请求孔周收下自己的妻子和儿女作为抵押，将宝剑赐给他一用。孔周说：“我一共有三把宝剑，你可以从中选择一把。但是这三把宝剑都不能作为杀人的利器，现在让我来告诉你它们各自的特点。第一把宝剑名为含光，它是无形的，你无法用眼睛看到，也不能用手摸到，你也感觉不到它的存在。当它经过你的身体，你的身体不会留下疤痕，就算刺过身体，你也没有感觉。第二把宝剑叫承影，清晨时分，当天还没有大亮时；黄昏时分，当光线还若有若无时，你面向北方仔细观察它，你就会隐约看到它的影子，但是你依然不能看到它的形状。它经过的地方，只会发出细小的声音，刺过你的身体依然感觉不到痛苦。第三把宝剑叫宵练，你在白天可以看到它的影子，可是无法瞧见它的光芒。到了晚上，你只可以看见它的光芒，却瞧不见它的影子。用它来刺你的身体，只听刷的一声，剑锋过去，你的伤口愈合了。虽然你会感觉到疼痛，可是宝剑不会沾上鲜血。这三样宝物，我们祖祖辈辈一直传下来，迄今为止已经传了十三代了，从来没有开启过，一直在匣子里装着。”来丹恳切地说：“既然这样，那么我请求你将最后那一把剑借给我。”

孔周将来丹的妻子儿女还给他，又和他一起清心斋戒了一个星期。当天色半晴半阴时，孔周跪着将宝剑给他，来丹再一次叩首，拿着剑回来了。

回来之后，来丹就开始拿着宝剑尾随黑卵。有一天，正好黑卵喝醉了酒，仰躺在窗下，来丹一个箭步冲上去，对准他的头颈、腰部连砍了三剑。黑卵一动不动，来丹以为黑卵毙命了，便急忙拿着剑离开。刚走到门口，他遇到了黑卵的儿子，来丹又对着他连砍三下，可是他感觉就好像对着空气在砍，一片虚无。黑卵的儿子笑了，说："你干嘛呢？为什么对我连招了三次手？你存心戏弄人的吧？"来丹听了，明白孔周的话是真的，这种宝剑确实不能杀死人，只能长叹一口气回去了。黑卵宿醉醒来，对老婆大发雷霆，说："我喝醉了酒，你为什么不扶我回去啊？让我睡在露天里，你看看现在好了，我的咽喉也疼，腰也酸。"正好这话被他儿子听到了，他说："刚才来丹到我们这儿来了，我正好在门口遇见他，他好奇怪，对我连招了三次手，现在我身体也疼，四肢僵直。这家伙是不是会什么法术，在变相咒我们呢！"

【原文】

周穆王大征西戎[①]，西戎献锟铻[②]之剑，火浣之布[③]。其剑长尺有咫[④]，练钢[⑤]赤刃；用之切玉如切泥焉。火浣之布，浣之必投于火；布则火色，垢则布色；出火而振之，皓然疑乎雪。皇子以为无此物，传之者妄。萧叔[⑥]曰："皇子果于自信[⑦]，果于诬[⑧]理哉！"

【注释】

①西戎：泛指古代西北戎族。

②锟铻：新疆境内山名，山内有铁矿可制作刀剑。

③浣：洗。火浣：指在火中洗涤。火浣布：就是现在的石棉布。

④咫：八寸。尺有咫：即一尺八寸。

⑤练钢：意通炼钢。

⑥萧叔：人名，来历不详。

⑦果于自信：主观武断，只认同自己所认为的。

⑧诬：把没有的事情说成有的或者把有的事情说成没有。

【译文】

周穆王大举出征西北戎族，西北戎族向周穆王献出宝贝锟铻宝剑，火浣之布。宝剑长一尺八寸，钢铁炼制而成，锋刃呈赤红色，非常锋利，切玉石如切泥块一般容易。火浣布，必须丢入火中清洗，当布被烧得通红，布上的污垢被烧成布的颜色时，从火中取出将布抖抖，布便去掉了污垢如白雪一般干净。皇子觉得世上根本就没有这样神奇的物品，说有这种宝贝的人必定是骗人的。萧叔说道："皇子太武断自信了，只相信自己的观点，不合自己观点的事情和真理都认为是不存在的！"

说符篇

【原文】

子列子学于壶丘子林。壶丘子林曰："子知持后[①]，则可言持身矣。"列子曰："愿闻持后。"曰："顾若影，则知之。"列子顾而观影：形枉[②]则影曲，形直则影正。然则枉直随形而不在影，屈申任物而不在我，此之谓持后而处先。

【注释】

①持后：谦虚，不争强好胜。

②枉：不直。

【译文】

列子跟随壶丘子林学习道。壶丘子林对列子说："你首先要有一颗谦虚的心，接下来才是如何去做。"列子回答："希望您能够告诉我，如何才能拥有谦虚的心态，我洗耳恭听。”壶丘子林继续说道：“只需要朝自己的影子看一下，你就会明白。”于是，列子冲自己影子看了看：弯曲身子，影子也会弯曲；挺直身子，影子自然就直了。这么看来，影子形状的变化，是由身体所决定的；为人处世上，外物决定了自己到底是窘迫还是顺达，这些不是自己能够改变的，而这恰恰就是保持谦让才能让自己走在前面的道理。

【原文】

关尹谓子列子曰：“言美则响美，言恶则响恶；身长则影长，身短则影短。名也者，响也；身[①]也者，影也。故曰：慎尔言，将有和之；慎尔行，将有随之。是故圣人见出以知人，观往以知来，此其所以先知之理也。

“度[②]在身，稽在人。人爱我，我必爱之；人恶我，我必恶之。汤、武爱天下，故王；桀、纣恶天下，故亡，此所稽也。稽度皆明而不道也，譬之出不由门，行不从径也。以是求利，不亦难乎？尝观之神农、有炎[③]之德，稽之虞、夏、商、周之书，度诸法士[④]贤人之言，所以存亡废兴而非由此道者，未之有也。”

【注释】

①身：因果报应。遭遇的结果都是由行动所致。

②度：标准、法度或是礼度。

③神农：古时发明医药与农业的人。有炎：指炎帝。有说法是，炎帝和神农氏为同一人。

④度（duó）：估计，推断。法士：崇尚依法治国的人。

【译文】

关尹告诉列子：“说得好，就会得到好的回声；说的恶，就会得到恶的回复；身子挺拔，影子就挺拔；身子矮小，影子就矮小。人的声誉，就如同回声；所得的回报，就如同影子。因此：说话时须小心，因为会招来相同的回声；做事要磊落，因为有影子相伴。所以，仅听见一人的话语，圣人便能得知他人对其的看法，对过去所作所为进行查看，就能知晓未来的走向，这便是圣人能早预测的原因。

“自己能够规范行为，但对此进行检验的，却是他人。我受到尊敬，肯定也会尊敬对方；我受到厌恶，肯定也会厌恶对方。成汤、周武爱戴众生，因此受到尊敬；夏桀、商纣憎恶众生，因此国灭身亡，这些都源于客观检验的结果。客观检验与自身行为的礼度都已明确，却没有遵守，就如同出门不经过大门，走路时不走道路。要是通过这些背离常理之法获取私利，难道不难吗？我对神农、炎帝的品德进行了考究，对虞舜、夏禹、商汤、周武等有关典籍进行核查，对尊崇法制与感化众生的说法进行思考，最后发现，若是朝代兴亡的规律被破坏，这个朝代肯定命数不长。”

【原文】

严恢[①]曰：“所为问[②]道者为富，今得珠亦富矣，安用道？”子列子曰：“桀、纣唯重利而轻道，是以亡。幸哉余未汝语也！人而无义，唯食而已，是鸡狗也。强食靡角[③]，胜者为制，是禽兽也。为鸡狗禽兽矣，而欲人之尊己，不可得也。人不尊己，则危辱及之矣。”

【注释】

①严恢：人的名字。

②问：同“闻”。

③强（qiǎng）食靡角：因抢夺食物而斗争。强：蛮力。

【译文】

严恢说：“若是学道之人以富有为目的，我现在拿到金钱照样能富有，如此一来，道又有何用？”列子说：“夏桀、商汤仅看到金钱，却将道抛在一边，因此毁灭了。幸亏我还没有对你说呢！要是人连道义都不知晓，只晓得吃喝，那不就是鸡狗吗！争强好胜抢夺食物，靠打架赢出王者，仅是禽兽的行为。要是行为如鸡狗、禽兽，还想获得他人的尊敬，简直天方夜谭。等到不受尊重的那天，就是迎来耻辱与灾难的时候了。”

【原文】

列子学射中[①]矣，请[②]于关尹子。尹子曰：“子知子之所以中者

乎？”对曰：“弗知也。”关尹子曰：“未可。”退而习之。三年，又以报关尹子。尹子曰：“子知子之所以中乎？”列子曰：“知之矣。”关尹子曰：“可矣；守而勿失也。非独射也，为国与身亦皆如之。”故圣人不察存亡而察其所以然。

【注释】

①中：正中靶心。

②请：传达，告诉。

【译文】

列子经过训练，射箭技术已能正中靶心，就去跟关尹子汇报。关尹子说："知道你为什么能射中吗？"列子说："不晓得。"关尹子说："这说明，你还没达到一定程度。"于是，列子继续练习。三年后，又向关尹子汇报。关尹子问："现在你知道为什么了吗？"列子答道："晓得了。"关尹子说："好了，你现在需要做的，就是谨记这里面的哲理，绝不违反。无论是射箭，还是国家整顿、身心修炼都是如此。"所以圣人不仅仅关注于事物表面的兴衰成败，而是要探究内部成因。

【原文】

列子曰："色①盛者骄，力盛者奋②，未可以语道也。故不班白语道③，失，而况行之乎？故自奋则人莫之告。人莫之告，则孤而无辅矣。贤者任人，故年老而不衰，智尽而不乱。故治国之难在于知贤而不在自贤④。"

【注释】

①色：脸色，气血。

②奋：奋发向上。

③班白：老人白发。班，同"斑"。

④自贤：凭借自身的才智与能力。

【译文】

列子说："心气大的人极易骄纵，身体强壮的人极易生气，这些人都不是论道的对象。所以，头发未曾花白的人论道时，都会失去道本身的含义，更别说是践行了。因此，没人会劝说骄纵发火的人，正因无人劝说，他便孤身一人。有才能的人能够对他人进行任用，即便年龄很大，依旧没有减退处理事务的能力，即便用尽智慧，却不会迷乱心神。所以，国家整治的难点，便是能不能任用贤才，并不只依靠自己的能力。”

【原文】

宋人有为其君以玉为楮叶①者，三年而成。锋杀茎柯②，毫芒繁泽③，乱之楮叶中而不可别也。此人遂以巧食④宋国。

子列子闻之，曰：“使天地之生物，三年而成一叶，则物之有叶者寡矣。故圣人恃道化而不恃智巧。”

【注释】

①楮（chǔ）叶：构树叶。

②锋杀（shài）茎柯：肥瘦合适的茎叶，接近实物。

③毫芒繁泽：光亮又茂密的细毛。

④食：拿到俸禄，名词作动词。

【译文】

宋国有人花费三年，雕刻玉质楮叶，向国君奉上。玉叶有肥瘦合适的茎叶与长柄，光亮茂密的细毛，就算与真叶子混在一起，也不易分辨。凭借精湛的手法，此人获得俸禄。

列子听闻后，说道：“要是天地三年才将一片叶子孕育出来，那树叶便是稀有之物，因此，圣人在教化时凭借的是自然法则，不仅是个人技法。”

【原文】

子列子穷，容貌有饥色。客有言之郑子阳①者，曰：“列御寇盖有道之士也，居君之国而穷。君无乃②为不好士乎？”郑子阳即令官遗③之粟。子列子出见使者，再拜而辞。使者去。子列子入，其妻望之而拊心④曰：“妾闻为有道者之妻子皆得佚乐。今有饥色，君过⑤而遗先生食。先生不受，岂不命也哉？”

子列子笑谓之曰：“君非自知我也。以人之言而遗我粟，至其罪我也，又且以人之言，此吾所以不受也。”其卒[⑥]，民果作难而杀子阳。

【注释】

①子阳：郑国宰相。

②无乃：难道不是。

③遗（wèi）：赠与。

④望：抱怨，怪罪。拊心：敲打胸口，非常生气的模样。

⑤过：探视。

⑥其卒：最终。

【译文】

列子生活困窘，面有肌色。门客告诉郑国宰相子阳：“列御寇原本是有道之士，在您国度中却过得如此困窘，您应该对贤能之人没有好感吧？”子阳听后，便马上让人送去粮食。列子接见来人，多次感谢，却没有接受粮食。来人离去，列子进入屋里，妻子对他埋怨不已，生气地说：“其他有道之士的家人都能有好日子，但我们却贫困潦倒。现在国相派人赠予粮食，你却推辞，我的命简直太苦了！”

列子笑笑说：“国相自己并不欣赏我。仅仅听了他人的话，就赠予粮食。他日，也会听他人的话，给我施加罪责。这就是我为什么不接受的原因。”最后，子阳真的被郑国百姓取掉了性命。”

【原文】

鲁施氏有二子，其一好学，其一好兵。好学者以术干[①]齐侯；齐侯纳之，以为诸公子之傅[②]。好兵者之楚，以法[③]干楚王；王悦之，以为军正[④]。禄富其家，爵荣其亲。

施氏之邻人孟氏，同有二子，所业亦同，而窘于贫。羡施氏之有，因从请进趋之方。二子以实告孟氏。孟氏之一子之秦，以术干秦王。秦王曰：“当今诸侯力争，所务兵食而已。若用仁义治吾国，是灭亡之道。”遂宫[5]而放之。

其一子之卫，以法干卫侯。卫侯曰：“吾弱国也，而摄[6]乎大国之间。大国吾事之，小国吾抚之，是求安之道。若赖兵权[7]。灭亡可待矣。若全而归之，适于他国，为吾之患不轻矣。”遂刖[8]之，而还诸鲁。

既反，孟氏之父子叩胸而让[9]施氏。施氏曰：“凡得时者昌，失时者亡。子道与吾同，而功与吾异，失时者也，非行之谬也。且天下理无常是，事无常非。先日所用，今或弃之；今之所弃，后或用之。此用与不用，无定是非也。投隙抵时[10]，应事无方，属乎智。智苟不足，使若博如孔丘，术如吕尚[11]，焉往而不穷哉？”

孟氏父子舍然无愠容[12]，曰：“吾知之矣，子勿重言！”

【注释】

①干：谋取。

②傅：师父。

③法：此处指兵法。

④军正：军队的长官。

⑤宫：指宫刑。

⑥摄：胁迫。

⑦兵权：调动兵力的方法，谋略。

⑧刖（yuè）：酷刑之一，断脚。

⑨叩胸：捶打胸口。表示生气。让：怪罪。

⑩投隙抵时：找准机会，迅速行动。

⑪吕尚：齐国鼻祖，姜太公。据说他通读史略，善于用兵，辅佐武王讨伐商。

⑫愠（yùn）容：生气的样子。

【译文】

鲁国一施姓人家有两个儿子，一个偏向学问，一个偏向军事。喜欢学问的儿子凭借学术，向齐侯谋取职务。齐侯将他录用，担任公子老师一职。爱好军事的儿子凭借兵法，向楚王谋取职务，深受楚王喜爱，任他为军长。家里也因两个儿

子的俸禄变得富裕，亲戚也以此为荣。

施家的邻居孟家，同样有一对儿子，所学也与施家儿子一样，但是却过得贫困潦倒。对于施家的富裕，羡慕不已，他们便前去讨教如何获取功名。施家两个儿子告诉他们全部内容。于是，孟家的一个儿子去了秦国，凭借学术，向秦王谋取职务。秦王说："现在众诸侯都凭借武力征讨江山，现在最需要的，是壮大军队，满足军队需要。要是凭借仁义礼智，简直是走向毁灭。"于是，他被处以宫刑后，才得以释放。

孟家另一个儿子去了卫国，凭借兵法，向卫侯谋取职务。卫侯说："我们是小国，在强国夹缝中生存。侍奉大国，安抚小国，以此得以安全。要是凭借兵法，就要走上毁灭了。要是让你安然回去，前往他国，肯定会造成灾祸。"他双脚被砍断后，才得以释放。

回家后，孟家父子生气不已，对施家进行责骂。施家说："无论任何事情，找对时机就能昌盛，失去时机就会失败。虽然你们与我们的方法相同，却得到不同的效果，就是因为没抓住时机，而不是方法错误。况且，世间正确道路并不是永恒的，错误也是一样。之前被运用的，此时或许就被摒弃了；此时被摒弃的，或是以后会用到的。能不能运用，不是一成不变的。找准机会，果断行动，对于事情的发展变化，方法不一，这便是智谋。要是缺少智谋，即便你像孔夫子一般博学，像姜太公一般熟练兵法，到哪里去不会受挫呢？"

孟氏父子猛然消气，说："知道了，别继续说下去了！"

【原文】

晋文公①出会，欲伐卫，公子锄仰天而笑。公问何笑。曰："臣笑邻之人有送其妻适私家②者，道见桑妇，悦而与言。然顾视其妻，亦有招之者矣。臣窃笑此也。"

公寤③其言，乃止。引师而还，未至，而有伐其北鄙者矣。

【注释】

①晋文公：春秋时晋国国君。名重耳。公元前636年至前628年在位，曾在践土（今河南荥阳东北）大会诸侯，成为霸主。

②私家：娘家。

③寤：顿悟。

【译文】

晋文公集合诸侯，带兵欲向卫国发起进攻。一边的公子锄大声笑起来。晋文公问他原因。他说：“我在笑邻居，他将妻子送往娘家，在路上遇到采桑妇人，心生喜欢，便与她说笑。但是，当他看向妻子时，发现她正在被其他男人招引。我就是在笑这个。”

晋文公明白了他话中的含义，便放弃进攻。当他返回时，还未到晋国，就看到北部边界正被他国侵犯。

【原文】

晋国苦盗，有郄雍[①]者，能视盗之貌，察其眉睫之间，而得其情。晋侯使视盗，千百无遗一焉。晋侯大喜，告赵文子曰：“吾得一人，而一国盗为尽矣，奚用多为？”文子曰：“吾君恃伺察而得盗，盗不尽矣，且郄雍必不得其死焉。”俄而群盗谋曰：“吾所穷者郄雍也。”遂共盗而残[②]之。

晋侯闻而大骇，立召文子而告之曰：“果如子言，郄雍死矣！然取盗何方？”文子曰：“周谚有言：察见渊鱼者不祥，智料[③]隐匿者有殃。且君欲无盗，莫若举贤而任之；使教明于上，化行于下，民有耻心，则何盗之为？”于是用随会知政[④]，而群盗奔秦焉。

【注释】

①郄（xì）雍：人名。

②残：取掉性命。

③智料：凭借机智计算。

④随会：人名。知政：主持政事。

【译文】

晋国因强盗祸端烦恼，有个叫做郄雍的人，能够从强盗面貌和神色中，判断实情。于是，他被晋侯安排辨别盗匪，在成千上百的人群中，一个都没有漏掉。

晋侯非常高兴，对赵文子说道："我有一个人才，几乎消灭了全国的强盗，其他人还有什么用呢？"赵文子回答："君主凭借观察将盗匪抓住，肯定没有尽头，并且，郄雍也会死于非命。"没过多长时间，盗匪们一起商量："是郄雍将我们逼死的。"之后便一起杀死了郄雍。

知道此事后，晋侯非常震惊，立马传唤赵文子："真如爱卿所说，郄雍被杀死了！但是，到底如何将强盗抓获呢？"文子回答："周人有这样一句俗语：看清深水鱼儿的人一定不吉利，能将藏身之处算出的人肯定会遭遇祸害。要是您想抓获强盗，可以任用贤才；朝廷上形成廉政，朝廷下作风良好，使民众明白羞耻，这样一来，谁还会当盗匪呢？"于是，晋侯任用随会主持政事，强盗便向秦国逃去了。

【原文】

孔子自卫反鲁，息驾乎河梁[①]而观焉。有悬水三十仞[②]，圜流[③]九十里，鱼鳖弗能游，鼋鼍弗能居，有一丈夫方将厉[④]之。孔子使人并涯[⑤]止之，曰："此悬水三十仞，圜流九十里，鱼鳖弗能游，鼋鼍弗能居也。意者[⑥]难可以济乎？"丈夫不以错意[⑦]，遂度[⑧]而出。孔子问之曰："巧乎？有道术乎？所以能入而出者，何也？"丈夫对曰："始吾之入也，先以忠信；及吾之出也，又从以忠信。忠信错吾躯于波流，而吾不敢用私，所以能入而复出者，以此也。"孔子谓弟子曰："二三子识之！水且犹可以忠信诚身亲之，而况人乎？"

【注释】

①河梁：即今吕梁。

②悬水：瀑布。仞：古时度量单位，一仞为八尺。

③圜流：湍急流水。

④厉：涉水。

⑤并涯：沿水崖行走。涯，同"崖"。

⑥意者：大概，恐怕。

⑦不以错意：没放到心里。错，通"措"。

⑧度：通“渡”。

【译文】

孔子在卫国回鲁国的路上，在河梁停下车马，稍作休息。有条高足三十丈、涡流九十里的瀑布，鱼鳖、鼋鼍都无法在此处生存。有名男子非要从此处游过去。孔子让人去劝他，说：“这条瀑布有三十丈高，九十里涡流，水流凶险，就连鱼鳖、鼋鼍也不能存活，更别说你要游过去了。”男子没有听，照样游着，很快便平安抵达岸上。孔子问：“你游泳很厉害，肯定有些方法吧？你能在水中自由上下，是凭借什么呢？”男子说：“无论是刚到水中还是上岸后，我都心怀诚意。诚意让我在水流中前行，我也没有其他方法，这就是我为什么能够在激流中出没的原因！”孔子告诉学生：“你们要谨记啊，水都能靠诚意与人亲近，更别说是人了。”

【原文】

白公①问孔子曰：“人可与微言乎②？”孔子不应。白公问曰：“若以石投水，何如？”孔子曰：“吴之善没者③能取之。”曰：“若以水投水，何如？”孔子曰：“淄渑之合，易牙尝而知之④。”白公曰：“人固不可与微言乎？”孔子曰：“何为不可？唯知言之谓者乎！夫知言之谓者：不以言言⑤也。争鱼者濡⑥，逐兽者趋，非乐之也。故至言去言，至为无为⑦。夫浅知之所争者，末矣。”白公不得已，遂死于浴室⑧。

【注释】

①白公：白胜，楚国大夫。

②微言：秘密。此处指暗地谋划。

③没者：潜水的人。

④淄：水名，发源于山东淄博东北处。易牙：春秋时期人，特长为调味，传说他将儿子煮成汤，给齐桓公敬上，当上宠臣。

⑤言言：告诉他人的话。

⑥濡：弄湿。

⑦至言无言，至为无为：道家以虚静无为的思想阐述事理，以不言为至言，以不为为至为。《庄子·知北游》：“至言去言，至为去为。”

⑧遂死于浴室：白公胜进行叛乱，对楚国都城控制一时，后被楚惠王打败，白公胜在浴室中自杀。

【译文】

白公胜向孔子请教："密谋能与他人策划吗？"一时之间，孔子没说话。白公胜继续问道："要是往水中扔块石头，会发生什么呢？"孔子说："会被吴国擅长游水的人拿出。"白公胜又问道："要是将水往水中倒入，会发生什么呢？"孔子说："将渑水与淄水相互掺杂，易牙只需喝一口，就能清楚辨别。"白公胜说："这样的话，人与人之间肯定不会相互密谋了？"孔子说："为什么不会呢？仅仅领会意思就能完成。这里说的领会意思，靠的不是言语。就像渔民打湿衣服，猎人跑动抓捕猎物，这些都是由事物的发展导致的，无论喜欢与否，都必须做。所以，最厉害的说辞不需要靠语言描述，最高尚的作为不需要靠动作表现。才学疏浅的人总会对事物的小方面进行争论，却无法抓住关键。"孔子的这番话，白公胜并未全部理解，依旧与人密谋叛乱，失败后，在浴室中上吊自杀。

【原文】

赵襄子使新稚穆子攻翟①，胜之，取左人、中人②；使遽人③来谒之。襄子方食而有忧色。左右曰："一朝而两城下，此人之所喜也；今君有忧色。何也？"襄子曰："夫江河④之大也，不过三日；飘风⑤暴雨不终朝，日中不须臾。今赵氏之德行无所施于积⑥，一朝而两城下，亡其及我哉！"孔子闻之曰："赵氏其昌乎！夫忧者所以为昌也，喜者所以为亡也。胜非其难者也；持之，其难者也。贤主以此持胜，故其福及后世。齐、楚、吴、越皆尝胜矣，然卒取亡焉，不达乎持胜也。唯有道之主为能持胜。"孔子之劲能拓⑦国门之关，而不肯以力闻。墨子为守攻，公输般服，而不肯以兵知⑧。故善持胜者以强为弱。

【注释】

①赵襄子：名无恤，春秋末年晋国大夫，赵鞅之子。新稚穆子：赵囊子臣子，名狗。翟：春秋时期北方的诸侯国名。

②左人、中人：翟国两城邑之名，位于现河北省内。

③遽人：送信人。

④江河：此处指与大海相连的江河。

⑤飘风：狂风。

⑥无所施于积：未曾向人施惠的累积。

⑦拓：抬起。

⑧以兵知：以精通兵法闻名。

【译文】

赵囊子派新稚穆子对翟国发起进攻，大获全胜，将左人、中人两城邑攻下。新稚穆子立刻让送信人告诉赵囊子。在吃饭的赵囊子得到消息，并未高兴，反而面露担忧。侍者不明白，便问道："仅用了一上午，就将两座城池攻下，这是多么让人喜悦的消息，为何您现在却如此担忧呢？"赵囊子说："虽然江河潮水不小，但是三天不到就会退下去；大风大雨不会连续一整早；就算中午出现的太阳，也只是一瞬间。现在，赵家没有充分积累善行，受益的人少之又少。就算上午将两座城池攻下，也无法消除马上来临的失败。"孔子听后，说道："赵氏往后一定能够繁荣！懂得对未来担忧就为以后的繁荣打下了基础，而获得稍许胜利就立刻喜悦，则是衰亡的前兆！获胜不难，如何加固胜利，让胜利保持下去，才是最难的。圣明君主会保持忧患想法，才让胜利得以保持、巩固，从而让子孙获益。齐、楚、吴、越都取得很大胜利，最后却毁灭了，皆是因为没有明白这个道理。唯有贤明之人，才能让胜利持续下去。"孔子能将城门的门闸举起，但却从未故意展示过；墨子的攻防方法非常精湛，给楚国筑造云梯的公输般都自认不及他，但却从未以此展示。因此，凡是能够让胜利得以保持、巩固的人，共同点便是，把自己精通的一面看做是弱势。

【原文】

宋人有好行仁义者，三世[①]不懈。家无故黑牛生白犊，以问孔子。孔子曰："此吉祥也，以荐[②]上帝。"居一年，其父无故而盲。其牛又复生白犊，其父又复令其子问孔子。其子曰："前问之而失明，又何问乎？"父曰："圣人之言先迕后合[③]。其事未究[④]，姑复问之。"其子又复问孔子。孔子曰："吉祥也。"复教以祭。其子归致命[⑤]。其父曰："行孔子之言也。"居一年，其子又无故而盲。其后楚攻宋[⑥]，围其城；民易子[⑦]而食之，析骸[⑧]而炊之；丁壮者皆乘城[⑨]而战，死者大半。此人以父子有疾皆免。及围解而疾俱复。

【注释】

①三世：三代人。

②荐：进献，祭献。

③迕：违反。合：相符。

④究：结束，穷尽。

⑤致命：转达孔子想法。

⑥楚攻宋：发生于公元前594年，楚庄王二十年。

⑦易子：将彼此子女进行交换。

⑧析骸：解尸。

⑨乘城：爬到城墙上。

【译文】

宋国有好行仁义的一家人，三代人都向人施惠，从未怠倦。某一年，不知为什么，家中一只白色牛犊竟从黑色母牛肚子中出生。便向孔子请教。孔子说："这是吉兆，你拿它对祖宗进行祭拜吧！"一年后，他父亲的眼睛不知为何看不见了，此时黑牛再次诞生白色牛犊，父亲再次派儿子去找孔子。儿子说："这便是上次的结果，你失明了，还要问什么呢？"父亲说："圣人的话，最初或许不会应验，但最终肯定应验！此事的最后结论还没到，还是再问一次吧。"于是，儿子再次前往。孔子说："这依旧是吉兆。"继续叮嘱他，将牛犊进献给祖先。儿子回去将孔子的话转达给父亲。父亲说："就按圣人说的做。"第二年，不知为何，儿子也看不见了。没过多长时间，宋国受到楚国侵犯，京城被困。民众穷困潦倒，被迫将儿子交换，吃其骨肉，将尸骨拆解，用来点火煮食。强壮年轻的男丁都前往战场，死了一大半。而这对父子因眼睛看不见，所以幸免于战场。战情结束后，两人眼睛全部恢复了正常。

【原文】

宋有兰子①者，以技干宋元②；宋元召而使见③。其技以双枝④，长倍其身，属其胫⑤，并趋并驰，弄七剑，迭而跃之，五剑常在空中。元君大惊，立赐金帛。又有兰子又能燕戏⑥者，闻之，复以干元君。元君大怒曰："昔有异技干寡人者，技无庸⑦，适值寡人有欢心，故赐金帛。彼必闻此而进复望吾赏。"拘而拟戮之，经月乃放。

【注释】

①兰子：在江湖行走的人。兰子，即烂仔、赖子。"兰"为"赖"之转音字。

②宋元：宋元君。

③见：通"现"。

④双枝：两根枝干。

⑤胫：小腿。

⑥燕戏：古代一种杂技。因动作轻盈如燕，故名。

⑦庸：通"用"。

【译文】

宋国有一江湖艺人，凭借技艺求见宋元君。宋元君接受，命他展示技法。这个人将长于身高一倍的两根树干绑在小腿上，一起往前跑动，同时，挥舞七柄短剑，接连往空中抛去，空中时刻保持五柄。宋元君觉得相当神奇，赏了那人金帛。接着，有名善于轻功的江湖技人又向宋元君求见。宋元君生气地说："上次那个耍艺人，并没带来什么用途，可是，当时正好我心情愉悦，因此给了他金帛。现在这个人，肯定是知道有金帛才来的，就为了得到金钱。"于是就把那个人关了起来准备处死，过了一个月又把他放了。

【原文】

秦穆公谓伯乐曰①："子之年长矣，子姓②有可使求马者乎？"伯乐对曰："良马可形容③筋骨相也。天下之马④者，若灭若没，若亡若失⑤。若此者绝尘弭⑥辙。臣之子皆下才也，可告以良马，不可告以天下之马也。臣有所与共担缨薪菜[7]者，有九方皋[8]，此其于马非臣之下也。请见之。”穆公见之，使行求马。三月而反，报曰：“已得之矣，在沙丘[9]。”穆公曰：“何马也？”对曰：“牝[10]而黄。”使人往取之，牡[11]而骊。穆公不说[12]，召伯乐而谓之曰：“败矣，子所使求马者！色物[13]、牝牡尚弗能知，又何马之能知也？”伯乐喟[14]然太息曰：“一至于此[15]乎？是乃其所以千万臣而无数者也。若皋之所观，天机也，得其精而忘其麤，在其内而忘其外；见其所见，不见其所不见；视其所视，而遗其所不视。若皋之相者，乃有贵乎马者也。”马至，果天下之马也。

【注释】

①秦穆公：秦国君王。伯乐：相马高手。

②子姓：后代子孙。

③形容：体态，外貌。

④天下之马：最优秀的马。

⑤若灭若没，若亡若失：消亡，灭绝。

⑥绝尘：脚不沾尘土。形容奔跑的速度极快。弭：除去。

⑦担缨薪菜：挑担砍柴。缨，绳子。菜，通“采”。

⑧九方皋：人名，姓九方，名皋。古时擅长看马的人。

⑨沙丘：地名。在今河北境内。

⑩牝：母性。

⑪牡：公性。骊：黑马。

⑫说：同“悦”。

⑬色物：毛的颜色。

⑭喟：感叹。

⑮一至于此：竟走到这个境地。

【译文】

秦穆公问伯乐：“你年纪如此大了，你子孙中有无如你一般的相马人才呢？”伯乐说：“通过形态、外貌以及筋骨能够挑选优秀马匹，而千里马仿佛消失一般，又仿佛逃跑了，非常难找。这类千里马四蹄奔跑时不沾一点儿尘土，就如同离开平地一样。我的子孙们，才学疏浅，只能分辨好马，却无法分辨千里马。我有位朋友，曾经和我卖过柴，叫做九方皋。此人相马与我不分上下，希望您能够与他见面。”于是，穆公与九方皋见面，让他去找马。三个月后，九方皋告诉秦穆公：“我在沙丘找到了。”秦穆公问道：“是匹什么马呢？”九方皋答：“是匹纯黄的母马。”穆公让人牵回这匹马。当穆公看到那匹马时，颜色纯黑，性别为公，便找来伯乐：“出事了！你向我举荐的人，竟然分不清性别与毛色，怎么分辨千里马？”伯乐叹口气说：“九方皋竟然达到这般相马境地啊！这便是他比我厉害成千上万倍之处啊！他看到的是常人无法发现的，通晓的是常人无法了解的，仅仅将外貌忽略。他只看马的内在，不去考虑毛色到底黄、黑，性别如何。而他比相马人高超之处，就是看准实在，略去外貌。他仅看应看的，不应看的一律不看；仅注重应注重的，对于不应注重的方面，完全不看。他这般相马，要是细心品味，估计会体会到超越相马之上的深层含义。”而那匹马到达，鉴定后，的确是匹精湛的千里马。

【原文】

楚庄王问詹何曰[①]：“治国奈何！”詹何对曰：“臣明于治身，而不明于治国也。”楚庄王曰：“寡人得奉宗庙社稷，愿学所以守之。”詹何对曰：“臣未尝闻身治而国乱者也，又未尝闻身乱而国治者也。故本在身，不敢对以末[②]。”王曰：“善。”

【注释】

①楚庄王：楚国君王。詹何：人名。战国哲学家。

②末：次要方面。

【译文】

楚庄王询问詹何：“要如何治理国家？”詹何答：“我只明白修身养性，对国家治理并不了解。”楚庄王说：“现在我可以祭拜宗庙，创建了国家，非常想知道，如何才能让宗庙、国家长久巩固。”詹何说：“我从未听说，有了良好身心后，会让国家陷入困境，也从未听说，身心不佳会治理国家的。所以，本质在身心的修养上，我不会跟你说其他不重要的话。”楚庄王说：“你说的很对。”

【原文】

狐丘丈人谓孙叔敖曰[①]：“人有三怨，子之知乎？”孙叔敖曰：“何谓也？”对曰：“爵高者，人妒之；官大者，主[②]恶之；禄厚者，怨逮[③]之。”孙叔敖曰：“吾爵益高，吾志益下[④]；吾官益大，吾心益小[⑤]；吾禄益厚，吾施益博[⑥]。以是免于三怨，可乎？”

【注释】

①狐丘：人名。丈人：年老者。孙叔敖：楚国令尹。

②主：此处指君主。

③逮：至，到。

④下：谦卑，虚心。

⑤小：小心翼翼。

⑥施益博：施与更多，受惠更多人。

【译文】

狐丘丈人对孙叔敖说：“贤能的人往往会碰到三种抱怨，你知道是哪三种吗？”孙叔敖问：“是什么呢？”狐丘说：“高爵位，遭到妒忌；大官位，遭到君主厌烦；多俸禄，遭到埋怨。”孙叔敖说：“越是高地位，就越谦虚；越是大官位，就越小心翼翼；越是多俸禄，就施与更多。以此来避免‘三怨’，应该可以吧？”

【原文】

孙叔敖疾，将死，戒其子曰：“王亟封[①]我矣，吾不受也。为[②]我死，王则封汝。汝必无受利地[③]。楚越之间有寝丘[④]者，此地不利而名甚恶。楚人鬼而越人机[⑤]，可长有者唯此也。”孙叔敖死，王果以美地封其子。子辞而不受，请寝丘，与之。至今不失。

【注释】

①亟（qi）封：多次受赏。

②为：同“如”，如果。

③利地：土壤肥沃、水流好的位置。

④寝丘：地名。位于现在河南省内。

⑤楚人鬼：楚人相信神鬼。越人禨（jī）：越人期盼福气。

【译文】

孙叔敖病危时，劝诫儿子："楚王多次封我土地，我都拒绝了。要是我去世，楚王肯定会赠与你。你得谨记，条件优越的地方一定别要。寝丘位于楚越交界，条件很差，名字不好听，此处的楚人信奉鬼神，此处的越人以祈祷平安为习惯，能够长久占据的地方，仅有此地了。"孙叔敖去世后，楚王真的要将土地赠与孙叔敖之子，并且都是优越的良地。孙叔敖儿子坚定地拒绝，并请求受封寝丘。楚王应允，到现在，孙叔敖的子孙们还拥有此地。

【原文】

牛缺[①]者，上地[②]之大儒也，下之邯郸[③]，遇盗于耦沙[④]之中，尽取其衣装车，牛步而去。视之，欢然无忧吝[⑤]之色。盗追而问其故。曰："君子不以所养害其所养[⑥]。"盗曰："嘻！贤矣夫！"既而相谓曰："以彼之贤，往见赵君，使以我为[⑦]，必困我。不如杀之。"乃相与追而杀之。燕人闻之，聚族相戒，曰："遇盗，莫如上地之牛缺也！"皆受教[⑧]。俄而其弟适秦。至关下[⑨]，果遇盗；忆其兄之戒，因与盗力争。既而不如，又追而以卑辞请物[⑩]。盗怒曰："吾活汝弘矣[⑪]，而追吾不已，迹[⑫]将箸焉。既为盗矣，仁将焉在？"遂杀之，又傍害其党四五人焉。

【注释】

①牛缺：寓言中假托的人物。

②上地：地名。在今河北境内。

③邯郸：赵国国都。

④耦沙：河流。

⑤吝：小气。

⑥不以所养害其所养：别因为养身之物而伤害自身生命。

⑦使以我为：原为“使以我为事”。

⑧受教：受到训斥。

⑨关：指函谷关。

⑩卑辞：小声说辞。请物：要求将财物归还。

⑪弘：同“宏”。

⑫迹：痕迹，踪影。

【译文】

上地的牛缺富有学问，在一次前往邯郸时，走到耦沙碰到盗匪，衣裳车马皆被抢走，牛缺只好步行前往。当看到被抢后的牛缺，毫无可惜的表情，反而高高兴兴，强盗便赶上前，追问缘由。牛缺说：“富有学识的人不会因为那些养身之物伤害身心。”盗匪说：“嘿，他可蛮明白事理！”之后又彼此商议：“他这样贤明的人，去赵国君主那里，大有可能被派来对付我们，找机会将我们杀死，还是提早把他杀死吧。”盗匪联合上前，杀死牛缺。这件事被燕国人知道后，马上将族人召集，彼此劝告：“以后碰到盗匪，千万不要学牛缺。”族人都谨记劝告。没多长时间，牛缺的弟弟前往秦国，在关下处，碰到了盗匪。他想到哥哥的教训，就和盗匪打斗起来。很快，他体力不支，又连忙小声乞求，让对方把东西归还。盗匪生气地说：“我们没取你性命，已经对你不薄了，你还继续追赶，说不定我们的行迹会被暴露。既已当上盗匪，还讲什么道德仁义！”于是将燕人杀死，连同与他一起的四五个人。

【原文】

虞氏[①]者，梁[②]之富人也，家充[③]殷盛，钱帛无量，财货无訾[④]。登高楼，临大路，设乐陈酒，击博[⑤]楼上。侠客[⑥]相随而行。楼上[⑦]博者射，明琼[⑧]张中，反两搨[⑨]鱼而笑。飞鸢[⑩]适坠其腐鼠而中之。侠客相与言曰：“虞氏富乐之日久矣，而常有轻易[⑪]人之志。吾不侵犯之，而乃辱我以腐鼠。此而不报，无以立慬[⑫]于天下。请与若等戮力一志[⑬]，率徒属[⑭]必灭其家为等伦[⑮]。”皆许诺。至期日之夜，聚众积兵以攻虞氏，大灭其家。

【注释】

①虞氏：寓言里的人物。

②梁：国名，即魏国。因魏国都城大梁（今河南开封），所以又被称为梁国。

③家充：家中富有。充：丰富。

④訾：估计。

⑤击：技巧。博：赌博。

⑥侠客：武功卓越、惩奸除恶的人。

⑦楼上：此处“上”当为“下”。

⑧明琼：赌博、游戏中的器具。

⑨搨（tà）：拍打。

⑩鸢：老鹰。

⑪轻易：蔑视。

⑫憧：气概。

⑬戮力一志：众志成城，一起奋进。

⑭徒属：一伙人。

⑮等伦：同辈的人。

【译文】

梁国有个富有的人，叫虞氏，家中富足，钱财布匹、粮食、宝物数不胜数。攀登高楼，俯视道路，铺设酒席，游玩的人来来往往。楼上投骰下棋，楼下射箭比拼，赌博中彩的人大声叫喊，非常热闹，欢乐不已。当一伙侠客正在街上相伴而行的时候，楼上赌博的人刚好投中了骰子，于是翻起了两条鱼，一边拍打一边大笑不止。正好一只老鹰将嘴中叼的死老鼠掉下，落到侠客头上。侠客觉得受到欺辱，便在一起商议："虞家过了太久的富日子，还经常蔑视别人。我们和他平静相处，现在他却拿死老鼠挑衅我们。要是不报这个仇，肯定会遭到天下人的笑话，无立足之处。我想让大家联合起来，将他全家消灭。"很多人也接受此番言论。到了定好的日期，大家在晚上联合起来，集中力量，进攻虞氏，不一会儿便将虞氏打败了。

【原文】

东方有人焉，曰爰旌目[①]，将有适也，而饿于道。狐父[②]之盗曰丘，见而下壶餐以餔之[③]。爰旌目三餔而后能视，曰："子何为者也？"曰："我狐父之人丘也。"爰旌目曰："嘻！汝非盗邪？胡为而食我？吾义不食子之食也。"两手据地而欧之[④]，不出，喀喀然[⑤]，遂伏而死。狐父之人则盗矣，而食非盗也。以人之盗因谓食为盗而不敢食，是失名实者也。

【注释】

①爰旌目：人名。

②狐父：地名。在今安徽省境内。

③壶餐：拿水泡饭。餔之：令他人吃食物。餔，今作"哺"

④欧：同"呕"，吐出。

⑤喀喀然：无法吐出来的痛苦模样。

【译文】

东方有个人叫爰旌目，想去某地，在路上饿倒了。狐父有个叫丘的盗匪看到后，便拿壶里的水给他泡饭吃。爰旌目三口下肚后，睁开眼睛，问道："你是做什么的？"盗匪说："我叫丘，是狐父人。"爰旌目说："你是盗匪？为何拿吃的给我？我是君子，不会吃盗匪的东西。"说完，便趴到地上，呕吐起来，最终死去。这个来自狐父的人是盗匪，但他的食物不是，因人为盗匪，连同食物都不敢下咽，这是因为名字和具体关系没有搞明白。

【原文】

柱厉叔事莒敖公[①]，自为不知己[②]，去，居海上。夏日则食菱芰[③]，冬日则食橡栗。莒敖公有难，柱厉叔辞其友而往死之[④]。其友曰："子自以为不知己，故去。今往死之，是知与不知无辨也。"柱厉叔曰："不然；自以为不知[⑤]，故去。今死[⑥]，是果不知我也。吾将死之，以丑[⑦]后世之人主不知其臣者也。"凡知则死之，不知则弗死[⑧]，此直道[⑨]而行者也。柱厉叔可谓怼[⑩]以忘其身者也。

【注释】

①柱厉叔：莒穆公的宰相。莒：国名。位于现在山东省内。敖公：莒国君主。

②自为：个人觉得。不知己：对自己不了解。

③菱芰：菱角。

④死之：为别人献出性命。

⑤自以为不知：“知”后原本有“己”字。

⑥今死：此时为他而死。

⑦丑：蒙羞。

⑧弗死：不为他献出生命。

⑨直道：用德行回报德行，用怨恨回报怨恨。

⑩怼：恨意。

【译文】

柱厉叔在莒国任国相一职，对君主莒敖公进行侍奉，觉得敖公对自己不了解，便从朝廷离开，隐居海边。夏天以菱角为食，冬天以橡树栗为食，艰苦不已。之后，莒敖公陷入危难之中，柱厉叔与朋友告辞，拼死为他战斗。他友人说：“你之所以离开莒敖公，是因为你觉得他不是你的知己，此时又拼死保护他，如此一来，无论他是不是你的知己，还有什么差别呢？”柱厉叔说：“不是的，我离开是因为他对我不信任。此时，我为他拼死作战，正是证明他对我不了解！我能够为他付出生命，这样的话，后代对臣下不了解的君王们就会以此蒙羞了。”所有知己为自己献出生命，不是知己则不为他献出生命，这样才是正道人士。柱厉叔属于怨恨而将自己的生死置之度外的人。

【原文】

杨朱曰：“利出者实及①，怨往者害来。发于此而应于外者唯请②，是故贤者慎所出。”

【注释】

①及：此处为“反”字之形误。反，同“返”，回报，获得。

②请：同“情”，感情，实情。

【译文】

杨朱说："为他人带去利益，随之而来的便是实惠；为他人带去恨意，随之而来的便是灾祸。依次出发，在外收获的反应，只有心中的感情。因为此，道德仁义之士的言行才会如此小心翼翼。"

【原文】

杨子之邻人亡羊，既率其党，又请杨子之竖[①]追之。杨子曰："嘻！亡一羊，何追者之众？"邻人曰："多歧路。"既反，问："获羊乎？"曰："亡之矣。"曰："奚亡之？"曰："歧路之中又有歧焉，吾不知所之[②]，所以反也。"杨子戚然[③]变容，不言者移时[④]，不笑者竟日[⑤]。门人怪之，请曰："羊，贱畜；又非夫子之有，而损言笑[⑥]者，何哉？"杨子不答。门人不获所命[⑦]。弟子孟孙阳出，以告心都子[⑧]。心都子他日与孟孙阳偕入而问，曰："昔有昆弟三人，游齐、鲁[⑨]之间，同师而学，进仁义之道而归。其父曰：'仁义之道若何？'伯曰：'仁义使我爱身而后名。'仲曰：'仁义使我杀身以成名。'叔曰：'仁义使我身名并全。'[⑩]彼三术相反，而同出于儒。孰是孰非邪？"杨子曰："人有滨河而居者，习于水，勇于泅[⑪]，操舟鬻渡[⑫]，利供百口。裹粮就学者成徒，而溺死者几半。本学泅，不学溺，而利害如此。若以为孰是孰非？"心都子嘿[⑬]然而出。孟孙阳让[⑭]之曰："何吾子问之迂，夫子答之僻？吾惑愈甚。"心都子曰："大道以多歧亡羊，学者以多方丧生。学非本不同，非本不一，而末异若是。唯归同反一[⑮]，为亡得丧。子长先生之门，习先生之道，而不达先生之况也，哀哉！"

【注释】

①竖：年少的仆人。

②所之：所到。

③戚然：难过的模样。

④移时：一段日子之后。

⑤竟日：整天。

⑥损言笑：不喧哗，不嬉笑说话。

⑦不获所命：期望的指示无法获得。

⑧心都子：杨朱学生。

⑨齐、鲁：国名。

⑩伯、仲、叔：古时弟兄长幼排行。

⑪泅：潜水。

⑫鬻渡：靠摆渡度日。

⑬嘿：同“默”。不说话的模样。

⑭让：责怪。

⑮归同反一：回归本质，回归同一想法。

【译文】

杨朱邻居的一只羊丢了，于是与一群人前去找寻，还把杨朱的年少下人喊去了。杨朱问：“嘿！只是丢了一只羊，用得着这么多人？”邻居说：“岔路繁多啊。”追羊人归来后，杨朱再次问：“找到了没有？”邻居说：“丢了！”杨朱问：“为何会弄丢呢？”邻居说：“岔路包含岔路，实在不晓得从何找起，便回来了。”杨朱听完，脸色一变，愁容满面，长时间不发一言，笑容多日也不见了。杨朱学生不懂，便请教道：“羊这种畜生，原本就低贱，况且也不是先生的羊，为何您一直不说话，不笑，愁容满面呢？”杨朱没回答，学生都不知道为什么。学生中，一个叫做孟孙阳的，跟心都子说了整件事情。几天后，心都子与孟孙阳共同向杨朱请教：“齐、鲁有三个弟兄游学，师从一个老师。学完后回到家里，父亲问：‘儒家仁义你们都学了什么？’大儿子回答：‘仁义告诉我要先珍惜身体，再考虑名声。’二儿子回答：‘仁义告诉我要舍身成仁，舍身取义，付出生命求得声誉。’三儿子回答：‘仁义告诉我，既要珍惜身体，又要获得名誉。’三人观点各不相同，但都是儒家所学。你说，他们谁对谁错呢？”杨朱说：“河边住着一个人，擅长游水，也敢游水，靠摆渡谋生，获得的盈利能够养活百余人。时间久了，拜他为师的人逐渐增多，一批接着一批，溺水的差不多占一半。最初是来学游水的，不是学溺水的，但最终却获得成功和死亡两种结果。你们说，谁对谁错呢？”心都子没说话，离开了。孟孙阳责怪道：“问先生的时候，为何要如此钻牛角尖呢？先生为什么又答的如此奇怪，我更加不明白，不知为何了。”心都子说：“岔路分布在大路上，羊便走丢了。学生用了多种方法学习，从而耗去生命。多种学说在根本上并不是各不相同，观点也并不是不一样，但得出的结论天壤之别。只有回到同一方法上，回到相同根源上，才能不让生命耗损。你在先生的弟子中是出色的，对先生的思想也了如指掌，但却不理解先生所说的比喻，真是太可悲了！”

【原文】

杨朱之弟曰布，衣素[①]衣而出。天雨，解素衣，衣缁[②]衣而反。其狗不知，迎而吠[③]之。杨布怒，将扑[④]之。杨朱曰：“子无扑矣！子亦犹是也。向[⑤]者使汝狗白而往，黑而来，岂能无怪哉？”

【注释】

①素：白。

②淄：黑。

③吠：狗叫声。

④扑：击。

⑤向：之前。

【译文】

杨布是杨朱的弟弟，他穿着白衣服出门，正巧下雨，他便将白衣脱下，换成黑雨衣。他回来时，家狗没有认出，冲他不断大叫。杨布有点儿气愤，拿过棍子刚要打它。杨朱说：“别打它了，它没错。要是换作你，你肯定也是同样的。你想，出去时，你的狗是白色，回来却成了黑色，你不会觉得很怪异吗？”

【原文】

杨朱曰：“行善不以为名，而名从之；名不与利期[①]，而利归之；利不与争期，而争及之[②]；故君子必慎为善。”

【注释】

①期：期望。

②争：争吵，纷扰。及之：到头，来临。

【译文】

杨朱说："人做好事并不为获得声誉，但声誉却会随之而来；声誉原本不想得到私利，但私利却会随之而来；私利和纷扰没有做出约定，但纷扰自己就会出现。所以，君子做好事前，一定得认真思考。"

【原文】

昔人言有①知不死之道者，燕君使人受之②，不捷③，而言者死④。燕君甚怒其使者，将加诛焉。幸臣⑤谏曰："人所忧者莫急乎死，己所重者莫过乎生。彼自丧其生，安能令君不死也？"乃不诛。有齐子⑥亦欲学其道，闻言者之死，乃抚膺⑦而恨。富子⑧闻而笑之曰："夫所欲学不死，其人已死而犹恨之，是不知所以为学。"胡子⑨曰："富子之言非也。凡人有术不能行者有矣，能行而无其术者亦有矣。卫人有善数⑩者，临死，以诀⑪喻其子。其子志其言⑫而不能行也。他人问之，以其父所言告之。问者用其言而行其术，与其父无差焉。若然，死者奚为不能言生术哉？"

【注释】

①言有：原为"有言"。

②燕君：燕国君主。受之：接过，承认。

③不捷：无法做到。

④言者死：声称自己掌握长生之法的人去世。

⑤幸臣：君王完全信任的臣子。

⑥齐子：人名。

⑦膺：胸。

⑧富子：人名。

⑨胡子：人名。

⑩数：运数，命数。

⑪诀：技巧，诀窍。

⑫志其言：记得此话。

【译文】

从前，有个人声称自己掌握长生之法，燕国君主派人将他请来，将法术传授，事情却不顺畅，还没达到目的，那人便死了。燕王大发雷霆，要处死联络人。宠臣劝告："没有比死还让人着急、担心的了，每个人最重视的，便是性命。他自己都无法摆脱死亡，如何保证君主摆脱死亡呢？"燕王听后，认为蛮有道理，便撤回命令，免除联络人的死刑。一位叫做齐子的人，也想掌握长生之法，听闻那人已死，便拍着胸口，大感遗憾。有位叫做富子的人，知道此事后，嘲笑道："你想掌握长生之法，那人都死了，你还遗憾什么？对自己的目的一点儿都不清楚。"胡子继续说："富子的话不对，有些人懂得道术却不会实践。有的人可以实践却不懂得道术，这两类人都是存在的。卫国有位对术数颇有造诣的人，死前告诉儿子口诀。儿子将口诀记牢，然而无法实行。他人问起时，他告诉别人口诀，别人动手实行，最终取得和他父亲相仿的造诣。假如这件事情是真的，死者为何就不能懂得长生之术呢？"

【原文】

邯郸之民以正月之旦献鸠于赵简子①，简子大悦，厚赏之。客问其故。简子曰："正旦放生②，示有恩也。"客曰："民知君之欲放之，故竞而捕之，死者众矣。君如欲生之③，不若禁民勿捕。捕而放之，恩过不相补④矣。"简子曰："然。"

【注释】

①正月之旦：初一。赵简子：赵鞅。

②放生：将动物放回原本的环境中，表示博爱与仁慈。

③生之：让它活。

④恩过：恩惠与错误。补：弥补。

【译文】

正月初一时，邯郸人民献给赵简子斑鸠。简子高兴不已，人人都获得赏赐。有客人问他为何，简子说："在正月初一放生，是一种爱护生命的表现。"客人说："大家知晓小生命被您放生后，会争先恐后地抓捕，会死更多的斑鸠。要是您想让它们活下来，反而不如禁止人们再向你进献，别再让他们继续抓捕。抓回来再放生是不对的。这样带给鸟儿的恩情无法弥补您的过错。"简子说："的确如此。"

【原文】

齐田氏祖[1]于庭，食客千人。中坐[2]有献鱼雁者，田氏视之，乃叹曰："天之于民厚矣！殖五谷，生鱼鸟以为之用[3]。"众客和之如响。鲍氏之子年十二，预于次[4]，进曰："不如君言。天地万物与我并生，类也。类无贵贱[5]，徒以小大智力而相制[6]，迭相食[7]；非相为而生之。人取可食者而食之，岂天本为人生之？且蚊蚋噆[8]肤，虎狼食肉，非天本为蚊蚋生人、虎狼生肉者哉？"

【注释】

①祖：古时祭拜先祖或是出门祭拜路神。

②中坐：在座人当中。

③用：当做食物。

④预：参加，加入。于次：不在主宾位子。

⑤类：种类。类无贵贱：种类间无高低贵贱，彼此平等。

⑥制：限制，制约。

⑦迭相食：彼此吃下去。

⑧蚋：小的昆虫。噆：咬。

【译文】

齐国的田氏在庭院中为祭拜祖先举行盛宴，就餐的客人达上千人。座中有人献上鱼和野雁做礼物，田氏看着看着，心生感慨，说道："老天对我们可真好啊！繁衍出瓜果蔬菜，哺育出虫鸟鱼兽让我们食用。"在座的人听完，就如山中回声般应和，无一不同。鲍家十二岁的孩子也在宴会中，次宾席中的他起身说道："我看法不同。世间万物与人一起生存，类别一致，无高低贵贱之分，仅仅因为体力、智力的差别彼此进行制约，强大者吃掉弱小者，接连不断地吃下去，可是这并不是指被吃的生来就是为吃它的物种而活。人拿吃的东西，难不成这些是老天特别创造给人类的吗？就像蚊子吸食人血，虎狼食人肉，这些一定不是老天特意为蚊子、虎狼而将人类创造出来的吧！"

【原文】

齐有贫者，常乞[①]于城市。城市患其亟[②]也，众莫之与[③]。遂适田氏之厩[④]，从马医作役而假食[⑤]。郭中人戏之曰："从马医而食，不以[⑥]辱乎？"乞儿曰："天下之辱莫过于乞。乞犹不辱，岂辱马医哉？"

【注释】

①乞：讨要，要饭。

②亟：多次。

③之与：大家不继续打发。

④厩：马厩。

⑤假食：寄食，混食。

⑥以：表程度。

【译文】

齐国有个穷人常常在城中乞讨。日子久了，城里的人非常厌恶他不断乞讨，大家谁也不愿意给他了。他来到齐国贵族田氏的马厩，跟随马医劳作，换取食物。城里的人嘲笑说："你跟随马医，出卖体力吃饭，多么羞耻啊？"那个人说道："世间再也没有比讨饭更羞耻的事情了。我讨饭都没觉得羞耻，难道跟随马医就觉得羞耻了吗？"

【原文】

宋人有游于道[①]、得人遗契[②]者，归而藏之，密数其齿[③]。告邻人曰："吾富可待矣。"

【注释】

①游于道：路上转悠。

②遗契：他人丢掉的没用契约。

③齿：为辨别真伪，两方契约都标有记号，各有一半印章，豁呈锯齿状。

【译文】

宋国有个穷人，某天在路上瞎转悠时，捡到一张他人丢掉的没用契约。回家后，仔细藏起，还偷偷数着齿痕，告诉邻居：“我马上就要发财了！”

【原文】

人有枯梧树者[①]，其邻父[②]言枯梧之树不祥，其邻人遽而伐之。邻人父因请以为薪[③]。其人乃不悦，曰：“邻人之父徒欲为薪而教吾伐之也。与我邻，若此其险，岂可哉？”

【注释】

①枯梧桐：死去的梧桐树。

②邻父：邻居老者。

③薪：木柴。

【译文】

有一户人家，院中的梧桐树缺水死掉了。邻居老者说，这样的梧桐树放在院中不吉利，这家人便急忙将这棵树砍倒。邻居老者觉得在那里放着无用，让主人把木柴送给他烧火。这人听后有些生气，说：“邻居老者之所以让我砍倒树木，是因为他想用木柴。作为邻居，却这么险恶，难不成要继续忍下去吗？”

【原文】

人有亡𫓧[①]者，意其邻之子，视其行步，窃𫓧也；颜色，窃𫓧也；言语，窃𫓧也；动作态度，无为而不窃𫓧也。俄而扣[②]其谷而得其𫓧，他日复见其邻人之子，动作态度无似窃𫓧者。

【注释】

①鈇（fū）：同“斧”。

②搰（hú）：意思与“掘”相同。

【译文】

有一个人将斧子丢失了，他怀疑是邻居儿子偷的。观察邻居儿子走路，与小偷相仿；看他的表情，与小偷相仿；听他说话，和小偷相仿；所有态度以及动作，都像是偷走他斧子的人。没过多长时间，他在山中挖土时，又将斧子找到了。过了一天后，等他再次看到邻居儿子，再也不觉得他的动作与态度像小偷了。

【原文】

白公胜虑乱[①]，罢朝而立，倒杖策[②]，錣上贯颐[③]，血流至地而弗知也。郑人闻之曰：“颐之忘，将何不忘哉？”意之所属著[④]，其行足踬株埳[⑤]，头抵植木，而不自知也。

【注释】

①虑乱：策划叛乱。

②杖策：有铁刺的木杖，用作赶马。

③錣（zhuì）上贯颐：朝上的铁针将下巴刺穿。

④属（zhǔ）著：集中精神。属，集中。著，依附。

⑤踬（zhì）：绊倒。株：地面上的树桩。埳：同“坎”，坑，凹地。

【译文】

楚大夫白公胜专注于谋划作乱，上朝完毕后依旧不动，手里倒拿着马鞭，鞭杆顶端的尖刺向上穿透了他的下巴，鲜血直流，他都没发觉。郑国百姓听后，说：“连下巴都忘了，还会记得什么呢？”如果人的精神高度集中于他所专注的事，走路被树桩绊倒，走进凹坑，撞上树枝，自己都毫无察觉。

【原文】

昔齐人有欲金者，清旦衣冠[①]而之市，适鬻金者之所，因攫[②]其金而去。吏捕得之，问曰：“人皆在焉，子攫人之金何？”对曰：“取金之时，不见人，徒见金。”

【注释】

①衣冠：名词作动词，穿戴齐整。

②攫（jué）：拿取，夺得。

【译文】

以前，有个齐国人，想得到金子，一大早就穿得整整齐齐，走到街市，来到金店中，拿起金子立马逃跑。官吏将他抓住，责备说：“那里有那么多人，你为何还要拿走？”他答：“当时我眼中只有金子，没看到其他人。”

《力命篇》

【原文】

力谓命[①]曰："若之功奚若我哉？"命曰："汝奚功于物而欲比朕？"力曰："寿夭、穷达、贵贱、贫富，我力之所能也。"命曰："彭祖之智不出尧舜之上，而寿八百；颜渊之才不出众人之下，而寿四八[②]。仲尼之德不出诸侯之下，而困于陈蔡[③]；殷纣之行不出三仁[④]之上，而居君位。季札[⑤]无爵于吴，田恒[⑥]专有齐国。夷、齐[⑦]饿于首阳，季氏富于展禽[⑧]。若是汝力之所能，奈何寿彼而夭此，穷圣而达逆，贱贤而贵愚，贫善而富恶邪？"力曰："若如若言，我固无功于物，而物若此邪，此则若之所制邪？"命曰："既谓之命，柰何有制之者邪？朕直而推之，曲而任之。自寿自夭，自穷自达，自贵自贱，自富自贫，朕岂能识之哉？朕岂能识之哉？"

【注释】

①力：这里指左右人命运的人力。命：这里指决定人命运的天命。

②寿四八：三十二岁的寿命。

③陈蔡：指陈国、蔡国。

④三仁：三位道德品质极为高尚的人，这里指的是商纣时期的微子、箕子和比干这三位忠臣。

⑤季札：姬姓，名札。春秋时期吴王寿梦的四子，拒绝继承王位。

⑥田恒：又叫田成子。春秋时期齐国的大臣。

⑦夷、齐：即伯夷、叔齐，商朝被周武王灭后，坚决不吃周朝的食物而饿死在首阳山。

⑧季氏：季孙氏，当时执掌鲁国政权的贵族。展禽：柳下惠。春秋时鲁国的大夫。

【译文】

人力对天命说："你的功劳怎么比得过我呢？"天命说："你为人间万物做了多少贡献竟和我比起功劳来了呢？"人力说道："人间万物的长寿与早夭、困苦与显达、高贵与低贱、贫穷与富足，这些都是我的能力所控制的。"天命问道："彭祖的才智不及尧、舜，却活了800多年；颜渊才智出众高于常人，却只活到32岁就死了；孔子的仁德不在诸国诸侯之下，却被围困于陈国、蔡国之间；纣王昏庸无道，品德心性远不及微子、箕子和比干，却是万人之上的君王。季札为贤者在吴国没有官爵，天恒为人虚伪在齐国却有专权。伯夷、叔齐空有一身节气饿死在首阳山。狡诈的季氏却比老实的柳下惠更加富有。如果这些都是你的力量所能控制的，为何不该长寿的长寿而理应长寿的却早夭，圣人生活困苦而逆贼却达官显贵，贤者地位低贱愚昧之人却高居上位，善人一生贫穷恶人却家财富有呢？"人力说："如果如你所说，我对人间万物并无功劳，那么人间万物发展成这样，都是由你主宰成这样的吗？"天命答道："既然称之为'天命'，为何一定要由谁来控制呢？我只是尽力推进合理正直的事物发展，对不合理扭曲的事物听之任之罢了，人间万物是长寿还是早夭，困苦还是显达，高贵还是低贱，富足抑或贫穷，我怎么能知道这是为什么呢？"

【原文】

北宫子谓西门子[①]曰："朕与子并世[②]也，而人子达[③]；并族[④]也，而人子敬；并貌也，而人子爱；并言[⑤]也，而人子庸[⑥]；并行也，而人子

诚；并仕[7]也，而人子贵；并农也，而人子富；并商也，而人子利。朕衣则裋褐[8]，食则粢粝[9]，居则蓬室[10]，出则徒行。子衣则文锦[11]，食则粱肉，居则连欐[12]，出则结驷[13]。在家熙然[14]有弃朕之心，在朝谔然[15]有敖朕之色。请谒不及相[16]，遨游不同行，固有年矣。子自以德过朕邪？”西门子曰：“予无以知其实。汝造事[17]而穷，予造事而达，此厚薄[18]之验欤？而皆谓与予并，汝之颜厚[19]矣。”北宫子无以应，自失而归。中途遇东郭先生。先生曰：“汝奚往而反，偊[20]偊而步，有深愧之色邪？”北宫子言其状。东郭先生曰：“吾将舍汝之愧，与汝更之西门氏而问之。”曰：“汝奚辱北宫子之深乎？固且[21]言之。”西门子曰：“北宫子言世族、年貌、言行与予并，而贱贵、贫富与予异。予语之曰：予无以知其实。汝造事而穷，予造事而达，此将厚薄之验欤？而皆谓与予并，汝之颜厚矣。”东郭先生曰：“汝之言厚薄不过言才德之差，吾之言厚薄异于是矣。夫北宫子厚于德，薄于命，汝厚于命，薄于德。汝之达，非智得也；北宫子之穷，非愚失也。皆天也，非人也。而汝以命厚自矜，北宫子以德厚自愧。皆不识夫固然之理矣。”西门子曰：“先生止矣！予不敢复言。”北宫子既归，衣其裋褐，有狐貉之温；进其茙菽[22]，有稻粱之味；庇其蓬室，若广厦之荫；乘其筚辂[23]，若文轩之饰。终身逌然[24]，不知荣辱之在彼也，在我也。东郭先生闻之曰：“北宫子之寐久矣，一言而能寤[25]，易怛也哉！”

【注释】

①北宫子、西门子：人名，这里是虚构的人物。

②并世：同等辈分，同一时代。

③人子达：有人使你尊贵显达。人，在这里是动词，“有人使你”的意思，下文的“人子敬”“人子爱”等中的“人”皆同此意。

④并族：同样的家族。并，相同。

⑤并言：说的同样的话。

⑥庸：通“用”。

⑦并仕：同样走上仕途。

⑧裋褐：穷人穿的粗糙的布衣。

⑨粢粝：粟米粗粮，这里指很粗糙的食物。

⑩蓬室：茅草搭建的房屋。

⑪文锦：绣着花纹的锦缎。

⑫连欐：栋梁相连，意指高大华丽的房屋。

⑬结驷：套着四匹马的车子相连，这里指豪华的马车。

⑭熙然：欢笑的样子。

⑮谔然：想到什么说什么，无顾忌的样子。

⑯不及相：不碰面，不直接交谈的意思。

⑰造事：做事。

⑱厚薄：这里指道德的高低。

⑲颜厚：意指厚颜无耻。

⑳偶：单个，单独。

㉑固且：姑且。固，通“姑”。

㉒茙菽：大豆，也叫“戎菽”。

㉓筚辂：用荆竹树枝编制的车子。

㉔逌（yōu）然：舒适怡然的样子。逌，同“悠”。

㉕寤：清醒，醒悟。

【译文】

北宫子对西门子说：“我和你生活在同一个时代，人们却只让你尊贵显达；在同一个族系里，人们只让你受人敬重；同样差不多的体型外貌，人们却只让你受人喜爱；同样的言语和说辞，只有你所说的才被认为是可用的；同样的做事，只有你所做的才让人信任；同样进入仕途，人们却只让有你得到重用和提拔；同样的从事农作，人们却只让你丰收富裕；同样的去经商，人们却只让你赚取丰厚的利润。我穿的都是粗布麻衣，吃的都是粗米杂粮，住的是茅草小屋，出门靠的是双腿步行。而你穿的是锦衣华服，吃的美味佳肴，住的高大华丽的房子，出门坐的是豪华马车。在家族里你总是嬉戏欢笑的样子，却不理睬我冷落我，在朝堂之上，你畅所欲言，夸夸其谈，却毫不顾忌我的脸色。与人宴请交谈之时从来都不喊我，结伴外出游玩也不带我同行，这样视我为不存在一般已经很多年了。难道是因为你自认为品德高尚便如此对我吗？”

西门子答道：“我并不知道你说的这些事情是不是真的如你所说。你做事总是一事无成，生活困苦，而我做事总是顺顺利利，富贵显达，这不就证明了我们之间有厚薄之分了吗？而你竟然还说样样与我相同，来和我相比，你可真是厚颜无耻啊！”北宫子答不上来，无话可说，只能带着羞愧失魂落魄地往回走去。

回去的途中遇上了东郭先生。东郭先生问：“你是从哪里回来的啊？独自一人往回走，还满脸惭愧的表情？”于是北宫子便把刚才和西门子之间的对话告诉了东郭先生。东郭先生说：“我来帮你消除你愧不如人的羞愧之情，我跟你再一同去西门子家好好地问问他。”见到西门子后东郭先生问：“你说了什么话深深地侮辱了北宫子？姑且说给我听听。”西门子说：“北宫子说他在时代、家族、年龄、外在、言行举止方面都与我一样，但是他生活穷困，地位低贱，而我生活富裕，地位高贵，差异为何如此之大。 我回答他说：‘我不知道事实是否都是如他所说的那样，但是他做事总是难以成功，生活困苦，而我总是事事顺利通达，这不就说明了我们之间有厚薄之分了吗？而他还好意思说我和他各方面都相同来和我比较，脸皮也太厚了！’”东郭先生反驳道：“你所说的薄厚之分指的不过是才能道德的差别，而我所说的厚薄之分则与你说的意义不同。北宫子他是才德高尚，而命运坎坷多舛，而你则是命运生的好，才德却很浅薄。你之所以生活的富贵显达并不是凭借你的聪明才智所得，而北宫子的穷困生活，也不是因为他愚昧无知才这样的。这都是上天这样的安排，不是人力可以自行控制的。而你现在因为自己的命运好而自我感觉高人一等，北宫子却因为有高尚的才德而自惭形愧，这都是因为你们不明白这天命事理所致。”西门子连忙说：“请先生不要再说了。我知道错了，那些话我以后不敢再说了！”

从那以后，北宫子回到家，穿的依然是粗布衣裳，却感觉像毛皮大衣一般温暖，吃的仍然是粗米杂粮，却感觉像在吃美味佳肴，住的还是以前的茅草小屋，却感觉像住在高大华丽的房子里一样，出门坐的是摇晃的柴车，却感觉像是坐的豪华马车。他终日生活得惬意自在，再也不在乎那些荣辱虚名是在他人身上，还是在自己身上了。东郭先生听说了北宫子现在的变化，夸赞道：“北宫子就像是在尘世中昏昏沉睡了很久，一句话就把他惊醒了，他是个极容易醒悟的人啊！”

【原文】

管夷吾鲍叔牙二人相友甚戚[1]，同处于齐。管夷吾事公子纠[2]，鲍叔牙事公子小白。齐公族[3]多宠，嫡庶[4]并行。国人惧乱。管仲与召忽奉[5]公子纠奔鲁，鲍叔奉公子小白奔莒[6]。

既而公孙无知[7]作乱，齐无君，二公子争入。管夷吾与小白战于莒，道射中小白带钩[8]。小白既立，胁鲁杀子纠，召忽死之，管夷吾被囚。鲍叔牙谓桓公曰："管夷吾能，可以治国。"桓公曰："我仇也，愿杀之。"鲍叔牙曰："吾闻贤君无私怨，且人能为其主，亦必能为人君。如欲霸王，非夷吾其弗可。君必舍[9]之！"遂召管仲。鲁归之齐，鲍叔牙郊迎，释其囚。桓公礼之，而位于高、国[10]之上，鲍叔牙以身下之，任以国政，号曰"仲父"。桓公遂霸。

管仲尝叹曰："吾少穷困时，尝与鲍叔贾，分财多自与，鲍叔不以我为贪，知我贫也。吾尝为鲍叔谋事而大穷困，鲍叔不以我为愚，知时有利不利也。吾尝三仕三见逐于君，鲍叔不以我为不肖，知我不遭时也。吾尝三战三北，鲍叔不以我为怯，知我有老母也。公子纠败，召忽死之，吾幽囚受辱，鲍叔不以我为无耻，知我不羞小节而耻名不显于天下也。生我者父母，知我者鲍叔也！"

此世称管鲍善交者，小白善用能者。然实无善交，实无用能也。实无善交，实无用能者，非更有善交，更有善用能也。召忽非能死，不得不死；鲍叔非能举贤，不得不举；小白非能用仇，不得不用。

及管夷吾有病，小白问之，曰："仲父之病疾矣，可不讳。云至于大病，则寡人恶乎属国而可？"夷吾曰："公谁欲欤？"白曰："鲍叔牙可。"曰："不可。其为人也，洁廉善士也，其于不己若者，不比之人，一闻人之过，终身不忘。使之理国，上且钩[11]乎君，下且逆乎民。其得罪于君也，将弗久矣。"小白曰："然则孰可？"对曰："勿已，则隰朋可。其为人也，上忘而下不叛[12]，愧其不若黄帝而哀不己若者。以德分人谓之圣人，以财分人谓之贤人。以贤临人，未有得人者也；以贤下人者，未有不得人者也。其于国有不闻也，其于家有不见也。勿已，则隰朋可。"

然则管夷吾非薄鲍叔也，不得不薄；非厚隰朋也，不得不厚。厚之于始，或薄之于终；薄之于终，或厚之于始。厚薄之去来，弗由我也。

【注释】

①戚：亲密，紧密。

②公子纠：姜姓，齐襄公之弟，公子小白之兄。公元前686年，齐国内乱，齐襄公和其继任者公孙无知相继被杀，公子纠和公子小白争相回国继位。后公子小白继位，即齐恒公，成为春秋时期的第一位霸主。

③公族：和统治者、各位君王有血缘关系的一族人。

④嫡：正宗，正派，在过去宗法制度中主要指亲生的或者血统关系最近的亲属。庶：平民百姓，在宗法制度中主要是指家庭的旁支，与嫡相对。

⑤召忽：齐国的一位重臣。奉：拥护爱戴。

⑥莒：古代一个国家的名号。

⑦公孙无知：齐襄公为齐国君王时下旨宣布公孙无知与太子享受的礼仪不再平等，公孙无知谋反，杀掉了齐襄公，自己称王。后来公孙无知又死于齐国渠丘大夫雍林之手。

⑧带钩：衣服上用金属做的精致的小钩。

⑨舍：赦免。

⑩高、国：即齐国的高氏、国氏两家世族，他们曾作为内应协助齐恒公回回即位。在当时都是重臣，位卿大夫。

⑪钩：获取，这里指为了不受惩罚或得到恩宠而费尽心思讨好的意思。

⑫上忘而下不叛：不为自己身居高位而骄傲和沾沾自喜，对于有能力的贤才能以礼相待，能与比自己地位低的人相处融洽，就不用担心众叛亲离。

【译文】

管夷吾和鲍叔牙是很要好的知己，他们都在齐国。管夷吾辅佐公子纠，鲍叔牙辅佐公子小白。当时齐国国君的公子多被宠幸，对嫡出和庶出都是一视同仁。齐国人担心这样会因为争宠而引起内乱。管夷吾和召忽保护着公子纠到鲁国避难，鲍叔牙则带着公子小白到莒国安顿。

后来公孙无知作乱篡位既而被杀，齐国一时之间没有君主，陷入混乱，公子纠和公子小白为了争夺君位都抢着回国。在莒国的边境管夷吾和公子小白进行了激烈的战斗，公子小白衣服上的金属带钩被管夷吾用箭射中。公子小白夺得王位后，迫使鲁国除掉公子纠，召忽被逼之下自杀了，管夷吾被关进了监狱。公子小白即位后称为齐桓公。鲍叔牙对齐桓公说："管夷吾是一个很有才华、有能力的人，他有一定的治理国家的方法。"齐桓公说："管夷吾是我的仇人，我必须除掉他。"鲍叔牙说："古人说过，一个贤明的君主是不应该有个人恩怨的，何况他能够为前一任主人尽心尽力，也一定能够为下一任君主所用。如果您要完成称霸的宏伟目标，管夷吾是你必须重用的人。君王不应该再追究他的责任，不能杀他。"于是管夷吾就立刻被齐桓公召见，他很快就被鲁国派人送回了齐国，鲍叔牙亲自出城迎接管夷吾，亲手为管夷吾卸掉了身上的刑具。桓公也对管夷吾以礼相待，管夷吾的地位远在高氏和国氏之上，鲍叔牙的官位都没有管夷吾的高，反而成了他的手下。国家权力由管夷吾掌管，人们都亲切的称呼管夷吾为"仲父"。齐桓公最终在天下诸侯中稳坐霸主的宝座，这都离不开管仲的倾力辅佐。

管仲曾慨叹地说："我在年轻的时候贫困潦倒，鲍叔牙和我一起合伙做过生意，每次分钱的时候我总是多拿一点，鲍叔牙不但不责怪我小气，反而体谅我，认为我之所以这样是家庭贫困所迫。鲍叔牙曾经让我帮他策划事情，最后却损失很大，鲍叔牙不仅不认为我愚笨，反而劝慰我说这是时机不对造成的。曾经，我入朝为官三次君王赶走了我三次，鲍叔牙不仅不认为我无德无才，反而认为是君主不够贤明。曾经，我参加过三次作战，可是却也三次在战场做了逃兵，鲍叔牙不仅不笑话我软弱，反而认为我必须留着性命养老母亲。公子纠败了，召忽自杀死了，我被关着忍辱偷生，但鲍叔牙不认为我这是没有骨气，他知道我并不在乎那些小节而只是以不能扬名天下为耻辱。我爹娘虽然生了我，但鲍叔牙才是最知我懂我的人啊！"

这个故事就是对历史上鲍叔牙和管夷吾之间友谊的纯厚以及齐桓公任用贤臣的赞美。但事实上并不是这样的。鲍叔牙和管夷吾之间没有这么深厚的友谊，齐桓公也没有这样任用贤才的广阔心胸。这样说主要是因为单纯的友谊和单纯的用贤都是不存在的。召忽自杀是被逼无奈，不是为了公子纠；鲍叔牙之所以向齐桓公推荐管夷吾也是形势所迫；公子小白也不是大度到可以接纳仇人，而是为了达到目的必须任用。

小白在管仲生病的时候来看他，并且对他说："我知道仲父生了很严重的病，我也就敞开心扉说了。如果你的病无药可救，那么谁能担负起掌握国家大权的重任呢？"管仲问到："你心目中的人选是谁呢？"小白回答说："鲍叔牙可以胜任！”管仲说：“我认为不行！鲍叔牙为人正直，刚正不阿，一直清廉，非常有才华，但是他向来看不起比他能力弱的人，而且一旦发现别人有过错就终生难忘。如果国家的权力在他手上，对你则会要求完美苛刻，对下则不能顺应民心。这样的话，他很快就会得罪于你！”小白问道：“那你认为谁可以胜任呢？”管仲回答：“如果我真的病入膏肓，无药可医，隰朋是最合适的人选。他这人身居高位也不会目中无人，对上拥戴，对下谦和，每天都追求自己的品行达到完美，能够以黄帝为榜样，对自己要求严格，对那些不如自己的人能够心生怜悯之心和爱护。圣人就是能够以自己的品德才能感化他人的人，贤才就是用财物施惠于他人的人。因为自己的才能高就藐视他人的人，是不会人心所向的；从来没有因为贤能谦和待人而不受人民爱戴的。这是必然的发展，关心国事而不过度，对家事也能宽大处理。如果我无药可医，可以接替的最合适人选是隰朋！”

管仲这样对鲍叔牙并不是刻意地贬低，而是站在国家社稷的立场，不得不指出他的缺点；管仲能够举荐隰朋，也是从国家安危方面考虑，不得不推荐。有些由开始的推荐转变成后来的贬低；有些由开始的贬低转变成后来的推荐。总之，一个人的意志是不能够决定贬低和推重之间的相互转化的。

【原文】

邓析操两可之说①，设无穷之辞②，当子产③执政，作竹刑④。郑国用之，数难⑤子产之治。子产屈⑥之。子产执而戮⑦之，俄而诛之。然则子产非能用竹刑，不得不用；邓析非能屈子产，不得不屈；子产非能诛邓析，不得不诛也。

【注释】

①邓析：春秋时期郑国人，是先秦著名思想家，法家和名家的先驱。两可之说：有两种说法。

②无穷之辞：无数的说辞。

③子产：春秋时期郑国一位叫公孙乔的政治家。

④竹刑：书于竹简之上的法律条文。由邓析在以前的刑法的基础上加以补充和修改。

⑤数：很多次。难：设难关。

⑥屈：理亏，在这里用作动词。

⑦戮：侮辱。

【译文】

两可的学说是由邓析提倡的，并提出了许多没完没了的巧辩之说。邓析在子产执掌郑国的时候编制出了《竹刑》。《竹刑》在郑国施行后，给子产治理国家带来了许多麻烦，他只好让步妥协。最后子产逮捕邓析，不久就杀了他。

子产让《竹刑》实施并不是出自自己的意愿，而是迫不得已；邓析并不足以让子产折服，子产是被迫折服；子产也并不是愿意杀掉邓析，而是必须杀掉。

【原文】

可以生而生，天福也；可以死而死，天福也。可以生而不生，天罚也；可以死而不死，天罚也。可以生，可以死，得生得死，有矣；不可以生[①]，不可以死[②]，或死或生，有矣。

然而生生死死，非物非我，皆命也。智之所无奈何。故曰："窈然无际[③]，天道自会；漠然无分[④]，天道自运[⑤]。"天地不能犯，圣智不能干，鬼魅不能欺。自然者默之成之，平之宁之，将[⑥]之迎之。

【注释】

①不可以生：就是说并无绝对的情况，可以生或不生。疑书误多出"不"字。

②不可以死：就是说可以死，在一定的条件下有的死或有的不死。疑书误多出"不"字。

③窈然无际：高深而没有界限。

④漠然无分：安静的没有任何声音，在空旷的环境里任何行迹都分辨不清，区分不了事物之间的差别。

⑤自运：在没有任何外力的作用下，依靠自身的力量运行。

⑥将：为远离的人送行。

【译文】

该生的生，这是天命所在，是一种福分；该死的死，这也是天命所在，是一种福分。该生存的却死去了，这是上天的惩罚；该死去的却依然活着，这也是上天的惩罚。那种本应得其所生的人，本想得其所死的人，最终也有如原以偿的；而本应得其所生的却早夭了，本希望得其所死的却还不得不苟延残喘，这种人也是有的。

但是不管是生存或者死亡，都不是由一个人的意愿和外界力量可以掌控的，这都是上天注定的必然，人的智慧对它是无用的。所以，深邃遥远，没有边界，天道聚会也会自然运行；遥远没有边界，天道运行也会遵循自然规律。天地之间的运行是有其一定的自然规律，是不可僭越的，就算是贤德才智也不能干扰它，妖魔鬼怪也不能改变它。天命有自然的定数，它没有声音可听，没有踪迹可寻，让人和天地生物融合，这个过程是宁静的、没有波动的，让人和万物就像人世间的引来送往一样有生有死，规律有序。

【原文】

杨朱之友曰季梁。季梁得病，七日大渐[①]。其子环而泣之，请医[②]。季梁谓杨朱曰："吾子不肖如此之甚，汝奚不为我歌以晓之？"杨朱歌曰："天其[③]弗识，人胡能觉[④]？匪祐自天[⑤]，弗孽[⑥]由人。我乎汝乎！其弗知乎！医乎巫乎！其知之乎？"其子弗晓，终[⑦]谒三医。一曰矫氏，二曰俞氏，三曰卢氏，诊其所疾[⑧]。矫氏谓季梁曰："汝寒温不节，虚实失度，病由饥饱色欲。精虑烦散，非天非鬼。虽渐，可攻也。"季梁曰："众医也。亟屏[⑨]之！"俞氏曰："女始则胎气不足，乳湩有余。病非一朝一夕之故，其所由来渐矣，弗可已也。"季梁曰："良医也。且食[⑩]之！"卢氏曰："汝疾不由天，亦不由人，亦不由鬼。禀生受形，既有制[⑪]之者矣，亦有知之者矣。药石其如汝何？"季梁曰："神医也。重贶[⑫]遣之！"俄而季梁之疾自瘳。

【注释】

①大渐：病情突然恶化。

②请医：请医生看病。

③其：或许，可能。

④觉：明白，醒悟。

⑤匪祐自天：天上不会降下福分。

⑥孽：犯过的错。

⑦终：最后，结局。

⑧诊其所疾：古代看病用号脉来诊断，对症下药。

⑨亟：迫切。屏：让人离开。

⑩食：吃饭。

⑪制：抑制。

⑫贶：给予，赏赐。

【译文】

杨朱有一个叫季梁的朋友。有一次季梁生病，生病第七天时，病情突然恶化。他的儿女们在床榻前伤心哭泣，一致要求父亲能够让他们去请医生给他治病。季梁对杨朱说："我的儿女们这么的不成器，你可以唱一首歌劝慰他们吗？"杨朱唱道："我的病情上天不晓得，世间人又怎么能说得明白？不是上天不降福佑，也不是有罪孽的人造成的。不管是你还是我，都是很模糊糊涂的！无论是医生还是巫师，都是病人在做白日梦。"季梁的儿女们对杨朱歌词中暗示的意思不能够理解，最后还是请了三位医生来给季梁治病，一位姓矫，一位姓俞，一位姓卢，都对季梁的病情进行了诊断。矫医生对季梁说："对天气的冷热变化你没有及时调节，虚实掌握得不够准确，饥饿和饱腹不均衡，色欲没把握尺度而导致了你疾病的产生。其中还有一个重要原因就是精神太过忧郁，烦闷，常常的胡思乱想。作怪的既不是老天也不是妖魔鬼怪，虽然病危，但是吃药还是能够治好的。"季梁说："这个医生很平庸，快叫他离开！"俞氏对季梁说："你先天胎气不足，出生后倒是有充足的奶水可以吃，疾病的形成不是一天或者一时的，而是长时间的积累加深的。这样的病是治不好的！"季梁说："这位医生是好医生，值得相信，你们必须好吃好喝的招待呀！"卢氏对季梁说："造成你疾病的不是老天也不是别人，更不会是妖魔鬼怪。每一个人在获得生命，获取了形体后，在其背后就有一种力量操控着，这种力量我们看不见也摸不着。早就有人明白生死由命的道理了。这样的话吃药和针灸对疾病能起到多大的效果呢？"季梁说："这位是神医！给他很多的钱财让他离开吧！"很快，在没有任何治疗的情况下，季梁的病就全好了。

【原文】

生非贵之所能存[①]，身非爱之所能厚[②]；生亦非贱之所能夭，身亦非轻之所能薄。故贵之或不生，贱之或不死；爱之或不厚，轻之或不薄。此似反也，非反[③]也；此自生自死，自厚自薄。或贵之而生，或贱之而死；或爱之而厚，或轻之而薄。此似顺也，非顺也；此亦自生自死，自厚自薄。鬻熊语文王曰："自长非所增，自短非所损。算[④]之所亡若何？"老聃语关尹曰："天之所恶，孰知其故[⑤]？"言迎天意，揣利害，不如其已。

【注释】

①生：生命。存：活着。

②身：身体。爱：关爱保护。厚：雄壮，健壮。

③反：对立面。

④算：谋划，智力，智慧。

⑤天之所恶，孰知其故：老子《道德经》中的句子。

【译文】

生命并不是爱惜就可以长久的生存，身体并不是爱惜它就能强壮、结实；生命也不会因为藐视它就会消失，身体也不会因为不重视它就会衰竭。因此，珍惜它却不能生存，轻视却不会死亡；爱护身体却不一定健壮，不爱护也未必衰弱。猛然一听，像是跟常理不符，事实上并非如此。因为生命的生存和死亡都是自然的，身体的强壮和衰弱也是自然的。也许重视它能够生存，怠慢了它就会死亡；也许因为爱惜它就能够强壮结实，不重视它就衰弱。这些说辞听起来像那么回事，事实上和常理是不符的，生命的存在和死亡都是自然的，身体的强壮和衰弱也是自然的。它们的运行规律都是自己自然独立的，不是人的主观意愿可以决定的。鬻熊告诉周文王说："身材高大是天生的，人力是不能增加身高的；身材短小也是天生的，人力是不能减小的。就算是智慧也不能奈何得了它！"老聃对关尹说："老天厌恶的，没有人能知道原因是什么？"意思是说，揣测天意，在乎利弊，细心为自己谋划的人是捞不到任何好处的，不如趁早结束。

【原文】

杨布①问曰："有人于此，年兄弟②也，言③兄弟也，才兄弟也，貌兄弟也；而寿夭父子④也，贵贱父子也，名誉父子也，爱憎父子也。吾惑之。"杨子曰："古之人有言，吾尝识之，将以告若。不知所以然而然，命也。今昏昏昧昧，纷纷若若，随所为，随所不为。日去日来，孰能知其故？皆命也夫。信命者，亡寿夭；信理者，亡是非；信心者，亡逆顺；信性者，亡安危。则谓之都亡所信，都亡所不信。真矣悫矣⑤，奚去奚就？奚哀奚乐？奚为奚不为？黄帝之书云：至人居若死，动若械⑥。亦不知所以居，亦不知所以不居；亦不知所以动，亦不知所以不动。亦不以众人之观易其情貌，亦不谓众人之不观不易其情貌。独往独来，独出独入，孰能碍之？"

【注释】

①杨布：人名，杨朱的弟弟。

②年兄弟：两人的岁数相差无几。年，指岁数。

③言：资格，历经。

④寿夭父子：寿命相差太大如父子。

⑤悫：诚实。

⑥居若死，动若械：得道之人安安静静地坐在这儿，就像死人一样，一动不动，活动起来又像机械和木偶一样。居，指安安静静地坐着。

【译文】

杨布问他的兄长杨朱说："这里有两个人，他们的年岁相仿，就像兄弟一样；他们的经历也差不多，像兄弟一样；他们的智慧也差不多，像兄弟一样；他们的长相也相像，像兄弟一样。但是，他们在世上存活的时间相差很大，就像父子一样；他们的社会地位也不一样，像父子一样；他们的声誉也相差很大，像父子一样；人们对他们怀有的情感也不一样，就像父子一样，我对此感到很疑惑。"杨朱回答说："古代有句话说得好，我一直铭记在心，说的就是，不明白为什么会这样，但是已经这样了，这就是命运的安排。现在世间万物都处于一片混沌状态，各说各话，每个人都肆意为之。一直以来都是如此。谁能说明白其中的缘由呢？这还不都是各人的命。只要你相信命运，你就会整日忧虑自己的寿命；相信世间普遍存在的真理，你就会因为个人得失而耿耿于怀；相信自己内心所发出的声音，你就不会在意自己是否身处逆境；相信上天的安排，就会太在意个人的安全与否。这也叫做什么都要相信，什么又不要相信。一个人只有真正了解了其中的道理，那么你就不会再有忘却不了的烦恼，也可以追求个人的欲望。也就没什么痛苦和高兴的区别了。黄帝曾经说过，品德最高的人，静如处子，就像死人一样。动起来就像一个木偶一样。不知道为什么要静坐，为什么不静坐，也不知道为什么要行动，为什么不行动。不因为他人对自己的看法而改变自己的容貌和情感。独来独往，独出独进，那么谁都阻碍不了。”

【原文】

墨屎、单至、嘽咺、憋怤①四人相与游于世，胥如志②也，穷年不相知情，自以智之深也；巧佞、愚直、婩斫、便辟③四人相与游于世，胥如志也，穷年而不相语术④，自以巧之微也；狡㤭、情露、謇极、凌谇⑤四人相与游于世，胥如志也，穷年不相晓悟，自以为才之得也；眠娗、诿诿⑥、勇敢、怯疑四人相与游于世，胥如志也，穷年不相谪⑦发，自以行无戾⑧也；多偶、自专、乘权、只立⑨四人相与游于世，胥如志也，穷年不相顾眄，自以时之适也。此众态也。其貌不一，而咸之于道，命所归也。

【注释】

①墨屎（chī）：心里有颇多谋虑，而表面上却装得很无知的样子。单至：举止轻佻的人。嘽咺（tan xuān）：愚笨慢步伐的人。憋怤：性子急，总是来去匆匆的人。

② 胥如志：称心如意。胥，全。

③巧佞：花言巧语的人。愚直：耿直纯朴的人。婩斫（yàn zhuó）：倔强高傲的人。便辟：四处逢迎的人。

④术：手段，为人处世的技巧。

⑤狡㤭：行为怪异而且令人郁闷的人。情露：情感全部表露在脸上的

人。謇极：说话结巴而且很急的人。凌谇：找借口骂人的人。

⑥眠娗：待人温和而且不会挑事的人。诿诿：把不好做的事情推卸给别人的人。

⑦谪：检举。

⑧戾：怪异。

⑨多偶：和顺，朋友多的人。自专：独断专行的人。乘权：好利用自身权力的人。只立：独立自主的人。

【译文】

墨杘、单至、啴咺、憋怤四人同时在社会上与人交游，均能各遂己愿，他们之间终年互不了解实情，都自以为老谋深算；巧佞、愚直、婩斫、便辟四人同时在社会上与人交游，均能各遂己愿，他们之间终年互不交流心得，都自以为技艺精巧入微；狡恪、情露、謇极、凌谇四人同时在社会上与人交游，均能各遂己愿，他们之间终年互不启发诱导，都自以为唯我独能；眠娗、诿诿、勇敢、怯疑四人同时在社会上与人交游，均能各遂己愿，他们之间终年互不谴责揭短，都自以为行为没有丝毫差错；多偶、自专、乘权、只立的人同时在社会上与人交游，均能各遂己愿，他们之间终年相互都不愿看一眼，都自以为符合时宜。这许许多多的情态，表面上看，各有千秋，可是有一点是相同的，那就是他们都合乎于道，这跟老天的安排息息相关啊！

【原文】

佹佹[①]成者，俏[②]成也，初非成也。佹佹败者，俏败者也，初非败[③]也。故迷生于俏，俏之际昧然[④]。于俏而不昧然，则不骇外祸，不喜内福；随时动，随时止，智不能知也。信命者于彼我无二心[⑤]。于彼我而有二心者，不若揜[⑥]目塞耳，背阪面隍[⑦]亦不坠仆也。故曰：死生自命也，贫穷自时也。怨夭折者，不知命者也；怨贫穷者，不知时者也。当死不惧，在穷不戚[⑧]，知命安时也。其使多智之人量[⑨]利害，料虚实，度人情，得亦中，亡亦中。其少智之人不量利害，不料虚实，不度人情，得亦中，亡亦中。量与不量，料与不料，度与不度，奚以异？唯亡所量，亡所不量，则全而亡丧。亦非知全[⑩]，亦非知丧。自全也，自亡也，自丧也。

【注释】

①俛俛（guǐ）：快要，将近。

②俏：即“肖”。相像，类似。

③初非败：起初就没有失败。

④际：此时，此刻。昧然：光线不足，暗淡。

⑤二心：两种不同的观点。

⑥揜：同“掩”。

⑦阪：倾斜的坡。隍：护城壕或护城河。

⑧在：正是在。戚：悲哀，痛苦。

⑨其：假如，假使。量：估摸，估计。

⑩知全：了解到保全的重要性。知，即“智”。

【译文】

表面上看去好像是要成功了，可是也只是看着像成功了，其实并没有成功。有时候看上去像是失败了，其实并没有失败。所以，在看起来好像成功和失败的时候，人们往往分不清仿佛和真实之间的界限。但是，在同样的情况下，也有很多人保持清醒的，他们对外界发生的各种突然的灾祸往往表现得很镇定，能够淡定从容。对于突然而至的好事也不会表现得特别兴奋，而是保持一颗平常心。那是因为这些人能够做到随机应变，顺应时势而做出自己的行动。单凭个人智慧是不能做出完全科学的判断。相信命运的人，对于灾难和福祉都能泰然处之，不会产生额外的感情。对于灾难和福祉都怀有不同感情的人，不如蒙上双眼，闭上耳朵，即使身处倾斜的陡坡，面前是深深的沟壑，也不会失足掉下去。所以说，生死全由命运来决定，贫富则来自于机缘。抱怨生死的人，往往不知生死有命。抱怨贫穷的人，往往不知把握机会。当死亡来临时不面露惊恐，当身处穷困时不怨天尤人，这就是知天命的表现。如果你让充满智慧的人去考量利害关系，思忖虚实，猜度人心，那么最后的结果只能是一半正确，一半错误。那么没多少智慧的人，往往不去考量事物的利害关系，不思忖虚实，不猜度人心，那么最后的结果也是对错各半。考量与不考量，思忖与不思忖，猜度与不猜度，它们之间又有什么区别呢？只有那些没什么可思量的，没有思量才能的人才能保全自己的心智没有缺憾。所以，促使自己的本心不需要依靠智慧，失去本心也不是因为智慧。保全是自然保全的，消失是自然消失的，失去也是自然失去的。

【原文】

齐景公游于牛山[①]，北临其国城而流涕曰："美哉国乎！郁郁芊芊[②]，若何滴滴[③]去此国而死乎？使古无死者，寡人将去斯而之何？"史孔、梁丘据[④]皆从而泣曰："臣赖君之赐，疏食恶肉可得而食，驽马棱车[⑤]可得而乘也；且犹不欲死，而况吾君乎？"晏子独笑于旁。公雪涕[⑥]而顾晏子曰："寡人今日之游悲，孔与据皆从寡人而泣，子之独笑，何也？"

晏子对曰："使贤者常守之，则太公[⑦]桓公将常守之矣；使有勇者而[⑧]常守之，则庄公、灵公[⑨]将常守之矣。数君者将守之，吾君方将被蓑笠而立乎畎[⑩]亩之中，唯事之恤[⑪]，行假念死乎？则吾君又安得此位而立焉？以其迭[⑫]处之，迭去之，至于君也，而独为之流涕，是不仁也。见不仁之君，见谄谀[⑬]之臣。臣见此二者，臣之所为独窃笑也。"景公惭焉，举觞[⑭]自罚。罚二臣者各二觞焉。

【注释】

①齐景公：春秋时期齐国国君，姓姜，名杵臼，齐灵公子。牛山：地名。

②郁郁芊芊：郁郁葱葱的样子。

③滴滴：为"滂滂"的笔误，形容水流奔腾的样子。这里用来说明时光飞逝如流水。

④史孔、梁丘据：二人均为齐景公的肱骨大臣。

⑤驽马：下等马。这里形容人能力欠缺。棱车：木制的简陋车子。

⑥雪涕：擦去泪水。

⑦太公：即姜子牙，周朝齐国的开国元祖。

⑧而：可以，能。这里做副词用。

⑨庄公：齐庄公。灵公：齐灵公。都是齐国的君主。

⑩畎（quǎn）：田间地头的小沟。

⑪恤：忧愁。

⑫迭：更迭，替换。

⑬谄谀：讨好别人，阿谀奉承。

⑭觞：酒杯。

【译文】

齐景公登上牛山，望向北方国都，不禁眼含热泪感慨："看呐，我齐国的国土多么广阔，草木旺盛，一眼望不到边，树木葱绿，引人无限遐想。可是人为什么要像江河流逝一样一代代地消失呢？如果从古到今都没有死亡，我会不会离开这个国家到别的地方去呢？"他的近身大臣史孔和梁丘都垂泪说："我们全凭大王的恩惠，才能吃到米和肉，出门有马车可以坐，我们尚且不想去死，更何况是大王您呢？"晏子站在一旁，一句话也不说，只是面露嘲讽的笑容。看到晏子如此表情，景公擦去泪水，转过头对晏子说："我今天到此处来游览，看到此情此景心中觉得难受不已，史孔和梁丘也都伤心不已，而你倒好，站在一边偷笑，这是什么道理？"晏子不慌不忙地回答说："如果贤能的君主一直掌控这个国家，那么太公、桓公就永远不会死去。如果让英勇的国君掌管这个国家，那么庄公和灵公也不会早早死去了。如果这几位国君都一直身居高位，那么您大约只能做一个农民，披着蓑衣，戴着斗笠，在田地间忙活自己的事情，哪里还有闲心去考虑别人的事情呢？您又怎么可能坐上国君的位置呢？正是因为一代一代君王登基，一个一个死去，到了如今，才有您坐上这个位置的可能。生死不停地轮换，这是顺应天理。而如今您却因为不能永处君位而在这儿泪流满面，这才是不仁德的表现。我现在同时看到不仁不义的君王，看到阿谀奉承的大臣，我觉得非常好笑，所以就不自觉笑出声了。"景公听后非常羞愧，便端起面前的酒杯一饮而尽，自己罚自己，他的两位近侍大臣也同样被罚了两杯酒。

【原文】

魏人有东门吴①者，其子死而不忧。其相室②曰："公之爱子，天下无有。今子死不忧，何也？"东门吴曰："吾常③无子，无子之时不忧。今子死，乃与向④无子同，臣奚忧焉？"

【注释】

①东门吴：人名。东门是复姓。

②相室：又称“家相”，即管家。

③常：通“尝”。过去。

④向：以前，从前。表示过去的事情或时间。

【译文】

魏国有个叫东门吴的人，他的儿子不幸去世了，可是他却像没有这回事似的，没有一点儿悲痛的心情。他的管家看他的表情很是疑惑，于是问他：“您对您的儿子那么喜欢，几乎全天下人没有一个人比得上。可是现在您的儿子死了，您却一点儿悲哀的心情都没有。这是什么原因呢？”东门吴回答道：“我本来是没有儿子的，那时我也没有觉得悲伤过。现在儿子不在了，我就可以想象成和曾经没有儿子的时候感觉一样。我有什么好悲哀的呢？”

【原文】

农赴时[①]，商趣[②]利，工追术[③]，仕逐势[④]，势使然也。然农有水旱，商有得失，工有成败，仕有遇否[⑤]，命使然也。

【注释】

①赴时：轮上时节。赴，去。

②趣：同“趋”，奔向。

③追术：追求技术、工艺流程。

④仕逐势：仕途上的人追求的是好形势，抓住的是好机缘。势，形势。

⑤遇：机缘，机会。否（pǐ）：不通，阻碍。

【译文】

以种田为生的人要赶上种地的好时机，做生意的人要盈利，做技术活的人要不断提高技术水平，走仕途的人要顺应时势，这些都是不以人的意志为转移的。但是从事农业生产的人往往有丰收有歉收。做生意的人有盈也有亏。做技术活的人也会有成功和失败，走仕途的人还可能一路畅通或遇到艰难险阻。这全部都是老天安排好的。

《杨朱篇》

【原文】

杨朱游于鲁，舍于孟氏。孟氏问曰："人而已矣，奚以名为？"曰："以名者为富。""既富矣，奚不已焉？"曰："为贵。""既贵矣，奚不已焉？"曰："为死。"

"既死矣，奚为焉？"曰："为子孙。""名奚益于子孙？"曰："名乃苦其身，燋[①]其心。乘其名者，泽及宗族，利兼乡党[②]，况子孙乎？""凡为名者必廉，廉斯贫；为名者必让，让斯贱。"曰："管仲[③]之相齐也，君淫亦淫，君奢亦奢，志合言从，道行国霸。死之后，管氏而已。田氏[④]之相齐也，君盈则己降，君敛则己施，民皆归之，因有齐国；子孙享之，至今不绝。""若实名[⑤]贫，伪名富！"曰："实无名，名无实；名者，伪而已矣。昔者尧、舜伪以天下让许由、善卷⑥，而不失天下，享祚⑦百年。伯夷、叔齐实以孤竹⑧君让而终亡其国，饿死于首阳之山。实伪之辩，如此其省也。”

【注释】

①燋（jiāo）：即“焦”。焦虑，烦闷。

②乡党：周朝规定，五百家为一个党，一万二千五百家为一个乡。后来用“乡党”泛指乡里。

③管仲：名夷吾。在齐桓公时任宰相，辅佐齐桓公使齐国强盛。

④田氏：名田常，即陈成子。春秋时齐国大臣。公元前481年，他以一人之力杀了齐简公，拥立齐平公，自任相国，齐国由此变成田氏的天下，田氏开始独断专权。后来，田常的曾孙田和将姜氏赶下台，成为齐国的国君。

⑤若：应为“若然”，意为如果这样。实名：指做了善事不追求名誉和利益，做好事而不求名声。

⑥许由：尧在位时的隐士。尧想把国君之位让给他，他不接受，隐居到箕山里，以种植农业为生。尧又请他出任九州的长官，他便跑到颍水边清洗自己的耳朵，表示不愿听到，不愿接受。善卷：舜在位时的隐士。舜想将国君之位让给他，他拒绝接受，躬耕田亩，在天地之间逍遥。

⑦祚：指王位、国君之位。

⑧孤竹：商、周时国名。位于今河北卢龙一带。

【译文】

杨朱游历到鲁国，借宿在一孟姓人家。姓孟的人问他：“我觉得做好一般人就可以了，那些名声有什么用呢？”杨朱回答道：“名声可以用来发家致富。”姓孟的说：“已经很有钱了，为什么还不肯善罢甘休呢？”杨朱说：“还要追求显赫的地位啊！”姓孟的说：“已经身居高位了，还是不肯罢休是为什么呢？”杨朱说：“为了死后流芳百世。”孟氏不明白，又问：

"人都不在了，还要名声有什么用？"杨朱说："为了子孙后辈啊！"孟氏接着问："名誉对于子孙有什么好处呢？"杨朱说："所谓的名声都是通过肉体的辛苦和精神上的焦虑获得的，一个人的名声可以让他的家族都跟着沾光受惠，遍及乡里，更何况对于他的子孙呢？"孟氏又问："一般有名气的人都非常清廉，清廉必定会很穷困。有名气的人一定懂得谦虚，谦虚的话地位就无法升高。"杨朱说："管仲任齐国的宰相，君主淫逸，他也跟着淫逸。君主奢靡，他也同样奢靡。他一直顺着君主的意思来，君主说什么他就执行什么。所以国家的政治得以推行下去，国家因此繁荣富强。可是他死以后，他的家族就此没落。田成子担任齐国的宰相，君主蛮横，他却谦恭有礼；君主大肆敛财，他却慷慨施舍。所以人心归向，他成为了齐国的君主。他的子孙繁华享受不尽，一直到现在都是如此。"孟氏接着说："那如你所言，真名声使人变得贫穷，地位低下，而假名声反而使人变得富裕，高人一等。"杨朱说："脚踏实地的人没有名声，一心追求名声的人不会落到实处。所谓的名声，都是一片虚无而已。之前，尧、舜假意将君主之位让给许由、善卷，所以得到了天下的民心，君主之位才能稳坐那么久。而伯夷、叔齐是真心实意要让出孤竹君主之位，所以国家也跟着灭亡了，后来饿死在了首阳山上。真实和虚假的区别，就是这样的明明白白。"

【原文】

杨朱曰："百年，寿之大齐[①]。得百年者千无一焉。设有一者，孩抱以逮昏老，几居其半矣。夜眠之所弭[②]，昼觉之所遗，又几居其半矣。痛疾哀苦，亡失忧惧，又几居其半矣。量十数年之中，逌然[③]而自得，亡介焉之虑者，亦亡一时之中尔。

"则人之生也奚为哉？奚乐哉？为美厚尔，为声色尔。而美厚复不可常厌[④]足，声色不可常玩闻。乃复为刑赏之所禁劝，名法之所进退[⑤]；遑遑尔竞一时之虚誉，规[⑥]死后之余荣；偊偊尔顺[⑦]耳目之观听，惜身意之是非；徒失当年之至乐，不能自肆于一时。重囚[⑧]累梏，何以异哉？

“太古之人知生之暂来，知死之暂往；故从⑨心而动，不违自然所好；当身之娱非所去也，故不为名所劝。从性而游，不逆万物所好，死后之名非所取也，故不为刑所及。名誉先后，年命多少，非所量也。”

【注释】

①齐：界限。

②弭（mǐ）：消失，停止。

③逌（yóu）然：怡然自得的样子。

④厌：满足。

⑤名法：指不同等级和秩序。进退：指拘束。

⑥规：计划，打算。

⑦偊偊（yǔ）：独行貌。顺，通“慎”，表示小心谨慎。

⑧重囚：严看管犯人。

⑨从：同“纵”，放任。

【译文】

杨朱说：“人的寿命最长只能活到一百岁，超过一百岁的人少之又少，估计只有千分之一。如果一个人能活到一百岁，减去他的幼年和老年时期，他几乎只有五十年的时间。再减去夜晚睡觉所占去的时间，白天所耽误的时间，又花去了五十年的一半。再减去生病的时间、痛苦的时间、对于死亡的忧虑时间，这又占了将近一半余下的时间。这样算下来，人生只剩下短短的十几年，但能过上怡然自得、没有任何忧愁的日子，恐怕很难啊，一天都没有。

“那么人活这一生有什么意义呢？又有什么快乐可言呢？难道就是为了人间美食，为了欣赏歌舞和漂亮的女人吗？但是美食并不能让人时刻感到满足，歌舞和漂亮的女人，你也不能时刻观赏。而人们时不时还要受到刑罚的阻碍，奖赏的鼓励，要受到各种等级秩序的约束；急急忙忙地去追求一时的空名，谋求死后的荣耀；孤单地审视周围的一切事物，关注思想和行动的是与非；白白浪费了生命的最大享受，不能任由自己的身心放松的一刻。这些同戴上牢具关进监狱的犯人有什么区别呢?

“远古时代的人知道一个人生活在世上只是暂时的，死亡不过是肉体的暂时离开，所以任意跟随自己的心灵而行动，只要不违背大自然的本性。他们不舍弃自身的快乐，所以不为名誉所吸引。根据自己的本性去游览，不违背万物生存的本性，不刻意去追求死后的名誉，所以不会受到刑罚的惩处。名声大小，生命长短，他们都从来不会考虑。”

【原文】

杨朱曰：“万物所异者生也，所同者死也。生则有贤愚、贵贱，是所异也；死则有臭腐消灭，是所同也。虽然，贤愚、贵贱非所能[①]也，臭腐、消灭亦非所能也。故生非所生[②]，死非所死，贤非所贤，愚非所愚，贵非所贵，贱非所贱。”

“然而万物齐生齐[③]死，齐贤齐愚，齐贵齐贱。十年亦死，百年亦死；仁圣亦死，凶愚亦死。生则尧、舜，死则腐骨；生则桀、纣，死则腐骨。腐骨一矣，熟知其异？且趣[④]当生，奚遑[⑤]死后？”

【注释】

①非所能：不是自己能决定的。能，指主观能动性的作用。

②非所生：应为“非所能生。”指生存也不是自己能决定的。下文“非所死”、“非所贤”、“非所愚”等都应该有“能”字。

③齐：相同，一样。

④趣：往，走向。

⑤遑：空闲。

【译文】

杨朱说：“万事万物的差异在于生存状况不一样，相同的地方就是都会死亡。活着可以分为高低贵贱，贤能愚钝，这就是区别。死了便一起归于尘土，消失于无形，这就是相同之处。即便是这样，但造成人贤能愚钝、尊贵低贱，并不是自己能做主决定的。尸体腐烂、消失也不是个人所能决定的。所以人并不是想要生存就能生存，想要死亡就可以死亡，想要贤能就能贤能，想要愚钝就能愚钝，想要尊贵就能尊贵，想要低贱就能低贱。

“所以，这样说来，对于世间万物来说，生和死都是一样的。贤能和愚钝也是一样的，尊贵和低贱也是一样的。存活十年也是死，活够一百年也是死。圣明贤人要死，笨蛋坏人也要死。活着时像尧、舜一样贤能，死了也是一堆白骨。活着时像桀、纣一样残忍，死了也同样是一堆白骨。白骨都一样，那么它们之间又有什么区别呢？那么就暂且追求此生的快乐吧，哪有人想着死后的事情呢？”

【原文】

杨朱曰：“伯夷非亡欲，矜清之邮[①]，以放[②]饿死。展季[③]非亡情，矜贞[④]之邮，以放寡宗[⑤]。清贞之误善[⑥]之若此。”

杨朱曰：“原宪窭[⑦]于鲁，子贡殖[⑧]于卫。原宪之窭损生，子贡之殖累身。”“然则窭亦不可，殖亦不可，其可焉在？”曰：“可在乐生，可在逸身。故善乐生者不窭，善逸身者不殖。”

【注释】

①矜清：矜持清高。邮：通“尤”，极。

②放（fǎng）：到。

③展季：即展禽，也叫柳下惠。

④矜贞：矜持贞节。

⑤寡宗：旁系很少，意为子孙不多。

⑥善：大。

⑦原宪：传说中春秋时期鲁国人，也有说是宋国人。窭（jù）：穷困。

⑧殖：做生意，卖货，这里有致富的意思。

【译文】

杨朱说：“伯夷并非是个清心寡欲之人，只是矜持得过分了，所以最后饿死在了山中。展禽也并非是个薄情的人，而是太过于守名节了，所以子孙才很少。矜持和名节给人造成的后果竟然如此严重啊！”

杨朱说：“原宪在鲁国忍饥挨饿，子贡在卫国做生意发大财。原宪生活困苦，所以有损生命，子贡虽然获得了财富，却身心俱疲。”有人问他说：“这样说来，贫穷了不合适，有钱了也不合适，那么如何才好呢？”杨朱说：“最重要的在于使生命获得愉悦，在于使身体和心灵都无比安逸。所以擅长让生命质量得到提升的人不会感到穷困，善于使身心安逸的人不会去做生意。”

【原文】

杨朱曰：“古语有之：‘生相怜，死相捐。’此语至矣。相怜之道，非唯情也；勤能使逸，饥能使饱，寒能使温，穷能使达也。相捐之道，非不相哀也；不含珠玉①，不服文锦，不陈牺牲，不设明器②也。

“晏平仲③问养生于管夷吾。管夷吾曰：‘肆之而已，勿壅勿阏④。’晏平仲曰：‘其目⑤奈何？’夷吾曰：‘恣耳之所欲听，恣目之所欲视，恣鼻之所欲向，恣口之所欲言，恣体之所欲安，恣意之所欲行。夫耳之所欲闻者音声，而不得听，谓之阏聪；目之所欲见者美色，而不得视，谓之阏明；鼻之所欲向者椒兰，而不得嗅，谓之阏颤⑥；口之所欲道者是非，而不得言，谓之阏智；体之所欲安者美厚，而不得从，谓之阏适；意之所欲为者放逸，而不得行，谓之阏性。凡此诸阏，废虐之主⑦。去废虐之主，熙熙然以俟死，一日、一月、一年、十年，吾所谓养。拘此废虐之主，录⑧而不舍，戚戚然以至久生，百年、千年、万年，非吾所谓养。’

“管夷吾曰：‘吾既告子养生矣，送死奈何？’晏平仲曰：‘送死略矣，将何以告焉？’管夷吾曰：‘吾固欲闻之。’平仲曰：‘既死，岂在我哉？焚之亦可，沈之亦可，瘗⑨之亦可，露之亦可，衣薪⑩而弃诸沟壑亦可，衮衣绣裳而纳诸石椁亦可⑪，唯所遇焉。’管夷吾顾谓鲍叔、黄子⑫曰：‘生死之道，吾二人进⑬之矣。’”

【注释】

①不含珠玉：古代死人入棺，会在死者的口中放珠、玉、贝或米等物。因为死者身份不同，所以放的东西会不一样。这里所说的“死相捐”，所以不在死者的口里放上以示身份的物品。

②明器：即“冥器”，陪葬的器物。通常用陶、石头或木头制成。

③晏平仲：即晏婴。春秋时齐国的宰相。

④阏（è）：阻止。

⑤目：细目。

⑥颤（shān）：鼻子通气能辨别气味。

⑦废虐：大迫害。废，《诗•小雅》毛传：“废，大也。”主：主要原因。

⑧录：检查。

⑨瘗（yì）：掩埋。

⑩衣薪：用柴草盖住。

⑪衮（gǔn）衣：古代公卿所穿的衣服，上面绣有龙的图案。石椁（guǒ）：石头做的棺材。

⑫黄子：齐国的大臣，与管仲是同时期人。

⑬进：即“尽”。

【译文】

杨朱说：“古代有一句名言，叫作‘活着相互怜惜，死了相互捐弃’。这真是让人受用颇深啊！所谓的怜惜，并不仅仅是用情，而是能让贫困的人过上舒适的生活，饥饿的人能吃饱饭，受冻的人能得到温暖，身处困境的人能够飞黄腾达。所谓的捐弃，并不是不对死者寄予哀思，而是不在他的嘴里放上美玉，不给他穿上锦衣玉袍，不给他在祭礼上供上礼品，不给他的墓里放上陪葬的物品。

“晏婴向管仲请教如何养生。管仲说：‘养生的秘诀在于随心所欲，对身体和心灵的需求不予阻碍，不加遏止。’晏婴又问：‘具体要如何做呢？’管仲说：‘将你的五官解放出来，耳朵尽情去听，眼睛尽情去看，鼻子尽情去闻，嘴里尽情去说，身体想干什么就去干什么，心里想干什么就去干什么。耳朵如果想听声音，可是你不让它去听，这就会妨碍你听觉的灵敏度。眼睛如果想看美丽的事物而看不了，就会妨碍视觉的亮度。鼻子如果想闻香气而闻不到，就会阻碍嗅觉的顺畅。嘴巴如果想讲是非，可是不能讲，就会妨碍聪明才智的发挥。身体想得到一个舒适的环境，可是得不到，就会阻碍身体的享乐。心灵想安逸一会儿，可是却做不到，就会扼杀人的本性。这种种妨碍，都成为了毒害身心的本质因素。除去这些因素，高高兴兴、安安全全地待到生命结束，即便只能活一天，一个月，一年，十年，也是好的。这就是我所信奉的养生秘诀。始终被束缚在这些毒害身心的因素里面，又甘愿被它束缚而不愿挣脱，悲悲惨惨地长寿，即便能活一百年，一千年，一万年，我也不稀罕，这根本不是我所崇尚的养生之道。’

“管仲听完后，又对晏婴质疑道：‘养生的秘诀我已经全部告诉你了，那么你现在应该告诉我如何给死者送葬了吧？’晏婴说：”送葬的事就太简单啦，我只是不知道如何对你说而已。’管仲说：‘你说说吧，到底应该如何？’晏婴便开始侃侃而谈，他说：‘人已经死了，就由不得自己了。一把火烧了也可以，沉到水塘里也可以，埋在土里也可以，抛尸野外也可以，用柴草遮掩住后丢进大沟水渠里也可以，将锦衣玉袍穿好后放在石头做的棺材里也可以。总之一句话，遇到什么就怎么样做吧！’管仲回头对鲍叔牙和黄子说：‘生死的道理，也就是那么回事，现在我和他已经完全理解通透了。’”

【原文】

子产相郑，专国之政，三年，善者服其化，恶者畏其禁，郑国以治，诸侯惮之。

而有兄曰公孙朝，有弟曰公孙穆。朝好酒，穆好色。朝之室也聚酒千钟，积麹成封[①]，望[②]门百步，糟浆之气逆于人鼻。方其荒[③]于酒也，不知世道之安危，人理之悔吝，室内之有亡，九族[④]之亲疏，存亡之哀乐也。虽水火兵刃交于前，弗知也。

穆之后庭，比房数十，皆择稚齿婑媠⑤者以盈之。方其耽于色也，屏亲昵，绝交游，逃于后庭，以昼足⑥夜；三月一出，意犹未惬。乡有处子之娥姣者，必贿而招之，媒而挑之，弗获而后已。

子产日夜以为戚，密造邓析而谋之，曰：“侨⑦闻治身以及家，治家以及国，此言自于近至于远也。侨为国则治矣，而家则乱矣。其道逆邪？将奚方以救二子？子其诏⑧之！”

邓析曰：“吾怪之久矣！未敢先言。子奚不时其治⑨也，喻以性命之重，诱以礼义之尊乎？”

子产用邓析之言，因间以谒其兄弟，而告之曰：“人之所以贵于禽兽者，智虑。智虑之所将者，礼义。礼义成，则名位至矣。若触情而动，耽于嗜欲，则性命危矣。子纳侨之言，则朝自悔而夕食禄矣。”

朝、穆曰：“吾知之久矣，择之亦久矣，岂待若言而后识之哉？凡生之难遇而死之易及；以难遇之生，俟易及之死，可孰念哉⑩？而欲尊礼义以夸人，矫情性以招名，吾以此为弗若死矣。为欲尽一生之欢，穷当年之乐，唯患腹溢而不得恣口之饮，力惫而不得肆情于色；不遑忧名声之丑，性命之危也。且若以治国之能夸物，欲以说辞乱我之心，荣禄喜我之意，不亦鄙而可怜哉！”

“我又欲与若别之。夫善治外者，物未必治，而身交苦；善治内者，物未必乱，而性交逸。以若之治外，其法可暂行于一国，未合于人心；以我之治内，可推之于天下，君臣之道息矣。吾常欲以此术而喻之，若反以彼术而教我哉？”

子产忙然⑪无以应之。他日以告邓析。邓析曰：“子与真人⑫居而不知也，孰谓子智者乎？郑国之治偶耳，非子之功也。”

【注释】

①麹（qū）：酿酒用的酒曲。封：用土堆起来的小山丘。

②望：到。在文中指距离。

③荒：沉迷。

④九族：古代宗法中指高祖、曾祖、祖、父、身、子、孙、曾孙、玄孙。也有“九族”指父族四、母族三、妻族二。

⑤婑媠（wǒ tuǒ）：容貌艳丽。

⑥足：补充，凑够。

⑦侨：子产的名。

⑧诏：告诫，告诉。

⑨时其治：管理整治及时。

⑩可孰念哉：可牵挂于心的还有什么呢？“孰可念哉”的倒装句。

⑪忙然：迷茫。

⑫真人：天性善良纯真的人。道家对修真得道的人的称谓。

【译文】

子产担任郑国国相，独霸政权。他执政三年后，好人都听从他的管教，坏人都害怕他的禁令，郑国的安宁也得益于此，诸侯都感到畏惧。

但是子产有个哥哥和弟弟，哥哥公孙朝喜欢喝酒，弟弟公孙穆喜欢美色。公孙朝的家里有好酒上千坛，有堆积成山的陈曲。离门距离有上百步远，美酒散发的气味就迎面扑鼻。他沉迷于美酒之中，对社会的安定和危难，人事的纷争、家庭的有无、九族的亲疏、生存的欢乐和死亡的哀愁全然不顾。就算是大祸临头也不知道。

公孙穆有数十间房子并列在后院之中，里面都住着年轻美丽的女子。当他迷恋于女色的时候，可赶走亲朋好友，与朋友断绝交往，藏在后院，日日夜夜。时隔三个月才出来一次，这样还不知足。有美貌的处女在乡间，他一定会用钱财勾引，让媒人去引诱，非要弄到手不可。

子产日日夜夜为这件事伤神，便悄悄地拜访了邓析，和他商量说；“我听闻，自身修养好能够影响到家庭，家庭治理好了才能治理好国家，这是告诉我们要由近及远的做事情。我已经把国家管理得很好了，但是我的家庭却这样的不堪，这不是与由近及远的道理相悖吗？我那两个兄弟该如何拯救呢？你要想个注意呀！”

邓析回答说：“我很久之前就注意了，但是没敢说出来，你为何不及时地治理呢，告诉他们生命的可贵，劝他们守礼仪重尊严呢？”

子产接受了邓析的建议，就找时机见了他的两个兄弟，对他们说：“人之所以比禽兽高贵，就是人有理智，有理智就需有礼仪。礼仪做得好就能够拥有名利地位。如果做事一直随着自己的性子，沉迷于不良爱好和声色欲望，那生命就岌岌可危了！你们要按我的话去做，早上能够改正缺点，晚上我就给你们封官。”

公孙朝和公孙穆回答说：“我们很早就知道了，也抉择了很长时间，难道要等你说教之后才明白吗？但凡生命是不容易得到的，而死亡也是会来得很快的。用不容易获得的生命来等待不久的死亡，那么牵挂于心的还有什么呢？如果用尊严礼仪来夸赞炫耀，掩盖自己的脾性，我们觉得这样活着不如死了算了。人活着就要把一生的欢乐都享受完，如果不及时享乐，就怕到时候因为肚子太饱而不能开怀畅饮，精力衰退而不能够在美色情欲中纵情享受；对名声的好坏和生命安全根本就没有时间去担心忧虑。而你却拿治国的智慧来向我们炫耀，想要依靠劝诫来使我们的心性受干扰，用荣华富贵使我们的意志受诱惑，这样不是太浅薄可怜了吗？

“我们具体来分析这个道理，对于治理外物擅长的，不一定能够治理好外物，并且还牵连自己的身心一起受罪；对于治理内心擅长的，外物也不一定会因此受到干扰，并且自己的性情也一起得到安逸。对于你治理外物来说，这样的方法虽然可以在一国得到短暂的实行，但是这与人们本来的心意不符；依靠我的方法治理内心，是能够在全天下推广的，在君臣之间也用不上。我们经常想用这种方法劝诫你，而反过来你却要用你的那种方法来教育我们。”

子产听完后，没有言语可以回答。有一天他告诉了邓析这件事。邓析说：“你不知道你是和天性坦率纯真的人住在一起，谁说你是聪明的人呢？郑国只是偶然的得到治理罢了，并不是因为你。”

【原文】

卫端木叔[①]者，子贡之世[②]也。藉其先赀[③]，家累万金。不治世故[④]，放意所好。其生民之所欲为，人意之所欲玩者，无不为也，无不玩也。墙屋台榭，园囿池沼，饮食车服，声乐嫔御，拟齐、楚之君焉。至其情所欲好，耳所欲听，目所欲视，口所欲尝，虽殊方偏国[⑤]，非齐土[⑥]之所产育者，无不必致之，犹藩墙之物也。及其游也，虽山川阻险，涂径修远，无不必之，犹人之行咫步也。

宾客在庭者日百住[⑦]，庖厨之下不绝烟火，堂庑[⑧]之上不绝声乐。奉养之余，先散之宗族；宗族之余，次散之邑里；邑里之余，乃散之一国。行年六十，气干[⑨]将衰，弃其家事，都散其库藏、珍宝、车服、妾媵[⑩]。一年之中尽焉，不为子孙留财。及其病也，无药石之储；及其死也，无瘗埋之资。一国之人受其施者，相与赋而藏[⑪]之，反其子孙之财焉。禽滑釐闻之，曰："端木叔，狂人也，辱其祖矣。"段干生[⑫]闻之，曰："端木叔，达人也，德过其祖矣。其所行也，其所为也，众意所惊，而诚理所取。卫之君子多以礼教自持，固未足以得此人之心也。"

【注释】

①端木叔：人名，端木赐的后代。端木赐是孔子的学生。

②世：子孙后代。

③藉：凭借。先赀：祖先的财产。赀（zī），财产。

④世故：这里是产业、生计的意思。

⑤殊方偏国：指异域和偏僻遥远的国家。殊，不一样。偏，偏远。

⑥齐土：即本土，中原地区。齐，同"脐"，中央。

⑦日百住：每日的住客数量以百来记。

⑧庑（wǔ）：正房对面和两侧的小屋子。

⑨气干：气血和躯体。这里指身体的健康状况。

⑩妾媵（yìng）：古时候大户人家子女出嫁，会带着妹妹、堂妹做陪嫁，称为“妾媵”，后用来泛指姬妾。

⑪赋：这里是按人均摊的意思。藏：通“葬”。

⑫段干生：战国初期魏国的学者。姓段干，名木，拒绝为官。

【译文】

卫国有个叫端木叔的人，是子贡的子孙。凭借着祖辈上遗留下来的财富，家里累积了数不尽的黄金，有万两之多。但是他从没有正经的从事经营，而是放任自己随自己的喜好来生活。只要是凡人所想干的事情，凡人所想玩的东西，他都要去做，都要去玩。高墙大院、亭台水榭、庭园水池、美味佳肴、车马服饰、丝竹舞姬，在他家里都是应有尽有，差不多都能和齐国、楚国君王的待遇所媲美了。只要是他所感兴趣的、耳朵想要听到的、眼睛想要看到的、嘴里想要尝到的，即使是远在异国他乡，不是本土所能生产的东西，没有他得不到的，仿佛是在拿他自家院墙里的东西一样。外出游玩时，就算是危险难行的河流山川，道路如何的遥远，没有他去不了的地方，就像只是在随意行走散步一样。

来他家做客居住的人每天都不计其数，厨房里的灶火整日都不曾熄灭过，大堂和回廊里充满的音乐声不曾停歇。除了养活自家人和门客以外，先将钱财分发给宗族里的人，发给宗族之外，再发给乡里的人，发给乡里之外，再发给整个都城的百姓。当他六十岁的时候，身体状况每况日下逐渐衰弱，于是便放弃了家里所有的事物，把家里的珍藏、财宝、马车、服饰和姬妾都分散了出去。短短一年时间，全部散尽，没有给子孙留一点点的钱财。在他病重之时，没有治病买药的钱，在他死了之后，连买棺材下葬的钱都没有。整个都城里曾受过他恩惠的人知道之后，人人都出钱，一起为他下葬，还把以前所得的他的钱财都还给了他的子孙。禽滑釐得知此事之后，大骂：“端木叔就是个狂人，实在是有辱他历代的祖先啊！”段干生听闻此事，赞道：“端木叔真是个圣人，他的仁德远超他的祖先。他一生的所作所为，虽然让人们所震惊，但却是顺应人间天理的。卫国的有德之人大多用世俗礼仪来束缚自己，当然难以理解端木叔心中所想了。”

【原文】

孟孙阳[①]问杨朱曰：“有人于此，贵生爱身，以蕲[②]不死，可乎？”曰：“理无不死。”“以蕲久生，可乎？”曰：“理无久生。生非贵之所能存，身非爱之所能厚。且久生奚为？五情好恶，古犹今也；四体安危，古犹今也；世事苦乐，古犹今也；变易治乱，古犹今也。既闻之矣，既见之矣，既更[③]之矣，百年犹厌其多，况久生之苦也乎？”

孟孙阳曰：“若然，速亡愈于久生；则践锋刃，入汤火，得所志矣。”

杨朱曰：“不然。既生，则废[④]而任之，究其所欲，以俟于死。将死，则废而任也，究其所之，以放于尽。无不废，无不任，何遽[⑤]迟速于其间乎？”

【注释】

①孟孙阳：人名，杨朱的学生。

②蕲（qí）：通“祈”，祈求。

③更：经历。

④废：丢弃不要，这里是放任的意思。

⑤遽（jù）：担心，畏惧。

【译文】

孟孙阳问杨朱道：“如果有一个人，视生命为珍贵之物，特别爱惜身体，以祈求自己可以不死，能如愿吗？”杨朱答道：“没有这样的道理可以让人不死。”“那只是以此祈求能够长久地活着，可以吗？”杨朱答道：“也没有这样的道理可以让人长久地活着。生命不是只要视为珍宝就能长存的，身体也不是只要好好爱惜就可以健康的。就算是可以长生不死一直活着又有什么用呢？人的七情六欲和生性的善恶，自古到今都是一样的；人身上五体四肢的健康与疾病，从古至今也是一样的；人世间的种种痛苦快乐，从古至今也是一样的；改朝换代，历代的平治与动乱，从古至今还是一样的。既然这尘世间的种种都已经听说过，见过，经历过了，只是活上百年都会嫌活得太久，更何况是长生不死再反反复复经历这些重复的事情岂不更加痛苦？”

孟孙阳说：“如此说来，早点死去比长久的活要好一些了；那不如去踩锋利的剑刃，跳进滚烫的沸水和熊熊大火里，早点死去才算是心满意足了。”

杨朱说：“这样是不对的。人既然活着，就该放任自己的生命自然流逝，为自己的意愿而活着，直到死亡来临。将死之时，还是放任生命的自然流逝，顺应死亡的到来，直到生命完结。没有不能放弃的东西，没有不能放任的事情，为何还要担心自己生命的长短呢？”

【原文】

杨朱曰：“伯成子高[①]不以一毫利物，舍国而隐耕。大禹不以一身自利，一体偏枯[②]。古之人损一毫利天下不与也，悉天下奉一身不取也。人人不损一毫，人人不利天下，天下治矣。”

禽子[③]问杨朱曰：“去子体之一毛以济一世，汝为之乎？”杨子曰：“世固非一毛之所济。”禽子曰：“假济，为之乎？”杨子弗应。禽子出，语孟孙阳。孟孙阳曰：“子不达夫子之心，吾请言之。有侵若肌肤获万金者，若为之乎？”曰：“为之。”孟孙阳曰：“有断若一节[④]得一国，子为之乎？”禽子默然有间。

孟孙阳曰：“一毛微于肌肤，肌肤微于一节，省矣。然则积一毛以成肌肤，积肌肤以成一节。一毛固一体万分中之一物，奈何轻之乎？”禽子曰：“吾不能所以答子。然则以子之言问老聃、关尹，则子言当矣；以吾言问大禹、墨翟，则吾言当矣。”孟孙阳因顾与其徒说他事。

【注释】

①伯成子高：伯益。擅长打猎和放牧，曾经在舜任期掌握森林。也有人说他是因助禹治水有功，禹去世时将王位传给他，但被他拒绝了。所以才有下文说的“舍国而隐耕”。

②偏枯：指半身瘫痪。

③禽子：指禽滑釐。属墨家学派，主张兼爱。

④一节：一段肢体。

【译文】

杨朱说：“伯益不愿意拔掉身上的一根毫毛来帮助万物成长，所以他甘愿让出王位，过着隐居、自给自足的生活。而大禹不愿意给自身谋福利，所以辛苦劳动一辈子，最后落下了半身瘫痪。古代人拔掉自己身上的一根毫毛而有利于天下万物，但他不愿意给，让全天下人来养活他一个人，他又不愿意。每个人都不拔掉自己身上的一根毫毛，每个人都不刻意地去做有利于天下的事，那么这个天下就会一派太平。”

禽滑釐问杨朱：“拔掉你身上的一根毫毛用来救助世道,你愿意吗？”杨朱说：“这个天下并不是用我的一根毫毛就可以救济得了的。”禽滑釐说：“我是说假如，如果可以救济天下，你愿意吗？”杨朱不发一言。禽滑釐于是告辞出去了，路上遇到孟孙阳，孟孙阳说：“你没有理解先生的良苦用心，还是让我来告诉你吧。如果有人将你的肌肤损害一点儿，但是给你万斤黄金，你乐意吗？”禽滑釐回答说：“我愿意。”孟孙阳紧接着又问，“如果有人截去你一节肢体，但是给你一个国家，你愿意吗？”禽滑釐听后，沉默了，静静呆了好一会儿。

孟孙阳又接着说：“对于肌肤来说，一根毫毛无足轻重，而对于一节肢体来说，肌肤也没有那么重要，这是很浅显的道理。可是你不要忘记了，肌肤的组成，是一根根毫毛。而肢体的组成，又是一块块肌肤。对于身体来说，一根毫毛可能只是万分之一，可是就因为如此，你就要小看它吗？”禽滑釐说：“我无法对你的疑问进行回答，可是我要说的是，如果拿你的这番话去问关尹、老聃，你的话就是对的。可是如果拿我的观点去问墨翟、大禹，我的观点又是对的，所以我们没什么可争辩的。”孟孙阳听完，就转过头去，和自己的同伴继续聊天去了。

【原文】

杨朱曰：“天下之美归之舜、禹、周[1]、孔，天下之恶归之桀、纣。然而舜耕于河阳，陶于雷泽[2]，四体不得暂安，口腹不得美厚；父母之所不爱，弟妹之所不亲。行年三十，不告而娶。乃受尧之禅，年已长，智已衰。商钧[3]不才，禅位于禹，戚戚然以至于死：此天人之穷毒者也。

“鲧[4]治水土，绩用不就，殛诸羽山[5]。禹纂业事仇，惟荒[6]土功，子产不字[7]，过门不入；身体偏枯，手足胼胝。及受舜禅，卑宫室[8]，美绂冕[9]，戚戚然以至于死：此天人之忧苦者也。

“武王既终，成王幼弱，周公摄天子之政。邵公[10]不悦，四国流言。居东三年，诛兄放弟[11]，仅免其身，戚戚然以至于死：此天人之危惧者也。

“孔子明帝王之道，应时君之聘，伐树于宋[12]，削迹于卫[13]，穷于商周，围于陈、蔡[14]，受屈于季氏[15]，见辱于阳虎，戚戚然以至于死：此天民之遑遽者也。

“凡彼四圣者，生无一日之欢，死有万世之名。名者，固非实之所取也。虽称之弗知[16]，虽赏之不知，与株块无以异矣。

“桀藉累世之资，居南面之尊；智足以距群下，威足以震海内；恣耳目之所娱，穷意虑之所为，熙熙然以至于死：此天民之逸荡者也。

“纣亦藉累世之资，居南面之尊；威无不行，志无不从；肆情于倾宫，纵欲于长夜；不以礼义自苦，熙熙然以至于诛：此天民之放纵者也。

“彼二凶也，生有从欲之欢，死被愚暴之名。实者，固非名之所与

也，虽毁之不知，虽称之弗知，此与株块奚以异矣。彼四圣虽美之所归，苦以至终，同归于死矣。彼二凶虽恶之所归，乐以至终，亦同归于死矣。”

【注释】

①周：这里指周公旦，周武王的弟弟。曾经帮助武王覆灭了商朝。武王去世后，成王登基，因年幼，由他摄政。

②陶：这里指制作陶器。雷泽，又称“雷夏”，位于今天的山东省荷泽东北面。

③商钧：舜的长子。因他无能，舜将王位禅让给了大禹。

④鲧（gǔn）：同“鲧”，古代原始部落的酋长，他是大禹的父亲，曾经在尧的安排下治理水患。他采用的是修筑堤坝来防止水患的方法，可是历经九年都没有成功，后来死在了羽山，传说是被舜杀的。

⑤殛（jí）：杀害。羽山：位于今山东郯城的东北面。

⑥荒：沉迷。这里指认真。

⑦字：起名字。这里指禹的妻子涂山氏生了儿子启，可是大禹整天忙于治理水患而没有工夫给儿子取名。

⑧卑宫室：修建矮小简陋的宫殿。卑，通“敝”，破旧。

⑨美绂（fú）冕：这里指的是禹生活十分节约，可是他的衣冠却做得非常华丽。

⑩邵公：又作召公。姓姬名夷，周代燕国的始祖。周成王在位时，曾任太保的职务。因为他疑心周公旦代为处理朝政，所以心里极为不满。

⑪诛兄放弟：周公旦辅政以后，他的兄弟管叔鲜和蔡叔度都心生不满，暗自猜忌，便伙同殷纣王的儿子武庚作乱。周公领命对他们进行讨伐，杀了管叔鲜和武庚，蔡叔度被驱逐出去。三年时间让国内恢复安定。

⑫伐树于宋：《史记•孔子世家》：“孔子去曹，适宋，与弟子习礼大树下。宋司马桓魋欲杀孔子，拔其树。”

⑬削迹于卫：卫灵公原本仰慕孔子的才能，想请他出任官职，后听信小人的谗言，改变了初衷。孔子听说后，害怕被人祸害，便偷偷藏了起来，后来又暗自离开了卫国。

⑭围于陈、蔡：孔子应邀到楚国讲学，陈、蔡两国的大夫便联合出兵，将孔子包围在陈、蔡两国之间的野地里。

⑮受屈于季氏：孔子曾经在季氏手下担任管理牲畜的小官。所以称“受屈”。

⑯虽称之弗知：此句当做“虽罚之弗知”。

【译文】

杨朱说：“天下的好名声都被夏禹、孔子、虞舜、周公获得。坏名声则都归到夏桀和殷纣的头上。其实人们不知道，当虞舜早年在河阳种地、在雷泽制作陶器时，身体从来没有一刻停歇过，嘴里也没吃过什么美味的食物；父母不爱他，兄弟姐妹不喜欢他。到了三十岁，不经父母同意就私自娶了妻子。等到唐尧退位传给他王位时，他已经年纪很大，智力也比不上从前了。而他的儿子商钧又非常无能，没办法，他只好将王位禅让给禹，自己满腹忧愁地活着，直到死去。他才是全天下人中受苦最多的人呐！”

“鲧治理水患，因为一直以来没见到成效，被舜杀死在羽山。大禹子承父业，侍奉杀父仇人，一心想着治好水患，妻子生了儿子他连取名字的时间都没有，几次路过自己家门前都没时间进去。到最后累成了半身瘫痪，手脚都动弹不得。后来虞舜退位以后，将王位让给他。可是他为了节省，一直住在矮小简陋的宫殿里面。可在祭祀鬼神时，却不得不穿上华美的服饰。一直满心忧虑地活着，直到死去。这才是全天下苦痛最多的人呐。

“周武王死后，成王还太小，没办法，他的叔父周公旦代为处理国家要事。召公觉得周公有夺权之心，于是心怀妒忌，到处散播谣言。周公为了躲避这种诽谤，不得已隐居在东都洛阳达三年之久。直到后来杀了叛乱的哥哥、驱逐了叛逆的弟弟，他才能脱困，直到最后死去，他都活得胆战心惊。这才是全天下一直活在害怕中的人呐。

“孔子治国平天下很有一套，得到当时君主的重用，可是在宋国他却遭到了桓魋砍倒大树的陷害，不得已，他只好落荒而逃。后来在卫国他又屡次受到别人谣言的攻击，最后只能销声匿迹。在商周地方他被圈禁起来，在陈、蔡之间的野地里被围困，后来又受到季氏的打击、阳虎的羞辱，一直如履薄冰地活着，直到最后死去。他才是全天下最凄惨的一个人呐。

“上面这四位虽说都有圣人的称号，可是活着的时候没有一天是快乐的，只在死后流芳百世。所谓的名声，并不是本身所具有的。虽然你褒奖他，可是他却泉下无知。这和树桩、木块又有什么区别呢?

“夏桀凭借祖先留下来的基业，一直身居高位。他的智慧可以应对大臣，威慑力可以震惊海内。他绝对不让自己的耳目吃亏，尽可能玩好，享尽人生的所有快乐，就这样一直到死亡。他才是全天下人中最奢侈放纵的人呐!

“殷纣也是靠祖先的庇佑才登上高位，身居九五之尊，他所颁布的指令没有人敢违抗，他的想法没有人敢顶撞。他每日在豪华的宫殿里尽情快乐，在晚上也是通宵达旦的纵欲，他从来不用所谓的礼义来束缚自己，一直快乐安逸地活着，直到最后死去。他才是全天下最肆意娇纵的人呐。

“以上这两个残暴的人，活着时尽情享乐，死后留下一个粗鲁残忍的坏名声。所谓真实的东西，本来就不是名声所能给我们的。就是你诽谤它，谩骂它，它也不会知道。就是你惩治它，它也不知道。这同没有意识的树桩和木块有什么区别呢? 那几位圣人虽然受到全天下人的交口称赞，可是忙碌了一辈子直到最后年老，最后还不是以死亡为归宿。这两个凶残的人虽然人人得而诛之，可是却欢娱了一生，最后结局也一样，以死亡为归宿。”

【原文】

杨朱见梁王[①]，言治天下如运诸[②]掌。梁王曰：“先生有一妻一妾而不能治；三亩之园而不能芸，而言治天下如运诸掌，何也？”对曰：

“君见其牧羊者乎？百羊而群，使五尺童子荷箠[3]而随之，欲东而东，欲西而西。使尧牵一羊，舜荷箠而随之，则不能前矣。

“且臣闻之：‘吞舟之鱼，不游枝流；鸿鹄高飞，不集洿池[4]。’何则？其极远也[5]。黄钟大吕[6]，不可从烦奏之舞[7]，何则？其音疏也。将治大者不治细，成大功者不成小，此之谓矣。”

【注释】

①梁王：指梁惠王，战国时魏国的君主。

②诸：“之于”的意思。

③箠：通“棰”，鞭子。

④洿（wā）池：积在一处不流动的小水坑。

⑤其极远也：即志向远大。

⑥黄钟大吕：形容音乐或文辞庄严、正大、和谐和高妙。黄钟，我国古代音乐十二律中六种阳律的第一律。大吕，十二律中六种阴律的第四律。

⑦烦奏之舞：用非常烦琐的音乐伴奏所跳的舞蹈。指节奏很快的舞蹈。烦奏，应作“繁凑”。

【译文】

杨朱去觐见梁惠王，告诉他对于自己来说，治国平天下就是小菜一碟，根本不在话下。梁惠王反问他道：“你连家里的一妻一妾都管理不好；自家菜园里的草都没铲除掉，却在我这儿放言说你治国平天下很有一套，这是为什么？”杨朱回答说：“大王见过放羊的人吗？一群数量上百的羊，一个身高只有五尺高的小孩拿着鞭子跟在后面，那群羊就会乖乖听话，让它们向东，它们不会向西，让它们向西，它们不会向东。可是你如果让尧领着一头羊走在最前面，让舜拿着鞭子在后面赶，那群羊根本就不会动了。

“我还听别人说：‘嘴里能吞下船只的大鱼，根本不会在小江小河里停留。高空翱翔的大雁，根本不会落在小水塘里。’你知道这是为什么吗？那是因为它们有远大的志向。还有，你知道为什么黄钟大吕的韵律不能为旋律太快的舞蹈伴奏吗？那是因为它们发出的声音十分悠远、舒缓。由此可见，做大事的人不会在小事上浪费工夫，想要立大功的人不会在小功劳上纠缠不清。我说的就是这个道理啊！”

【原文】

杨朱曰：“太古之事灭矣，孰志之哉？三皇之事若存若亡，五帝之事若觉若梦，三王之事或隐或显，亿不识一。当身之事或闻或见，万不识一。目前之事或存或废，千不识一。太古至于今日，年数固不可胜纪。但①伏羲已来三十余万岁，贤愚、好丑、成败、是非，无不消灭，但迟速之间耳。矜②一时之毁誉，以焦苦其神形，要死后数百年中余名，岂足润枯骨？何生之乐哉？”

【注释】

①但：单，只。

②矜：拘束，顾念。

【译文】

杨朱说：“远古时代的事情早就烟消云散了，还有谁会记得呢？三皇时代的事情现在也是如坠入云里，也没多少人记得了。五帝时代的事情现在想起来就好像在梦中一样，三王时代的事情到现在也是雾里看花一样。人们知晓的估计连亿分之一都不到。当代的事情有的是听说的，有的是亲眼看到的，人们知道的估计也不到万分之一。当下的事情有的还在，有的已经消失了，人们知道的估计也不到千分之一。从远古时代到今时今日，连年限都数不过来。从伏羲到现在已经有三十多万年，这中间有很多贤能、愚钝、美丽、丑恶、成功、失败、真理、谬论，到最后都是消失于无形，只不过有先后次序而已。如果为了怜惜一时的荣誉，人活在世上要忍受肉体和精神的双重痛苦，而只是为了在死后留下一个好名声。难道名声可以让你的尸骨更加滋润吗？这样活着又有什么快乐可言呢？”

【原文】

杨朱曰："人肖①天地之类，怀五常②之性，有生之最灵者也。人者，爪牙不足以供守卫，肌肤不足以自捍御，趋走不足以从利逃害，无毛羽以御寒暑，必将资物以为养，任智而不恃力。

"故智之所贵，存我为贵；力之所贱，侵物为贱。然身非我有也，既生，不得不全之；物非我有也，既有，不得而去之。身固生之主，物亦养之主。虽全生身，不可有其身；虽不去物，不可有其物。有其物，有其身，是横③私天下之身，横私天下之物。不横私天下之身，不横私天下物者，其唯圣人乎！公天下之身，公天下之物，其唯至人矣！此之谓至至④者也。"

【注释】

①肖：相像。

②五常：一般人所拥有的五种品德，就像自然界具有金、木、水、火、土五行一样。这里的五常指的是仁、智、礼、义、信。

③横（hèng）：蛮横，不讲道理。

④至至：道德的最高层次和水平。

【译文】

杨朱说："人所拥有的品德，就像万物所拥有的五行特性一样，是世间万物中最为人所称道的。人的指甲和牙齿不能用来自身防卫，肌肉和皮肤不能抵抗外界的侵害，快速奔跑不能够逃避外敌，身上没有羽毛可以用来保暖避暑，那么就一定要借助外界的力量来作为支撑，运用智慧的力量而不是单凭力气。

"所以，智慧之所以为人所珍惜，是由于要保存人自身的实力。而力气之所以地位低下，是由于它会侵犯他物。可是，身体并不是单单属于你个人，既然已经存活在这个世界上，你就必须想尽办法保护它。他人或物也不是你个人所拥有的，如果已经为你所用，你就没必要弃之于不顾。自身是生命的核心，是主宰，可是他物却有供养生命的力量，也是主宰。虽然你将生命保护好了，可是你不能据此就说明你占有自己的身体。虽然不用舍弃掉他人或他物，但是你也不能因此占有这些外物。占有他物，占有你自身的身体，就是将属于全天下的身体据为己有，将属于全天下的事物也据为己有。不蛮横无理地占有属于全天下的身体，也不蛮横地占有属于全天下的事物，恐怕全天下只有圣人才能做到如此。将属于全天下的身体为大家所有，将属于全天下的事物也分给大家，恐怕只有道德水平达到最高境界的人才能如此吧！这才叫做道德水平最高的人啊！”

【原文】

杨朱曰：“生民之不得休息，为四事故①：一为寿②，二为名，三为位，四为货。有此四者，畏鬼，畏人，畏威，畏刑：此谓之遁人③也。可杀可活，制命在外④。不逆命，何羡寿？不矜贵，何羡名？不要势，何羡位？不贪富，何羡货？此之谓顺民⑤也。天下无对，制命在内⑥。故语有之曰：人不婚宦⑦，情欲失半；人不衣食，君臣道息。周谚曰：田父可坐杀⑧，晨出夜入，自以性之恒；啜菽茹⑨藿，自以味之极；肌肉粗厚，筋节腃⑩急，一朝处以柔毛绨⑪幕，荐以粱肉兰橘，心厌⑫体烦，内热⑬生病矣。商鲁之君与田父侔⑭地，则亦不盈一时⑮而惫矣。故野人之所安，野人之所美，谓天下无过者。昔者宋国有田夫，常衣缊黂⑯，仅以过冬。暨春东作⑰，自曝于日，不知天下之有广厦隩室⑱，绵纩⑲狐貉。顾谓其妻曰：‘负日⑳之暄，人莫知者；以献吾君，将有重赏。’里之富室告之曰：‘昔人有美戎菽㉑，甘枲㉒茎芹萍㉓子者，对乡豪称之。乡豪取而尝之，蜇于口，惨于腹，众哂笑㉔而怨之，其人大惭。子，此类也。’”

【注释】

①事故：事情的起因。

②寿：岁数。这里指人的年龄。

③遁人：逃跑的人，这里指隐藏。

④制：牵引，控制。在外：在于外界。

⑤顺民：顺从自然本性的人。

⑥内：内心。

⑦婚宦：结婚，做官。

⑧坐杀：等死。

⑨啜：吃，喝。菽：豆类。茹：吃。

⑩腃：紧张，发抖。

⑪绨：质量比较差、摸起来较为粗糙的丝棉织品。

⑫心厌：忧愁。

⑬内热：体温升高。

⑭商：这里指春秋时的宋国。侔：相同，等同。

⑮不盈一时：过一会儿，片刻工夫。

⑯𪎊（fén）：理不清头绪。

⑰暨春：春天来了。东作：开始劳动。

⑱隩（yù）室：温暖、温馨的房屋。隩，通“燠”，温暖。

⑲绵纩（kuàng）：泛指丝织品。

⑳负日：背对着太阳晒。

㉑戎菽：胡豆。

㉒枲（xǐ）：麻。

㉓苹：蒿类植物。

㉔哂笑：讥笑，嘲笑。

【译文】

杨朱说：“凡人不能好好休息，原因主要有以下四个，一是想活得更久，二是想获得一个好名声，三是想获得尊贵的地位，四是为了求得更多的财富。为了达成这四个愿望，他们害怕鬼的造访、人的迫害、权势的逼迫、刑罚的处罚。这样活着的人可以说是违背了自然本性。这种人其实死了更好。如果他活着，他的生命也不自主，完全受到外物的控制。顺应天命的人，为什么要妒忌那些长寿的人呢？不眷恋权势，不想做官，追求财富，为什么还要苦苦追求那些名声呢？不想拥有权势，为什么还要羡慕那些地位高的人呢？不想做个有钱人，为什么还要一味追求财富呢？这种人才是真正顺应天命的人。这种人的生活完全由自己支配，他们是生命的最强者，他们占据了生活的主动。所以俗话说得好，‘人不娶妻当官，欲望就少了一大半；人要是不穿衣吃饭，君臣之道也会从这个世界上消失。’周地的谚语说，‘老农累不死，却可以闲死。’他们每天日出而作，日落而息，生活已经形成规律；他们每天吃豆子豆叶，就觉得是天底下最美味的食品。他们皮肤不够细腻，可是筋骨却坚固结实，一旦将他们的生活习惯改变，让他们从硬的木板床改睡到松软的床上，吃上精美的食物，一时之间心里肯定不舒服。甚至可能会烦躁不安，生病。如果宋国和鲁国的君主就像老农一样去犁田，没过多长时间，他们肯定累得直不起腰来了。所以，农民喜欢属于自己的生活，并乐在其中。其他人不能比。从前宋国有个农民，经常穿着棉麻衣服过冬。到了春天就出去劳动，自己背对着太阳晒着，觉得很温暖，可是他根本不知道世界上还有温暖的房屋、高楼大厦，不知道除了棉麻衣服以外还有丝棉制品和狐裘制品。于是他回头对自己的妻子说：‘我们晒着太阳，身上很温暖，我想世界上肯定还没有人知道我们这种方法。不如我们将这种方法告诉给国君，是不是还会得到重重的嘉奖呢！’乡里有个很有钱的人跟他说：‘在你之前，有个人认为世间最美的食物是豆类、枲麻、蒿苗，大肆在乡里的富人间宣传。乡里有个很有钱的人听到后拿过来尝了一下，顿时觉得像被虫子咬了一样，肚子也开始剧烈疼痛。在场的众人都嘲讽他，笑话他，他觉得非常羞愧。说的就是你这种人。’”

【原文】

杨朱曰："丰屋[①]、美服、厚味[②]、姣色，有此四者，何求于外？有此而求外者，无厌之性。无厌之性，阴阳之蠹[③]也。忠不足以安君，适足以危身；义不足以利物，适足以害生。安上[④]不由于忠，而忠名灭焉；利物不由于义，而义名绝焉。君臣皆安，物我兼利，古之道也。鬻子曰：'去名者无忧：'老子曰：'名者，实之宾[⑤]。'而悠悠者[⑥]趋名不已。名固不可去，名固不可宾邪？今有名则尊荣，亡名则卑辱。尊荣则逸乐，卑辱则忧苦。忧苦，犯性者也；逸乐，顺性者也。斯实之所系矣。名胡可去？名胡可宾？但恶夫[⑦]守名而累实[⑧]。守名而累实，将恤[⑨]危亡之不救，岂徒逸乐忧苦之间哉？"

【注释】

①丰屋：大房子，宽敞光线好的房子。

②厚味：美味的食物。

③阴阳：天地。蠹：害虫。

④安上：使君主放心。

⑤名者，实之宾：名从属于实。"实"是第一位的，"名"是"实"的附属物。

⑥悠悠者：很多人。

⑦恶夫：讨厌那个。

⑧累实：连累实物。

⑨恤：体恤、忧愁、挂念。

【译文】

杨朱说："当你拥有了漂亮的房子、华美的衣服、美味的食物、貌美的女子，你还想要获得什么呢？如果你已经拥有了这四样东西却还在孜孜不倦地追求，那你就是人心不足蛇吞象的表现了。这样的表现是具有很大祸害的。为人忠实并不会让君主安心睡觉，反而会让自身岌岌可危。正义不会让事物往好的方向发展，反而于事物的成长不利。让君王对你放心不是要你忠实，忠实这个词完全可以摒弃在人类的思维以外。要想让事物朝好的方向发展，并不需要正义，‘义’这个词也完全可以废除掉。君王大臣全都踏实，外界事物和自我本身都能互相圆满，这是一直以来为人处世的正确理念。鬻子说：‘不在乎名声的人没有忧愁。’老子说：‘名声就是实体的附属物。’但是依然有许多人一直在追求名声，从来没有一刻停止过。真的名声就不可以丢掉吗？名声本来就不能附属吗？有了名声，我们才能获得他人的尊敬，享受更高的荣誉。没有名声，你就立即变得低人一等，受尽他人的欺辱。拥有好名声的人就生活舒适，心情快乐。自卑低贱的人就痛苦忧虑。忧虑痛苦不符合人的天性，舒适快乐才符合人的天性。由此可见，名声确实与实体息息相关，我们怎么可以舍弃名声呢？名声又怎么能够附属呢？只不过我们应该憎恶那些为了拥有好名声，不惜以损害实体为代价的行为。为了保全名声而不惜损害实体，事物都已经到了濒临死亡的边缘而得不到救助。难道这种担心只是存在于舒适快乐与痛苦忧虑之间吗？”